本书受国家自然科学基金项目（71972017）、国家社会科学基金项目（24BGL090）和教育部哲学社会科学研究后期资助项目（18JHQ079）的资助。

徐细雄　淦未宇　著

企业增长转型与经济高质量发展

Enterprise Growth Transformation
and High-quality Economic
Development

中国社会科学出版社

图书在版编目（CIP）数据

企业增长转型与经济高质量发展 / 徐细雄，淦未宇著. -- 北京：中国社会科学出版社，2024. 10. -- ISBN 978-7-5227-4282-3

Ⅰ. F272

中国国家版本馆 CIP 数据核字第 2024VJ4362 号

出 版 人	赵剑英
责任编辑	李斯佳
责任校对	闫　萃
责任印制	戴　宽

出　　版	中国社会科学出版社
社　　址	北京鼓楼西大街甲 158 号
邮　　编	100720
网　　址	http://www.csspw.cn
发 行 部	010-84083685
门 市 部	010-84029450
经　　销	新华书店及其他书店
印　　刷	北京君升印刷有限公司
装　　订	廊坊市广阳区广增装订厂
版　　次	2024 年 10 月第 1 版
印　　次	2024 年 10 月第 1 次印刷
开　　本	710×1000　1/16
印　　张	15.75
字　　数	260 千字
定　　价	89.00 元

凡购买中国社会科学出版社图书，如有质量问题请与本社营销中心联系调换
电话：010-84083683
版权所有　侵权必究

前　言

中国经济已由高速增长阶段转向高质量发展阶段。高质量发展不仅需要顶层设计，更需要微观基础。刘鹤（2021）强调，富有竞争力的企业是经济高质量发展的微观基础。因此，高质量发展必须把推动企业增长转型、培育有核心竞争力的优秀企业作为各类经济政策的重要出发点，真正筑牢高标准市场体系的微观基础。制度基础观（Institution-based View）认为，宏观制度环境制约并影响微观企业行为和资源配置效率。作为影响市场主体活动的综合土壤，良好的营商环境能够显著降低市场中存在的制度性成本，实现生产要素的市场化配置，进而推动企业增长转型与高质量发展。

基于此，本书将宏观制度环境与微观企业行为有机结合，以政企互动为纽带构建"地区营商环境—企业竞争策略—资源配置与运营效率"理论分析框架，深入阐释并实证检验了地区营商环境对企业竞争战略选择、资本投资取向、资产配置策略及运营效率、社会责任履行和企业高质量发展水平等的影响效应与传导路径。研究结果表明：第一，营商环境是影响微观企业行为的重要制度因素。营商环境恶化导致企业更倾向采取迎合政府（官员）的"关系导向"策略，忽视培育内生增长能力的"创新驱动"策略。这种竞争策略差异最终通过资本投资取向予以体现，即营商环境较差地区的企业实施迎合地区 GDP 增长的固定资产投资显著越多，技术研发投资显著越少；同时，这些企业的资产藏匿动机更强，现金持有水平明显降低。第二，地区营商环境对企业竞争策略选择与资源配置效率的影响效应在不同类型企业呈现非对称性特征。与国有企业相比，营商环境恶化对民营企业竞争战略导向、资本投资取向和现金资产配置的扭曲效应更加明显。第三，基于企业高质量发展的多维内涵特征，提出了一套可量化的企业高质量发展水平综合评价体系，并以此为基础实证发现，优化营商环境确实显著促进了企业增长转型与高质量发展水平。基于亲清政商关系二维理论框架，聚焦"有效市场+有为政府+有志企业"协同共治与耦合跃迁，提出了优化营商环境，进而实现善治益商目标的多维动力机制和实践举措。

本书从宏微观交互影响视角揭示了优化营商环境对推动企业增长转型的独特作用及传导机理，拓展了对企业高质量发展动力机制的理解；同时，从微观企业层面深化了对营商环境所引发的经济后果的理论认知，并为合理评估各级地方政府优化营商环境工作的实际成效提供了微观经验证据；在实践层面，本书为持续优化营商环境提供了必要的理论借鉴和政策启示。

目　录

第一章　绪论 …………………………………………………………… 1

　　第一节　选题现实背景 ………………………………………………… 1
　　第二节　选题理论背景 ………………………………………………… 8
　　第三节　研究问题的提出 ……………………………………………… 10
　　第四节　核心概念界定 ………………………………………………… 13
　　第五节　研究逻辑与结构安排 ………………………………………… 16
　　第六节　主要创新点 …………………………………………………… 17

第二章　基础理论与文献综述 ………………………………………… 21

　　第一节　基础理论 ……………………………………………………… 21
　　第二节　营商环境的相关文献 ………………………………………… 25
　　第三节　经济增长转型的相关文献 …………………………………… 32
　　第四节　高质量发展的相关文献 ……………………………………… 37
　　第五节　企业家精神与创新发展的相关文献 ………………………… 42

第三章　地区营商环境与企业竞争策略：关系导向和
　　　　　创新驱动 ……………………………………………………… 46

　　第一节　引言 …………………………………………………………… 46
　　第二节　制度背景与理论假设 ………………………………………… 47
　　第三节　研究设计 ……………………………………………………… 52
　　第四节　实证结果及讨论 ……………………………………………… 57
　　第五节　本章小结 ……………………………………………………… 72

第四章 地区营商环境与企业投资取向：固定资产和 R&D 投资 ·················· 74

第一节 引言 ·················· 74
第二节 制度背景与理论假设 ·················· 75
第三节 研究设计 ·················· 79
第四节 实证结果及讨论 ·················· 85
第五节 本章小结 ·················· 103

第五章 地区营商环境、现金持有与企业资产配置 ·················· 104

第一节 引言 ·················· 104
第二节 制度背景与理论假设 ·················· 106
第三节 研究设计 ·················· 110
第四节 实证结果及讨论 ·················· 113
第五节 本章小结 ·················· 126

第六章 地区营商环境与企业运营效率 ·················· 128

第一节 引言 ·················· 128
第二节 理论分析与研究假设 ·················· 128
第三节 研究设计 ·················· 130
第四节 实证结果及讨论 ·················· 132
第五节 本章小结 ·················· 142

第七章 营商环境、竞争压力与企业社会责任 ·················· 143

第一节 引言 ·················· 143
第二节 理论分析与研究假设 ·················· 144
第三节 研究设计 ·················· 149
第四节 实证结果及讨论 ·················· 152
第五节 本章小结 ·················· 162

第八章 营商环境质量与企业高质量发展水平 ·················· 163

第一节 引言 ·················· 163

第二节　理论分析与研究假说 …………………………… 164
　　第三节　研究设计 ………………………………………… 168
　　第四节　实证结果及讨论 ………………………………… 176
　　第五节　本章小结 ………………………………………… 185

第九章　优化营商环境的理论逻辑与实践路径 ……………… 187
　　第一节　引言 ……………………………………………… 187
　　第二节　亲清政商关系二维理论框架 …………………… 188
　　第三节　优化营商环境的顶层设计 ……………………… 191
　　第四节　优化营商环境的实践路径 ……………………… 194
　　第五节　本章小结 ………………………………………… 202

第十章　研究结论与政策启示 …………………………………… 203
　　第一节　研究结论 ………………………………………… 203
　　第二节　政策启示 ………………………………………… 205
　　第三节　研究局限与展望 ………………………………… 206

参考文献 ………………………………………………………… 208

第一章　绪论

第一节　选题现实背景

一　中国经济正面临高速增长向高质量发展转型

改革开放 40 多年来，中国经济发展取得了举世瞩目的成绩。国内生产总值（GDP）持续快速增长，已由 1978 年的 3678 亿元增长到 2021 年的 1143669.7 亿元，首次突破 1140000 亿元，44 年累计增长近 310 倍（见图 1-1）。自 2010 年经济规模超越日本后，中国 GDP 总量一直稳居全球第二位，成为仅次于美国的世界第二大经济体。中国经济已从低收入国家进入中等收入国家行列，正向高收入国家迈进。刘世锦强调，我国经济发展水平远高于当年拉美国家落入"中等收入陷阱"的发展水平，在供给侧结构性改革的背景下，高速经济增长的重心转变

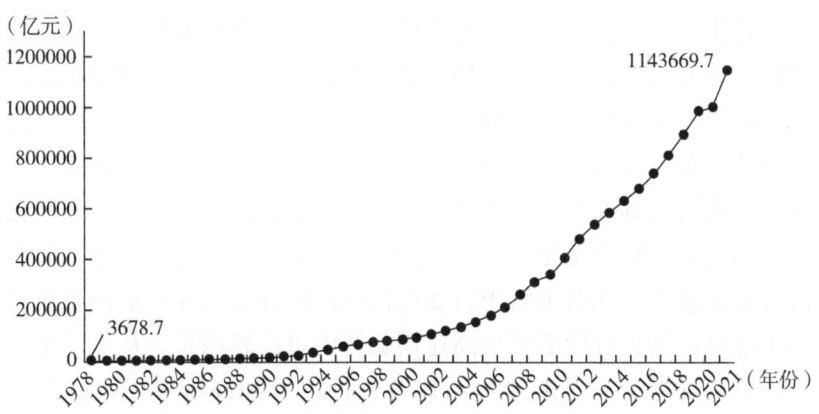

图 1-1　1978—2021 年中国 GDP 变化趋势

为质量追赶。2017年10月，党的十九大报告明确指出，我国经济已由高速增长阶段转向高质量发展阶段，当前正处在转变发展方式、优化经济结构、转换增长动力的攻关期。经济的高质量发展不仅是适应全球竞争、全面建设现代化强国的必然要求，而且是遵循经济发展规律的客观体现。在我国社会主要矛盾转化为人民日益增长的美好生活需要和不平衡不充分的发展之间的矛盾的背景下，实现创新更强劲、发展更协调以及成果更公平的高质量发展具有重要意义。

第一，推进经济高质量发展是顺利跨越中等收入陷阱的必然要求。改革开放以来，我国经济经历了40多年的持续增长，但能否顺利跨入高收入国家行列尚存在不确定性。从国际经验来看，陷入"中等收入陷阱"的发展中国家并不少见。跌入"中等收入陷阱"主要有两大原因：一是从经济增长来看，一国在发展过程中缺乏增长的新动力；二是从发展环境来看，尖锐的社会矛盾使一国陷入持续的政治动荡之中。这两点都是发展质量不高的主要表现，甚至可以说，发展质量不高和"中等收入陷阱"是一个硬币的两面（张军扩等，2019）。因此，只有深入推进高质量发展，逐渐消除经济发展不均衡和不充分的瓶颈，我国现代化进程才能走上坦途，否则就有落入"中等收入陷阱"的危险，发展成果也可能得而复失。

第二，推进经济高质量发展是更好满足人民对美好生活需要的根本途径。在改革开放历史进程中，根植于高速增长阶段的土壤，我国经济总量和物质财富实现了持续积累。高速增长达到一定程度，引起社会主要矛盾转化：由人民日益增长的物质文化需要同落后的社会生产之间的矛盾转化为人民日益增长的美好生活需要和不平衡不充分的发展之间的矛盾。当前我国社会主要矛盾不再是生产力低下的供需体系总量矛盾，而是高端与有效供给不足的结构性矛盾。随着消费结构加快升级，人民美好生活需要更加关注产品和服务质量，且呈现出多样性和个性化特征；尤其是除了物质文化生活，人们对健康、教育、安全、环境和公平等需要更加强烈。社会主要矛盾变化使资源配置方式和产业体系特征必须同步进化，增长阶段必须从高速增长转向可持续增长，从低质量发展转向高质量发展。只有通过供给侧结构性改革和高质量发展路径，创新、绿色、生态等人民美好生活需要才能得到根本实现。

第三，推进经济高质量发展是在新技术革命与国际大变局中抢占战略制高点的现实需要。当前国际政治经济格局发生了深刻变化，世界正迎来大变局。一方面，物联网、大数据、人工智能等新技术革命成果的广泛应用正推动着生产、生活方式的变革，带来全球价值链体系和社会结构的深刻变化。另一方面，旧矛盾的积累和新矛盾的涌现诱发各国，特别是大国进行战略调整，而且"变局"之下决定各国相对地位变化的是以经济为基础的综合国力，包括经济规模、经济结构、技术水平和创新能力等。中国经济虽在规模上位列全球第二，但大而不强，高端产业少而弱，核心"卡脖子"技术明显不足。因此，只有通过创新驱动推进高质量发展，才能改变我国经济"大而不强"局面，才能抓住新技术和产业革命机遇，提升我国在全球产业价值链和分工体系中的相对地位，进而为在国际"变局"中谋求有利战略地位创造条件。

二　激发市场主体活力是实现经济高质量发展的微观基础

市场主体是经济发展的基本载体，是经济活动的主要参与者、就业机会的主要提供者、技术进步的主要推动者，在国家经济发展中发挥着十分重要的作用。党的十八大以来，我国市场主体蓬勃发展、市场规模大幅拓展、市场结构持续优化、市场环境日益完善。充满活力的微观市场主体，绘就了磅礴壮观的宏观经济发展图景。经济高质量发展不仅需要顶层设计，更需要微观基础。企业是最基本也是最重要的市场供给主体，唯有激发企业活力、提升企业效率，才能激活高质量发展的微观基础。

我国市场主体数量从2012年的5500万户快速增加到2021年7月底的1.46亿户，年均净增长超1000万户，市场主体活跃度总体稳定在70%左右。我国市场主体能够持续快速增长，主要得益于四个方面：一是党和国家推动经济发展的大政方针，为各类市场主体发展创造了良好的政策环境、法治环境和市场环境；二是中国经济长期健康稳定发展，各类市场主体在繁荣稳定的大环境中预期稳定、充满信心，积极投资创业；三是超大规模市场为各类市场主体蓬勃发展提供了更多机会；四是亿万勤劳智慧的劳动者和一大批锐意进取的企业家群体，持续支撑着我国市场发展的内生动力。

从企业发展质量来看，国有企业不断做大做强，一大批民营企业拔地而起。近年来，《财富》杂志发布的全球500强榜单中，中国企业数量逐年增加，2021年有143家中国企业赫然在列（见图1-2）。但也要看到，与欧美大量科技型企业入围不同，中国上榜企业主要是提供资金、能源、原材料等生产要素的企业，以规模取胜。这表明依靠投资拉动增长的发展模式具有路径依赖的惯性，中国实现高质量发展任重道远。虽然随着创新驱动发展国家战略的实施，中国企业自主创新能力得到较大提升，但整体上依然面临动力不足、投入较少等亟待解决的现实困境，企业创新能力严重滞后于经济发展的现实需求（张杰等，2015）。中国在芯片、操作系统、工业软件、精密制造、新材料等多个领域被西方国家"卡脖子"的技术困境也凸显了关键场景创新能力不足的问题。图1-3所示的汤森路透"全球百强创新机构"名单也显示，中国企业创新水平与发达国家相比仍存在较大的差距，整体依然缺乏国际竞争力。因此，激发市场主体活力，提升企业创新能力，才能最终实现中国经济高质量发展与高效益合理增长。

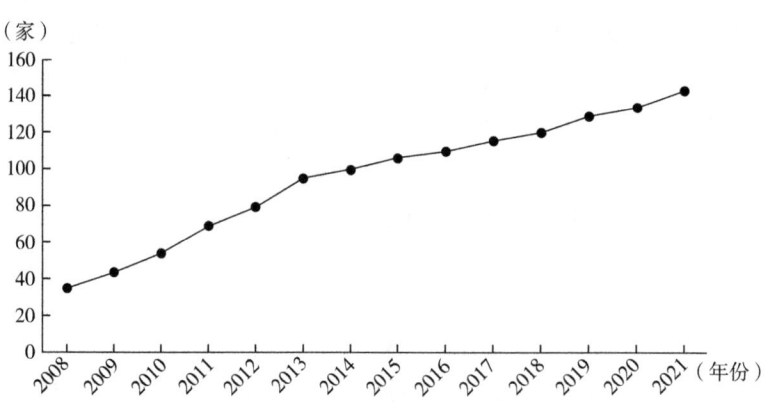

图1-2　2008—2021年世界500强中国企业数量

特别是我国在市场经济的发展过程中，出现了一些抑制市场主体活力、损害公平竞争的不利因素。比如，我国平台经济在提升全社会资源配置效率、推动技术创新和产业变革、促进国内经济循环、提升人民群众生活便利度的同时，平台垄断、竞争失序、无序扩张等问题也逐步显现。实践证明，营造公平、高效、有序的市场竞争环境，才能促进各类市场主体更加规范、更具活力、更重创新，实现更高水平、更深层次、更可持续的发展。

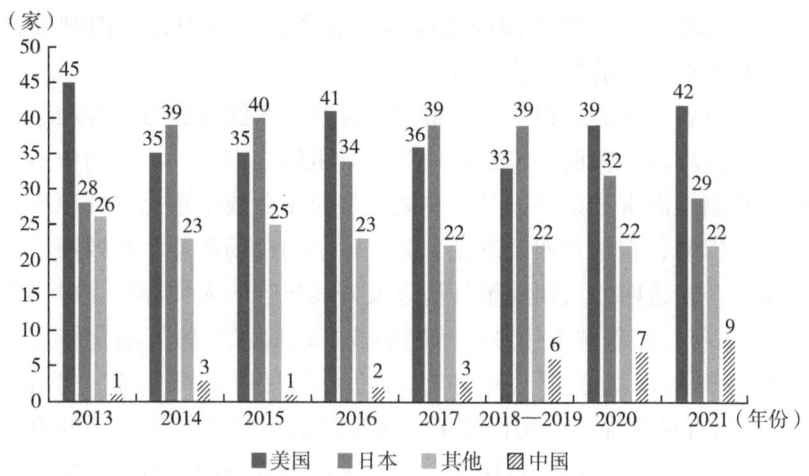

图1-3 2013—2021年"全球百强创新机构"分布

提升企业创新能力、转变企业增长模式的关键在于激活市场主体活力和企业家精神。那些成功进入高收入经济体的国家，最终都进入了一个"企业家经济"阶段。习近平总书记多次强调："市场活力来自于人，特别是来自于企业家，来自于企业家精神"（中共中央文献研究室，2017）。把创新活力转变为发展新动能，科技研发是重要桥梁。虽然目前中国的研发经费支出规模已经跃居世界第二位，专利申请总量也相当可观，但研发质量和效率依然堪忧。只有更多企业提升研发质量和效率，通过科技创造新的产品、新的服务并由此产生新的产业和新的市场，才能保持持续活力。这一目标的实现要求我们把握新时代的客观规律，深入推进供给侧结构性改革，同时创造更加公平的竞争环境，提供更加完善的营商环境，为培育企业家精神、激发企业活力和创新动力提供良好的制度供给。

三　优化营商环境是推动企业实现高质量发展的制度保障

高质量发展必须把培育有核心竞争力的优秀企业作为各类经济政策的重要出发点，真正筑牢高标准市场体系的微观基础。洪银兴（2019）指出，新时代开启现代化国家新征程的关键在于建设现代化经济体系。现代化经济体系的关键有三个：一是创新体系；二是供给体系；三是制度体系。制度基础观（Institution-based View）认为，宏观制度环境制约并影响微观企业行为和资源配置效率。营商环境作为影响市场主体活动的综合环境，良好的营商环境能够显著降低市场中存在的制度性成本，实现生产要素的市场化配置。

激发市场主体活力和企业家精神，提升企业创新能力，有赖于良好的外部营商环境。营商环境是企业等市场主体在市场经济活动中所涉及的体制机制性因素和条件，是影响微观层面企业战略选择及资源配置的重要制度因素，它包含四个维度：公平竞争的市场环境，高效廉洁的政务环境，公正透明的法律政策环境以及开放包容的人文环境。中国改革开放40多年，随着城市化进程不断加快，政府主导的市场化转型产生了政府逻辑与市场逻辑共存和互动的复杂营商环境关系（李志军，2018）。只有纵深推进市场化改革，减少政府对微观经济活动的直接干预，不断完善产权保护、市场准入、公平竞争等制度环境，同时持续简政放权、放管结合、优化政务服务，才能不断降低制度性交易成本，保护和激发市场主体活力。

2016年11月27日，中共中央、国务院发布《关于完善产权保护制度依法保护产权的意见》，要求地方政府尊重契约精神。2017年9月25日，中共中央、国务院发布《关于营造企业家健康成长环境弘扬优秀企业家精神更好发挥企业家作用的意见》（以下简称《意见》），首次明确了企业家精神在实现经济高质量发展中的关键地位。该文件涉及依法保护企业家财产权、企业家创新权益、企业家自主经营权，强化企业家公平竞争权益保障，健全企业家诚信经营激励约束机制，持续提高监管的公平性、规范性、简约性；同时明确指出，企业家是经济活动的重要主体，要着力营造依法保护企业家合法权益的法治环境，促进企业家公平竞争、诚信经营的市场环境，尊重和激励企业家干事创业的社会氛围，引导企业家创业创新、服务社会。

近年来我国持续推进营商环境优化工作，相继出台了一系列优化营商环境的政策文件（见表1-1）。比如，2018年国务院办公厅正式印发《关于聚焦企业关切 进一步推动优化营商环境政策落实的通知》。2019年10月，国务院正式发布《优化营商环境条例》，填补了中国营商环境领域的立法空白，从法规制度层面为优化营商环境提供更为有力的制度保障和支撑。2021年国务院印发《关于开展营商环境创新试点工作的意见》，明确在北京、上海、重庆、杭州、广州、深圳6个城市开展营商环境创新试点，坚持把创新行政管理和服务方式作为重中之重，不搞"政策洼地"，而是要着力打造制度创新高地。"放管服"改革大幅改善了国内营商环境，世界银行集团发布的《2020 年营商环境报告》中，我国营商环境的全球排名由 2016 年的第 84 位跃升至第 31 位，是全球营商环境改善程度最显著的经济体之一。

表 1-1　党的十八届三中全会以来出台的重要营商环境政策文件

时间	政策/文件
2014 年 7 月	《关于促进市场公平竞争维护市场正常秩序的若干意见》
2015 年 8 月	《关于推进国内贸易流通现代化建设法治化营商环境的意见》
2015 年 10 月	《关于实行市场准入负面清单制度的意见》
2018 年 8 月	《关于部分地方优化营商环境典型做法的通报》
2018 年 10 月	《优化口岸营商环境促进跨境贸易便利化工作方案的通知》
2018 年 11 月	《关于聚焦企业关切进一步推动优化营商环境政策落实的通知》
2019 年 8 月	《全国深化"放管服"改革优化营商环境电视电话会议重点任务分工方案的通知》
2019 年 9 月	《关于做好优化营商环境改革举措复制推广借鉴工作的通知》
2019 年 10 月	《优化营商环境条例》
2020 年 7 月	《关于进一步优化营商环境更好服务市场主体的实施意见》
2020 年 9 月	《关于深化商事制度改革进一步为企业松绑减负激发企业活力的通知》
2021 年 11 月	《关于开展营商环境创新试点工作的意见》

政商关系是营商环境的重要维度与核心体现。健康的市场秩序能否建立与政府、企业二者之间是否形成良性互动密切相关。从广义上讲，政商关系的内涵非常丰富，宏观层面政府与市场的关系、中观层面政府与企业的关系、微观层面领导干部与企业家的关系，都属于政商关系的范畴。亲清新型政商关系本质上体现的是有效市场与有为政府的辩证统一。党的十八大报告指出："经济体制改革的核心问题是处理好政府和市场关系"（中共中央文献研究室，2014）。2021 年 12 月 17 日，习近平总书记在中央全面深化改革委员会第 23 次会议再次强调，发展社会主义市场经济的关键是处理好政府和市场的关系。

营造良好的政商关系对于推动企业健康发展、不断完善社会主义市场经济体制具有重要意义。2016年3月4日，习近平总书记在全国政协十二届四次会议民建、工商联界委员联组会上首次用"亲""清"二字阐明新型政商关系的内涵，言明"靠旁门左道、歪门邪道搞企业是不可能成功的"。对领导干部而言，"亲"就是坦荡真诚同民营企业接触交往，帮助解决实际困难；"清"就是清白纯洁，不搞权钱交易。对企业家来说，就是讲真话、说实情、谏诤言，遵纪守法办企业、光明正大搞经营。2018年1月3日，李克强同志主持召开国务院常务会议，就进一步优化营商环境提出了三个要求：一是以简政减税降费为重点进一步优化营商环境；二是严格依法平等保护各类产权，全面实施市场准入负面清单制度；三是借鉴国际经验，抓紧建立营商环境评价机制，加快构建亲清新型政商关系。

亲清政商关系对企业创新和转型发展产生重大影响。如果积极良好的政商关系是经济社会发展的润滑剂和助推器，那么掺杂了私心杂念、利益勾兑的政商关系则是经济发展的绊脚石。厘清政商关系边界，有利于矫正企业家的经营价值观，加速推进"创新红利"取代"关系红利"，保持企业健康发展的驱动力。在此背景下，反腐行动不仅有效破除了原有被扭曲的政商关系，也有助于建立新型政商生态环境。先破而后立，加快推进体制改革和机制创新，从宏观政府职能转型、中观高标准市场体系建设、微观市场主体活力激发以及个体企业家精神释放四个层面加快构建亲清新型政商关系，形成有效市场与有为政府协同共治、相向而行、耦合跃迁的动态发展格局。由此可见，中国经济增长转型的过程本质上就是亲清新型政商关系重构的过程。

第二节　选题理论背景

优化营商环境是当前我国备受关注的社会话题，也是学术研究的热点。一系列研究表明，营商环境是企业进行商业活动的重要外部环境（李志军，2018），良好的营商环境有助于吸引外来投资（Contractor, et al., 2020）、破除区域分割和地方保护等不合理限制（宋马林和金培振，2016；黄玖立和周璇，2018），从而激发企业活力并提高地区竞争力（于文超和梁平汉，2019）。

　　虽然营商环境优化的社会经济后果已经得到一定的研究，但已有文献侧重于从政府视角探讨优化营商环境，很少从微观层面揭示优化营商环境对企业战略决策与增长模式选择的影响效应。制度基础观（Institution-Based View）强调，宏观外部环境制约并影响着企业的战略选择与资源配置（Peng, 2003）。Cull 和 Xu（2005）实证发现，优化营商环境能提升企业再投资率。陈刚（2015）指出，良好的营商环境能促进潜在企业家的创业活动，有助于平衡各群体间的就业机会，进而促进社会公平。此外，良好的营商环境对于培育企业家精神也发挥着重要作用（吴一平和王健，2015）。由此可见，营商环境作为企业经营管理的重要外部环境，对其战略决策与发展模式选择的影响不容忽视。战略管理理论指出，企业一般存在两种竞争策略：市场化策略（Market Strategy）和非市场化策略（Non-market Strategy）。前者指企业注重通过人力资本与技术研发投资培育核心竞争能力，赢得竞争优势；后者指企业热衷于通过关系网络、政企合谋，甚至是游说、贿赂官员等政治策略谋求政府支持与庇护，获得不对等的市场地位（Capron and Chatain, 2008; Iriyama, et al., 2016）。

　　在我国现行体制下，政府既保留了对微观企业经营活动的干预（林毅夫和李志赟，2004；Fan, et al., 2011），也拥有市场准入、税收优惠、公共订单等大量资源及经济决策的自由裁量权，导致企业具有很强动机经营和维系与政府间的关系，以获得政府支持与庇护。当营商环境较差时，官员权力寻租动机更强，政府对企业经营活动的干预和利益攫取更频繁（Caprio, et al., 2013; Smith, 2016）。同时，较差的营商环境使政企合谋的空间增大，企业通过政治迎合谋求政府支持或庇护的积极效应更加明显。因此，营商环境更差地区的企业可能更倾向于寻求关系导向的非市场化策略。企业拥有的资源是有限的，当实施非市场化策略占用的企业资源越多时，必然损害其实施创新等市场化策略。唯有持续优化营商环境，才能消除寻租影响并促进企业创新，实现企业增长转型（夏后学等，2019）。

　　作为制度改革的重要内容，优化营商环境是打破行政性垄断、提高企业创造力和市场主体活力的重要战略方案。当营商环境不佳时，商人不惜重金攀附官员，为企业寻求庇护和额外关照，政府官员则总能对商人的示好心领神会。政企合谋与权力寻租导致了畸形的政商关系，进一步恶化了腐败现象。这对公平竞争的市场机制造成了严重破坏，极大地阻碍了企业转型升级，进而阻碍经济增长质量提升。党的十八大以来，党中央多次提出平等保护非公有制经济，消除各种隐性壁垒，同时，开展高压反腐败并提出要建立亲清新型政商关系，强调政府官员要做到"亲"商但不逾矩，企业家要做到"亲"政但不苟利。党中央还相继出台《关于深化投融资体制改革的意见》等一系列促进民间投资和民营经济发展的政策措施，为民营经济发展营造了更加公平、开放、宽松的政策环境。2021年11月，国务院发布《关于开展营商环境创新试点工作的意见》，鼓励营商环境改革先行先试，加快构建与国际通行规则相衔接的营商环境制度体系，持续优化市场化、法治化、国际化营商环境。这一系列行动压缩了政企合谋与权力寻租空间，加大了企业实施关系导向的非市场化策略的难度。那么，当营商环境优化可能抑制企业关系投资时，它是否会倒逼企业增加研发创新投资，加速企业增长方式转型升级？如果是，其传导机理和实现路径是什么？

基于上述理论与现实背景，本书将宏观层面的营商环境与微观层面的企业决策有机结合，理论诠释并多维度实证检验地区营商环境质量对企业转型升级与高质量发展的影响效应和传导路径。需要强调的是，虽然当前各地都在大力优化营商环境，但我国区域发展并不均衡，不同地区的营商环境质量存在较大差异，这也为实证检验营商环境对企业发展质量的影响效应提供了天然的实验场所。同时，党的十八大后中央政府开启的高强度反腐行动也为我们通过事件研究法检验政商生态环境对企业转型增长的影响效应提供了便利。

第三节　研究问题的提出

一　关键科学问题

随着我国经济结构调整的深入和国际国内经济环境的变化，企业高质量发展面临诸多障碍和挑战，如市场需求不旺盛、企业创新动力不足、融资难和融资贵、制度性交易成本高、转型升级困难等。为破解上述发展难题，必须持续优化外部营商环境，释放市场主体活力，全力推进新时代我国企业高质量发展。

因此,本书聚焦营商环境优化与企业增长转型,综合运用理论分析与实证检验方法,试图解决以下几个关键科学问题:第一,宏观层面的营商环境(重点聚焦反腐行动和政商关系重塑)到底对微观层面的企业战略选择、资本投资取向、资源配置效率、社会责任履行等经营决策产生了何种影响?其内在机理和传导路径是什么?第二,营商环境对微观企业行为的影响效应是否因产权性质、政治关联等企业特质差异而有所不同?第三,党的十八大后启动的高强度反腐行动对构建亲清新型政商关系、推动企业增长转型与高质量发展产生了怎样的积极效果?在此研究基础上,本书围绕优化营商环境、推动企业高质量发展提出管理启示和政策建议。

二 研究方法

本书涉及新制度经济学、政治经济学、战略管理学、公司治理与公司财务等多个学科,主要采用理论分析、实证检验以及对策研究相结合的方法,多维度揭示地区营商环境对企业战略选择与经营决策的影响效应和机理。具体的研究方法包括文献研究方法、规范研究方法和实证研究方法。

文献研究方法。本书涉及的理论包含多个学科,需要广泛收集和阅读国内外相关研究文献,全面掌握该领域的最新动态进展,厘清研究脉络,界定其增量贡献。

规范研究方法。本书结合中国特殊的制度背景,应用新制度经济学、政治经济学、战略管理学、公司财务与治理理论,构建地区营商环境优化与企业增长转型之间关系的理论框架和逻辑思路,为实证检验提供理论支撑。

实证研究方法。根据理论逻辑演绎,构建计量经济模型并利用中国A股上市公司和全国私营企业调查数据从多维度实证检验地区环境优化对企业战略选择、资本投资取向、资源配置效率、社会责任履行等的影响效应。具体运用的实证检验方法包括多元线性回归分析、Logit 或 Probit 回归分析、Difference-in-Difference 分析、Propensity Score Matching(PSM)、二阶段工具变量回归法等。

三 研究意义

营商环境优化是实现国家治理体系和治理能力现代化的重要内容,

也是持续激发市场主体活力、提升企业竞争力，进而推动经济高质量发展的重要制度保障。当前我国经济发展面临需求收缩、供给冲击、预期转弱三重压力，加快构建亲清新型政商关系、优化营商环境制度供给显得尤为重要和紧迫。基于此，本书将宏观制度环境与微观企业行为有机结合，试图以政商生态环境为切入点，力求通过多种研究方法考察地区营商环境优化对微观企业决策行为的影响效应，从微观层面深化对营商环境经济后果的理论认知。本书的理论价值和实践意义体现在两个方面。

第一，本书从微观企业层面拓展了对营商环境经济后果的理论认知，丰富了营商环境主题的研究文献。营商环境优化是当前最受关注的社会话题，也是学术研究的热点。与传统针对财富分配、外资吸引、经济增长或社会稳定等营商环境所引发的宏观效应的研究不同，本书将宏观制度环境与微观企业决策有机结合，重点考察营商环境优化对企业战略选择、资本投资取向、资产配置、运营效率、社会责任履行等的影响效应及传导机理，论证了净化政商生态关系在促进企业增长转型和高质量发展中的积极作用。企业是保持经济活力、实现经济增长的微观基础。经济高质量发展目标的实现有赖于企业创新和投资效率提升。因此，本书有利于揭开营商环境优化影响经济增长的"黑匣子"，从宏观和微观交互视角深化对其内在机理和传导路径的理论认知。

第二，伴随着新常态下我国经济增长放缓和结构转型升级的双重压力，如何激发企业创新活力、促进企业转型升级对于实现经济高质量发展显得尤为重要。不同于已有文献侧重于市场制度与知识产权保护、政府补贴、行业竞争、融资约束、公司治理以及高管个体特质等因素的影响，本书关注营商环境优化（亲清新型政商关系重塑）对改善微观企业决策和投资行为的积极作用，将有利于更深刻地理解转型制度情境下我国企业决策的特殊逻辑，也对加快构建亲清新型政商关系、促进企业转型升级具有较强的理论价值和实践启示。

第四节 核心概念界定

一 营商环境

营商环境是指市场主体在准入、生产经营、退出等过程中涉及的政务环境、市场环境、法治环境、人文环境等有关外部因素和条件的总和。政商关系是营商环境的重要维度与核心体现。Faccio等（2006）指出，政商关系除了盛行于法制不健全的欠发达国家，在法律制度比较健全的西方发达国家同样存在。健康的市场秩序能否建立与政府、企业二者之间是否形成良性互动密切相关。2021年12月17日，习近平总书记在中央全面深化改革委员会第23次会议上强调，发展社会主义市场经济的关键是处理好政府和市场的关系。基于此，为了使研究主题和内容更加聚焦，同时考虑到数据的可获得性，本书从狭义的政商关系维度界定地区营商环境。具体来讲，本书主要通过地区腐败程度反映政企互动过程中的官员权力寻租和营商环境质量。

当然，营商环境的内涵丰富，政府环境、政府财政、法治环境也对微观企业行为产生重要影响。为了提升研究结论的一般性，本书尝试聚合上述三个维度的指标综合反映地区营商环境质量并检验其对企业高质量发展的影响效应。

二 企业增长转型

作为市场经济的微观主体，企业是实现社会经济繁荣的重要基础，也是国家竞争优势的主要源泉。企业增长转型在当前中国经济由数量增长转变为质量提升过程中居于极其重要的地位。在技术、产业和市场格局发生巨变的今天，企业如何推动和实现转型，如何再度建立清晰的发展战略，如何能够获取或者构建持续发展的资源和力量，从而重新获得持续增长。这是所有企业都必须思考和亟待解决的现实问题。

自Penrose提出"企业成长"（Firm Growth）概念以来，企业成长现象和企业成长理论一直是学界关注的热点问题。企业实质上是资源束的组合，企业成长是企业有效协调其资源和管理职能的结果（Penrose，

1995)。资源基础理论（Resource Based View）从内部视角强调资源的价值，建立了"资源—战略—绩效"理论框架，认为企业拥有的异质资源形成企业独特的战略价值，进而获得持久的超额利润和竞争优势。资源依赖理论（Resource Dependence Theory）强调战略权变，认为企业是一个开放系统，其生存和发展依赖外部组织和环境因素。制度观理论则强调，制度环境制约并影响企业战略选择与资源配置。

沿袭上述理论，企业成长机制可被归纳为内生成长机制和网络成长机制。内生成长机制强调企业内部未利用资源是企业成长的动机（Penrose，1995）。德鲁克认为，企业成长程度由内部经营管理效率决定，管理者不仅需要对资源组合进行选择，更要对运行中的人员、流程、战略进行选择，通过优化要素组合实现企业成长。然而，内部成长机制假设企业被动地适应环境，企业家在内部现有资源的基础上创造新的资源并增强资源利用能力，却忽视了与外部环境的互动。与之不同，网络成长机制强调企业与其他组织建立正式或非正式的合作关系，借助网络获取外部资源，进而与内部资源整合成企业成长的基本动力。在经济全球化和技术创新加快的新竞争环境中，寻求网络化成长机制成为企业重要的成长方式和策略。

企业成长不仅需要企业内外部资源，更需要企业家对资源进行优化整合。因此，企业家精神是企业成长的重要驱动因素。企业家精神的实质是一种变革和创新精神，对经济效益的追求是激发企业家精神的内在动力，市场竞争压力是激发企业家精神的外在压力。熊彼特创新理论指出，企业成长是非连续的、革命性的、毁灭性的创新过程。发现潜在的创新机会是企业成长的重要环节，其实现与企业家精神息息相关。

改革开放40多年来，我国涌现了一批伟大的企业。2021年《财富》杂志（Fortune）发布了最新的世界500强排行榜，中国上榜企业数量继续增长，达到了143家，上榜数量仅次于美国。但我们也应该看到，中国上榜企业主要是依靠投资拉动、提供生产力要素的企业，比如国家电网、中石油、中石化、中国工商银行等。在产能严重过剩，经济由高速增长向高质量发展转变过程中，未来中国最能依赖、最可靠的驱动因素将不再是投资规模，而是投资资本收益率，其在微观层面表现为企业的资本使用效率。这意味着中国企业必须寻求增长转型，更多依靠创新驱动来实现新的商业模式、新的产业、新的企业家群体的全面崛起。

三 企业高质量发展

经济高质量发展归根结底需要通过企业高质量发展予以实现。黄速建等（2018）指出，企业高质量发展是企业发展的一种新状态，即企业或实现高水平、高层次、卓越的企业发展质量。同时，企业高质量发展也可视为企业发展的新范式，即企业以实现高水平、高层次、卓越的企业发展质量为目标，超越以往只重视企业规模扩张、仅依靠增加要素投入的粗放式发展方式，走提供高品质产品和服务、强调经济价值和社会价值、创造效率与水平、重视塑造企业持续成长的素质能力的道路。综合状态性概念与过程性概念的界定，黄速建等（2018）将企业高质量发展定义为：企业追求高水平、高层次、高效率的经济价值和社会价值创造以及塑造卓越的企业持续成长和持续价值创造素质能力的目标状态或发展范式。

结合新发展理念和高质量发展的内涵，企业高质量发展应该是以有竞争力为外在表现、以创新驱动为实现路径、以实现价值共享为终极目标的发展模式。其中，有竞争力是企业高质量发展的外在显性表征。仅仅有良好的财务绩效并不意味着企业一定具有较强的竞争力。只有在国内、国际两个市场竞争中都取得持续优势，才能成为富有竞争力的企业，才是实现企业高质量发展的体现。创新驱动是企业高质量发展的实现路径。在全球竞争格局下，创新是企业高质量发展的第一驱动力，只有通过创新才能保证企业具有核心竞争力，才能保证企业向价值链上游跃升。因此，企业高质量发展应该以摆脱困境为目标，以创新为主要驱动力，实现以引进技术为主向自主研发的路径转变。价值共享是企业高质量发展的最终目标追求。企业是社会的微观单元和组成部分，其功能不单是为社会提供商品和服务，还要与利益相关者实现高质量的互动。因此，企业在实现高质量发展过程中应承担更多的社会责任，不仅创造经济效益，而且创造社会效益，体现企业创造价值的正外部性。

第五节 研究逻辑与结构安排

本书将宏观制度情境与微观企业决策有机结合,重点考察营商环境优化对企业转型增长与高质量发展的影响效应。在研究内容上,本书借鉴新制度经济学、政治经济学、战略管理学、公司财务与治理等相关理论,通过构建"地区营商环境—政企关系—企业决策行为"理论框架,深入剖析营商环境对企业竞争战略导向、资本投资取向、资源配置与运营效率、企业社会责任和企业整体发展质量的影响效应及传导机理,利用中国 A 股上市公司数据进行实证检验。本书从制度视角深化了对转型制度情境下我国企业特殊决策逻辑的理解;同时,从微观企业层面拓展了对营商环境引发的经济后果的理论认知,为加快构建亲清新型政商关系和改善营商环境水平提供了必要的理论基础和经验证据。

本书主要由十章内容构成,整体逻辑与结构安排如下文所述。

第一、第二章分别是绪论和基础理论与文献综述,重点阐述选题背景和国内外研究现状。

第三章至第八章为"机理篇"。其主要内容是将宏观制度环境与微观企业行为有机结合,理论阐释并实证检验地区营商环境对企业微观决策行为的影响效应和传导机理,且每一章对应一个具体的企业决策主题。其中,第三章为企业竞争战略导向,第四章为企业资本投资取向,第五章为企业现金资产配置,第六章为企业运营效率,第七章为企业社会责任履行,第八章为企业整体发展质量。

第九章为"对策篇"。其内容是在前面理论与实证研究的基础上,聚焦优化营商环境这一实践目标,从加快政府职能转变、建设高标准市场体系、激发市场主体活力和释放企业家精神等多个维度提出了持续优化营商环境的基本思路与政策建议。

第十章为研究结论与政策启示。

本书的整体技术路线如图 1-4 所示。

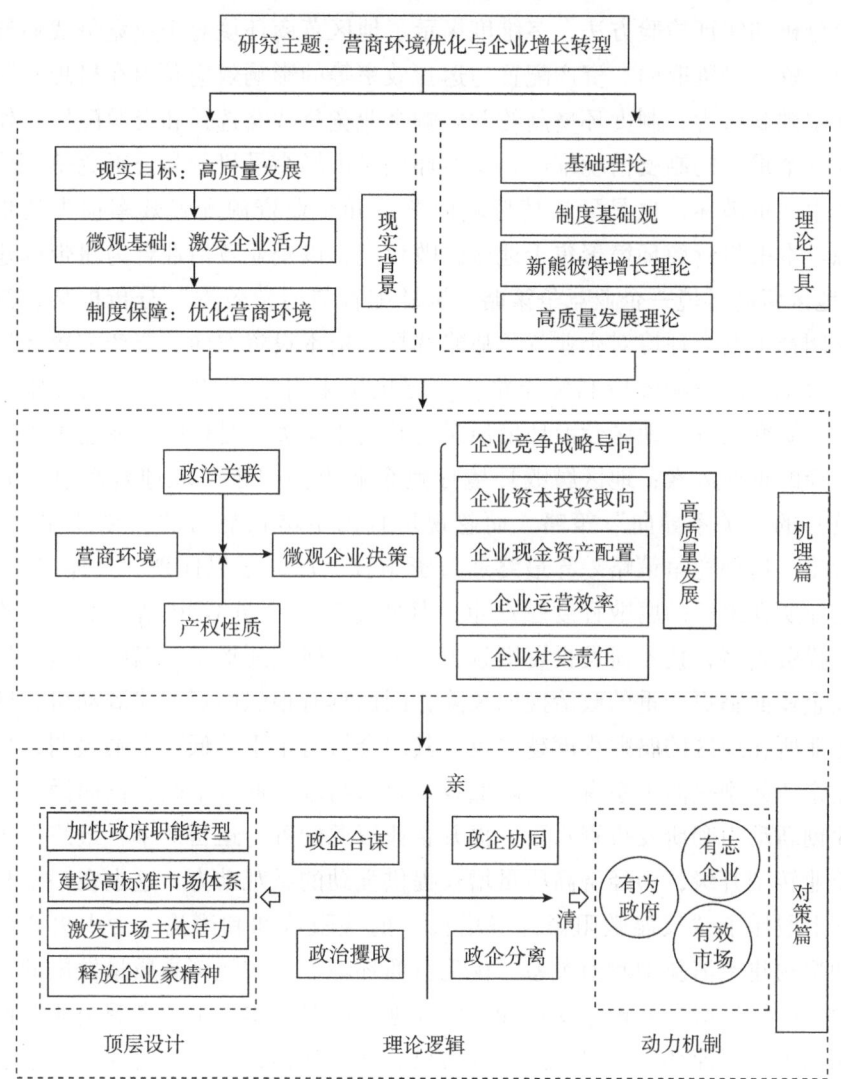

图 1-4 技术路线

第六节 主要创新点

第一，本书将宏观制度环境与微观企业行为有机结合，综合运用理论分析和实证检验方法，多维度揭示了地区营商环境对企业竞争战略导向、资本投资取向、资产配置与运营效率等的影响效应及内在机理。制度基础观认为，制度环境制约并影响企业竞争战略选择和资源配置。作为一个重要的制度情境维度，腐败环境对市场交易机制和公平竞争环境产生严重破坏，也是导致畸形政商关系和企业资源配置效率损失的根源。本书将营商环境聚焦于地区腐败程度，以企业政治迎合为纽带构建"地区营商环境—企业竞争策略—资源配置与运营效率"分析框架，深入阐释了营商环境对企业竞争战略选择、资本投资取向、资产配置和运营效率等的影响效应和传导路径并提供了来自中国新兴市场的经验证据。研究发现，地区营商环境质量与政商生态关系是影响企业竞争策略选择的重要因素：地区腐败环境导致企业更倾向于采取迎合政府（官员）的"关系导向"策略，而忽视培育内生增长能力的"创新驱动"策略。这种竞争策略差异最终通过资本投资取向予以体现。具体来讲，企业所在地区的腐败程度越严重，其实施迎合官员 GDP 增长的固定资产投资越多，技术研发投资则越少。进一步研究还揭示，腐败环境也导致企业面临更严重的政治攫取风险，因而具有很强的资产藏匿动机，即企业所在地区的腐败程度越严重，其现金持有水平越低。本书表明，构建亲清新型政商关系有利于降低政企合谋与政治迎合空间，进而激发企业创新动力和研发投资水平，提升企业资源配置与运营效率，最终促进企业转型升级，为经济高质量增长提供强劲的微观动力。这也在一定程度上驳斥了"反腐败阻碍经济增长"的狭隘认知和谬论，为中央政府加快构建亲清新型政商关系、优化营商环境、夯实经济高质量发展的制度基础提供必要的理论支持和经验证据。同时，本书也从微观企业层面深化了对营商环境所引发的经济后果的理论认知，丰富了营商环境主题的研究文献。

第二，本书将企业政治资源嵌入营商环境理论分析框架，揭示了地区营商环境对不同属性特征企业竞争战略、资本投资取向、资产配置与运营效率等呈现的非对称影响效应。产权性质对企业治理和经营决策产生重要影响。根植于转轨经济的中国公司治理环境正处于从行政型治理向经济型治理过渡的转型时期。国有企业与民营企业的产权属性不同，它们与政府之间的"亲近"程度也有所不同。这意味着企业拥有的政治资源在很大程度上决定了其应对外部环境威胁的意愿与能力。基于此，本书将政治资源嵌入前面的理论分析框架，更深入地考察了不同类型企业应对地区腐败环境的微观策略选择差异。研究发现，与国有企业相比，地区腐败环境对民营企业竞争策略选择的影响强度更大，对企业资本投资取向和现金资产配置的扭曲效应也更加明显；而且，与具有政治关联的民营企业相比，无政治关联的民营企业的竞争战略导向、资本投资取向和资产配置等更容易受到地区腐败环境的干扰。本书研究表明，外部营商环境对不同类型企业经营活动的影响效应呈现典型的非对称特征。因此，在加快构建亲清新型政商关系、优化营商环境过程中要重点破除企业身份差异，营造公正、公平、对等的市场竞争环境。

第三，本书从微观企业层面深化和拓展了经济高质量发展主题的研究文献。已有经济高质量发展主题的研究文献大都侧重从宏观层面探讨经济高质量发展的核心内涵、测度指标、动力机制和实施路径（张军扩等，2019；汤铎铎等，2020；杨耀武和张平，2021）。与之不同，本书从微观企业层面出发揭示了营商环境优化引领企业高质量发展的内在机理。高质量发展需要顶层设计，更需要微观基础。企业高质量发展是中国经济高质量发展的微观基础，经济高质量发展归根结底需要通过企业的高质量发展来实现。企业高质量发展内涵丰富，有竞争力是企业高质量发展的外在显性表征，创新驱动是企业高质量发展的实现路径，价值共享是企业高质量发展的最终目标追求。本书沿袭上述逻辑，从多个维度检验了优化营商环境对推动企业转型升级和高质量发展的积极作用。因此，这深化了对企业高质量发展内涵及实现路径的理论认知，为夯实经济高质量发展的微观基础提供了必要的理论支持和经验证据。

第四，本书构建了企业高质量发展综合评价指标体系，实证揭示了地区营商环境与微观企业高质量发展水平之间的关系，明确了营商环境优化在推动企业增长转型和高质量发展中的独特价值。营商环境是企业经营活动面临的重要制度生态，攸关企业发展范式与增长质量。本书基于制度生态理论视角，综合考察了地区营商环境与企业高质量发展之间的内在联系及逻辑机理。研究结果表明，构建亲清新型政商关系、缓解政府财政压力和优化法治环境等维度的营商环境优化均能够显著提升企业高质量发展水平；进一步检验揭示了营商环境各维度要素对不同类型企业高质量发展的促进作用存在异质性效果。具体来讲，改善政商关系对企业高质量发展的促进作用主要体现在非国有企业；缓解政府财政压力对企业高质量发展的促进作用主要集中在非国有企业、非高新技术企业和非重点产业支持企业；优化法治环境对企业高质量发展的促进作用则在非国有企业和高新技术企业表现更突出。因此，要大力优化地区营商环境，特别是结合区域产业结构及企业特征夯实企业高质量发展的制度生态。

第二章 基础理论与文献综述

第一节 基础理论

一 新熊彼特增长理论

现代社会，创新已然成为经济增长的核心驱动力。古典经济学家认为，创新是游离在经济系统外的因素，对经济产生巨大影响，但不属于经济的内在属性。约瑟夫·熊彼特首次引入创新概念，并将发明和创新进行区分。新熊彼特增长理论在20世纪90年代迅速成长起来，Grossman等为此作出了巨大的开创性贡献，其核心思想在于内生的研发和创新是推动技术进步和经济增长的核心因素，企业研发投入和创新的速度是经济参与者（企业家）的最优化决定。该理论强调创新、研发、知识等因素对经济增长的推动作用和企业家的巨大贡献。

新熊彼特创新理论认为，创新将引起模仿，模仿打破垄断，刺激大规模的投资，引起经济繁荣，当创新扩展到相当多企业后，盈利机会趋于消失，经济开始衰退，从而期待新的创新行为出现。整个经济体系就在繁荣、衰退、萧条和复苏四个阶段构成的周期性运动过程中演进。当商业周期循环到谷底时，某些企业家不得不考虑退出市场或另一些企业家必须"创新"以求生存。只要将多余的竞争者淘汰或有一些新的"创新"产生，便会使景气提升、生产效率提高；但是当某一产业重新有利可图时，又会吸引新的竞争者投入，然后是一次利润递减过程，回到之前的状态。由于熊彼特认为经济周期的出现是外在创新所推动的，因此创新也同样具有周期波动性，是一种非均衡破坏。在这一过程中，创新不断涌现，机会窗口不断被创造，使后发国家有了技术追赶甚至超越先发国家的可能，而这种创新与机会窗口的创造实现并非自发形成，知识与研发具有较强的公共属性,需要政府等公共部门予以一定干预和引导,以克服市场失灵,重塑创新价值。一种生产技术的创新和一个新行业的发展往往带来一个经济周期的上升阶段,两者具有密切的相关性。新熊彼特增长理论在一定程度上弥补了新古典经济增长理论的不足,解释了经济增长差异并揭示了创新驱动经济增长的内在机制。

二 制度基础观理论

(一) 制度理论

制度理论可以追溯到19世纪,源于经济学、政治学和社会学,强调制度影响组织决策和组织行为。制度理论快速发展的动力源于转型经济体实践的推动以及对西方主流管理理论前沿发展的反思。随着转型经济体的实践进展,新的正式制度被创建,并且通过法律和制度改革合法化。尽管这些新出现的正式制度变化速度相对较快,但仍存在一些重大障碍继续限制市场经济中的商业经营行为,比如基于非正式结构的规范和个人认知。相比于正式制度的变革过程,非正式制度的变革是一项十分复杂、费时和难以理解的过程。因此,在转型经济中,企业经营行为正面临如何在一段不连续和充满高度不确定性的制度转型时期内提高企业运作效率的问题。

在转型经济情景下,正式制度和非正式制度的变革为学者提供了一个研究企业与环境间相互作用的独特机会,也促进了我们理解制度对企业经营行为的影响。理论界对于制度主要存在两种不同的观点,制度经济学视角和组织社会学视角,两种视角的制度理论经常一起用于解释公司的组织行为和战略。不过真正使制度要素在企业战略研究中形成一个独特的分析系统,还是要归功于组织社会学的制度理论。表2-1简单地从经济学和组织社会学视角回顾两个相互关联的制度理论。

表 2-1 经济学与组织社会学视角的制度理论比较

比较内容	经济学视角的制度理论	组织社会学视角的制度理论
制度概念	博弈规则	象征性的认知、规范及行为系统体系
制度分类	正式与非正式制度	管制、规范和认知制度
理论假设	效用最大化	与合法性要求一致
学科领域	经济学	经济学、政治学和社会学

经济学视角的核心基础是制度环境对经济活动和公司行为具有重要作用，这种观点更关注效率。North（1990）将"制度"定义为"社会的博弈规则，或者更正式一些，是人类设计出来的用以规范人们相互交往的所有约束"。制度包含了正式制度和非正式制度两种形式，正式制度是指成文的法律、规定（宪法、法律、财产权利）；非正式制度则是由习俗、传统和习惯形成的行为准则和框架（制裁、禁忌、风俗、传统和行为守则）。在正式制度失效的地方，非正式制度能够减少不确定性，并且能够保持组织稳定性。制度环境对经济活动和公司行为具有重要影响，是导致经济组织效率差异的决定性因素。

组织社会学的观点更关注合法性问题，把"制度"定义为"为社会行为提供稳定和意义框架的控制性、规范性和认知性的结构和活动"。Scott（1995）提出了制度三系统的理论模型，即管制支柱、规范支柱和认知支柱。管制支柱对应着正式制度，主要指的是政府的强制性权力，因此它也是制度框架的首要支柱。规范支柱和认知支柱对应着非正式制度，规范支柱是指其他相关竞争者的价值观、信仰和规范如何影响个人和企业的行为；认知支柱是引导个人和企业行为内部化习以为常的价值观和信仰。三种制度支柱形成了一个从有意识到无意识、从合法强制到理所当然的连续过程。

组织社会学视角的制度理论克服了理性选择模型的内在局限。与经济学视角的制度理论不同，组织社会学视角的制度理论认为，制度是指符合合法行为的社会规则的规范，为了在社会环境中生存和发展，组织需要遵守社会主流信念体系，以获取合法性。随着社会合法性的提高，也将增强企业获取资源和得到外部环境中的社会—心理支持的能力。

有趣的是，虽然理论核心内容不同，但是经济学和组织社会学视角的制度理论都强调一个国家"正式制度"对调节或影响组织经营决策行为的重要性。制度理论者指出，强制性同构或者被政府和法律支持和制定的规则对成本效率和公司合法行为的限制是十分重要的。事实上，潜藏在制度理论背后的同构的力量来源于三种支柱的制度——管制制度、规范制度和认知制度。管制制度与经济学视角中的正式制度的定义相关，而规范和认知制度与非正式制度类似。因此，在某种程度上，两个制度理论视角取得了一致性。

(二) 制度基础观

在战略管理理论中，制度经济学和组织社会学两种视角的理论观点互相影响、互相融合。为了把在战略管理理论中对制度的研究与在制度经济学和组织社会学领域中的研究相区别，有学者综合了两种视角的理论观点，使用了"制度基础观"这一概念来表达战略理论中的制度观点，成为战略三角的第三条边，与产业基础观和资源基础观共同构成"战略三角"。

Peng等（2008）将经济学视角与组织社会学视角的制度理论相结合，提出了战略管理制度基础观的制度框架，认为一个制度框架由支配个人及企业行为的正式制度和非正式制度构成，并且这些制度依次由三种支柱支撑（见表2-2）。

表2-2　　　　　　　　　制度的范围

制度的类型	示例	支持的支柱
正式制度	法律	管制支柱
	规章	
	规则	
非正式制度	规范	规范支柱
	文化	认知支柱
	伦理道德	

正式制度一般以文字具体规定的法律、政策和规定为表现形式。正式制度包括法律、规章和规则，首要支柱是管制支柱，是政府的强制性权力，具体而言，可以区分为3项正式制度，分别是规章性制度、经济制度和政治制度。规章性制度指的是法律、规章和财产权保护方面的规定；在国家层面，政治制度对整个制度环境的影响最大；经济制度是另外一个对企业行为和战略产生重大影响的制度。政治制度反映国家对重要资源（如土地、资金、信息）的分配机制，也反映国家对企业行为的控制和导向。经济制度决定了企业如何获得和利用资源。

非正式制度包括规范、文化和伦理道德，两种主要支柱是规范支柱和认知支柱。规范定义了事情应该如何去做，所以规范支柱就是指其他相关参与者的价值观、信仰和规范如何影响个人和企业行为。文化是

"制度安排的基础",是一种关于风俗、道德、价值观以及心理结构的精神复合体,具有稳定性与延续性、强制性、排他性、吸纳性、衍生性等特性。伦理是指导个人和企业行为的规范、原则和标准,不仅是非正式制度的重要组成部分,也在正式制度中得到深刻体现。文化和伦理道德构成了认知支柱,引导个人和企业行为的、内部化的、习以为常的价值观和信仰。非正式制度包含虽然没有明文规定但是人们长久以来已经习惯的规则、传统和做法。非正式制度不容易被观察到,因为非正式制度很大程度上体现在社会信仰和价值观中,而这些信仰和价值观只有通过行为才能表现出来。

三　高质量发展理论

现实经济活动总是在一定的时间期限内进行的,作为一个连续推进的过程,社会经济发展是有阶段性的。在不同的历史阶段,经济增长和发展的方式及状态是不同的。不同的发展阶段是以其不同的质态进行区别的。当经济增长的量的不足基本解决后,经济发展质量的问题就凸显出来了。而经济发展质量不高主要体现在真实经济的结构上。所谓经济结构,实际上就体现在产品及其生产过程的使用价值层面,即供给侧现象。需求侧也有结构性问题,而真实需求的结构性问题实际上也是与使用价值相关的现象,即对质量的要求。因此,从市场经济的商品二重性角度观察,高速增长转向高质量发展,就是经济运行的目标和动力机制从主要侧重于以交换经济计算的产品总量增加,转向更加注重产品和经济活动的使用价值及其质量合意性。此外,以交换价值体现的市场经济的工具理性机制仍然具有重要意义,还将发挥重要作用。但是,进入高质量发展新时代,体现经济发展的本真性质,对满足人民日益增长的美好生活需要的使用价值层面,即供给侧的关注,将变得尤为重要,且受到更多关切。

第二节　营商环境的相关文献

一　营商环境的内涵

基于生态系统理论的定义,营商环境是企业从事创业、创新、融资、投资等活动时所面临的外部环境的一个综合性的生态系统(李志军，2018），是影响企业经营管理的重要外部环境。企业作为营商环境生态系统中的经营主体，会受到来自生态系统中其他主体的影响。同时，宏观外部环境因素以及各个因素之间的耦合关系也对企业生产经营产生影响（杜运周等，2020）。从商业成本角度来看，营商环境是对市场准入与退出、授信业务、投资者保护、雇佣、税收、跨境贸易等若干商业流程所耗费成本的综合评定与考量（Besley，2015）。营商环境不仅是吸引投资、鼓励创新创业、实现经济平稳增长、促进经济结构转型的重要基础，也代表着一个经济体的商业环境或地区竞争力的总体质量。优化营商环境能够帮助革除过去以微观管理、直接管理为主的陈旧体制，转向以企业和市场需要为主要内容的宏观管理、监督管理，是提升市场运行效率、激发市场活力的有效杠杆。

二 营商环境质量的评价与测度

（一）国际主流营商环境测度指标体系

第一，世界银行营商环境评价指标体系。2001年世界银行构建了用于评价各国私营企业发展状况的营商环境评价指标体系并于2003年发布了全球第一份营商环境报告。该报告基于交易成本角度将营商环境界定为一个经济体内企业在申请设立、生产经营、贸易活动、纳税、关闭及执行合约等方面遵循政策法规所需要的时间和成本等条件的总和。经过十几年的发展，世界银行《营商环境评估报告》已经涵盖了全球191个经济体，获得国际高度认可。其主要从企业生命周期角度考虑，考察了企业在创业、获得场地、获得融资、日常运营、安全的商业环境中运营5个阶段所面对的营商环境便利度。评价体系共包含11项一级指标、43项二级指标，在开办企业、办理施工许可证、获得电力、登记财产、获得信贷、保护少数投资者、跨境贸易、纳税、执行合同和办理破产10个方面提供了量化指标和排名（World Bank Group，2019）。该评价体系的量化方法是通过简单平均法对上述指标进行赋权，使用标准化案例收集一国最大商业城市的指标数据，采用前沿距离法对所收集数据进行标准化，从而计算各国营商环境便利度得分并排名。

第二，经济自由度指数。经济自由度指数是由《华尔街日报》和美国传统基金会发布的年度报告，自1995年开始编制，涵盖全球186个国家和地区，是全球权威的经济自由度评价指标之一。该指标主要包含贸易政策、政府财政开支、政府对经济的干预、货币政策、资本流动和外国投资、银行业和金融业、工资和物价、产权、规制、非正规市场活动（黑市）10个一级指标。指标分数越高，表明政府对经济的干涉水平越高，经济自由度越低。根据各个指标累加后的平均值可计算出总体系数。美国传统基金会认为，具有较多经济自由度的国家或地区与那些较少经济自由度的国家或地区相比，拥有较高的长期经济增长速度和经济繁荣度。

第三，GEM创业环境评价指标体系。全球创业观察（GEM）是在1997年由英国伦敦商学院及美国百森学院共同发起的国际创业研究项目。自2002年起，中国已接受19轮观察。该项目的国家专家调查小组（NES，每个国家不少于36人）着眼于国家背景，通过问卷调研获取指标数据，根据内部分析师赋权后的评价指标体系及调研数据计算出各国创业环境得分并提供国家层面的创业环境评估报告。GEM创业环境评价指标体系主要是通过政府政策、金融支持、政府项目支持、教育与培训、研究开发转移、商业和专业基础设施、进入壁垒、有形基础设施、文化与社会规范9个影响因素来评价各个国家或地区创业环境的优劣并跟踪调查全球创业活动活跃程度及发展趋势（见表2-3）。

表2-3　　国际主流营商环境评价指标体系

指标名称	构建机构	初始构建年份	指标涵盖内容
世界银行营商环境评价指标体系	世界银行	2001	开办企业、办理施工许可、获得电力、产权登记、获得信贷、保护少数投资者、纳税、跨境贸易、合同执行、办理破产、劳动力市场监管（未纳入指标量化）
经济自由度指数	《华尔街日报》和美国传统基金会	1995	贸易政策、政府财政支出、政府对经济的干预、货币政策、资本流动和外国投资、银行业和金融业、工资和物价、产权、规制、非正规市场活动（黑市）
GEM创业环境评价指标体系	全球创业观察（GEM）	1997	政府政策、金融支持、政府项目支持、教育与培训、研究开发转移、商业和专业基础设施、进入壁垒、有形基础设施、文化与社会规范

（二）国内主流营商环境测度指标体系

第一，中国城市营商环境评价指标体系。基于生态系统理论，"中国城市营商环境评价研究"课题组（2021）将营商环境界定为企业从事经营活动时所面临的外部环境的一个综合性的生态系统。这是在李志军（2018）基础上增加了法治环境维度，从而形成了由公共服务、人力资源、市场环境、创新环境、金融服务、法治环境、政务环境 7 个维度构建而成的中国城市营商环境评价指标体系。同时，该指标还设立了 18 个二级指标及 23 个三级指标。

第二，中国省份市场化指数。在营商环境概念提出之前，衡量中国企业外部经营环境状况的研究，主要使用市场化指数（樊纲等，2001）。该指数评价了中国 30 个省份（除港澳台和西藏）从计划经济向市场经济过渡的体制改革进程。基于科学性和数据可获得性两个原则，市场化指数包括 5 个方面的评价指标：政府与市场的关系、非国有经济的发展、产品市场的发育程度、要素市场的发育程度、市场中介组织发育和法律制度环境。该评价报告于 2001 年发布并持续更新，最近一次发布于 2018 年，评估数据覆盖 1997—2016 年。

第三，中国省份营商环境评价指标体系。该指标体系是由武汉大学经济与管理学院张三保等学者于 2020 年合作构建的，共包括 4 个一级指标、12 个二级指标、24 项三级指标。依据"国际可比、对标世行、中国特色"的评价原则，张三保等（2020）将"十三五"规划纲要关于营商环境建设的 4 个方面——市场环境、政务环境、法律政策环境、人文环境确定为中国省份营商环境评价指标体系的一级指标，并分别以公平竞争、高效廉洁、公正透明、开放包容为效果目标。对照 4 个一级指标及其效果目标，获得"融资、创新、竞争公平、资源获取和市场中介""政府效率、政府廉洁与政府关怀""政策透明、司法公正"以及"对外开放、社会信用" 12 个二级指标。

第四，中国城市营商环境指数评价体系。2019 年由中国战略文化促进会、中国经济传媒协会、万博新经济研究院和第一财经研究院联合发布的《中国城市营商环境指数评价报告》中构建了一套营商环境指数评价体系。该报告将营商环境指数评价体系的两个维度分别设为硬环境、软环境。其中，硬环境包括自然环境、基础设施环境两个二级指标、11 个三级指标；软环境包括技术创新环境、金融环境、人才环境、文化环境和生活环境 5 个二级指标、24 个三级指标。

第五，中国城市政商关系评价指标体系。政商关系是营商环境的主要内容，也是中国新一轮政府治理的重点。从"放管服"改革到构建亲清新型政商关系要求，体现了中国政府对于政务环境的重视。基于此，聂辉华等在《中国城市政商关系排行榜（2017）》中从"亲近"与"清白"两个维度进行体系设计与指标细化，其中，"政府对企业的关心、政府对企业的服务、企业的税费负担"代表"亲近"，"政府廉洁度与政府透明度"代表"清白"。该体系弥补了现有营商环境评价指标体系缺乏政府廉洁评价的不足，且多元数据来源渠道弥补了单一数据的不可靠性问题。

第六，浙江省新型政商关系"亲清指数"指标体系。2021年5月，浙江省新型政商关系"亲清指数"由浙江工商大学浙商研究院、大数据与统计指数研究院、教育部重大项目"新型政商关系研究"课题组联合发布。这一指标体系涵盖"亲近指数"和"清白指数"两个维度，包括7个一级指标、11个二级指标、21个三级指标。其中，"亲近指数"由服务力、支持力、企业活跃度和亲近感知度4个一级指标构成，"清白指数"由政府廉洁度、政府透明度和廉洁感知度3个一级指标构成（陈寿灿和徐越倩，2019）（见表2-4）。

表 2-4　　　　　国内主流营商环境评价指标体系

指标名称	构建机构/学者	初始构建年份	当前指标涵盖内容
中国城市营商环境评价指标体系	李志军等	2018	政务环境、人力资源、金融服务、创新环境、公共服务、市场环境、法治环境
中国省份市场化指数	樊纲等	2001	政府与市场的关系、非国有经济的发展、产品市场的发展程度、要素市场的发育程度、市场中介组织发育和法律制度环境
中国省份营商环境评价指标体系	张三保等	2020	市场环境、政务环境、法律政策环境、人文环境
中国城市营商环境指数评价体系	中国战略文化促进会、中国经济传媒协会、万博新经济研究院和第一财经研究院	2019	硬环境：自然环境、基础设施环境；软环境：创新环境、金融环境、人才环境、文化环境、生活环境
中国城市政商关系评价指标体系	聂辉华等	2018	亲近：政府对企业关心、政府对企业服务、企业的税费负担；清白：政府廉洁度、政府透明度

续表

指标名称	构建机构/学者	初始构建年份	当前指标涵盖内容
浙江省新型政商关系"亲清指数"指标体系	浙江工商大学浙商研究院、教育部重大项目"新型政商关系研究"课题组	2021	亲近指数：服务力、支持力、企业活跃度、亲近感知度；清白指数：政府廉洁度、政府透明度、廉洁感知度

三 营商环境的经济后果

Asli 等（2006）利用来自52个国家企业层面的数据考察了国家制度和营商环境如何影响企业的组织选择以及组织形式对获取资金和经济增长的影响。Contractor 等（2020）提出，一个国家的规章制度可能阻碍或促进外国直接投资的进入与退出，因而可能影响跨国公司的盈利能力。为此，他们重点研究了监管和营商环境差异在多大程度上推动了跨国FDI流动。研究发现，合同执行力强、国际贸易法规效率高的国家吸引的外来直接投资更多。Cui 等（2023）利用世界银行2004—2018年营商环境项目的营商环境评分实证分析了营商环境对贸易伙伴经济增长的影响。结果表明，在经济发展的阈值水平下，营商环境对贸易伙伴的经济增长有显著的正向影响。

优化营商环境也有利于破除区域分割和地方保护等不合理限制。宋马林和金培振（2016）认为，以市场分割为具体表现的地方保护将限制要素的自由流动，加剧区域资源配置扭曲，显著抑制区域环境福利绩效发展并通过空间溢出效应加剧其他地区的环境福利绩效损失。孙早等（2014）也指出，削弱地区间的经济融合和隐含在商品服务中的技术交流，阻碍了R&D溢出。黄玖立和周璇（2018）基于跨地区贸易研究发现，消除地方保护主义能够改善各地营商环境，尤其是契约制度环境，进而加速国内市场，尤其是制度敏感型产品市场的整合，从而引导更多企业创造个性化产品以及为该产品提供定制服务。因此，破除地方保护壁垒，降低市场分割水平，鼓励区域要素市场一体化，促进各类要素自由流动，充分发挥市场在资源配置中的决定性作用，有助于营造出立足"双循环"新发展格局、"对内开放"和"对外开放"并举的良好营商环境。

推进政府简政放权，提高服务效率，健全更加开放透明、规范高效的市场主体准入和退出机制，也是优化营商环境的重点任务。华生等（2019）构建"中央政府—地方政府—申请者"模型，探寻简政放权的边界及其优化研究，从而得出只有合理划定简政放权边界、识别冗余程序与必要行政规则的界限，才能避免历史上"一收就死，一放就乱，乱了再收"的循环，巩固和深化改革成果。夏杰长和刘诚（2017）认为，政府过度干预导致的越位和错位恶化了营商环境并诱导了企业和市场的不良表现。而简化行政审批程序是处理政府与市场关系、改善营商环境的关键。

通过城市层面数据和微观企业数据实证发现，审批制度改革减少了企业交易费用，推动了经济增长。侯方宇和杨瑞龙（2018）通过构建基于资产专用性的委托代理模型，分析了不同政商关系对产业政策治理"潮涌现象"有效性的影响。研究表明，在扭曲的政商关系下，企业与地方政府会利用信息优势来规避产业政策，从而导致产业政策在治理"潮涌现象"中的低效甚至无效。此外，与简政放权相结合的廉政建设也有利于维护市场的公平竞争秩序，进一步完善充满活力的市场经济体制（龙小宁和黄小勇，2016）。

刘慧龙和吴联生（2014）认为，良好的制度环境能够通过降低地方政府给予企业税收优惠的压力，增强地区对于投资的吸引力。因此，地方政府应当积极行动，改善本地区营商环境，以增强本地区的竞争能力。于文超和梁平汉（2019）基于2012年全国私营企业调查数据，考察了地方政策不确定性和贸易环境不确定性对民营企业活力的影响。研究发现，地方政策不确定性对企业经营活力的负向影响随着地区营商环境的改善而减弱。深化"放管服"改革，大力改善营商环境，不仅是中国经济长期健康发展的保证，也是中短期应对各种不确定冲击、保持经营活力、维持经济向好势头的重要依托。

作为改革创新的表现形式，优化营商环境也是打破行政性垄断、提高企业创造力和市场活力的重要战略方案。Cull和Xu（2005）使用世界银行2000年和2002年的中国企业调查数据，发现产权保护、合同执行和外部融资3种经营环境对企业再投资率都有显著的正向作用。魏下海等（2015）指出，在良好的营商制度环境下，企业家经济活动时间将更长，并且在有限的经济活动时间中，用于"内治"（即生产性的日常经营管理）的时间占比将更高，而用于"外攘"（即非生产性的对外公关招待等)的时间占比将更低;在更糟的营商制度环境下,情况正好相反。因此,锚定营商环境的具体方面来提高制度和政策质量,有助于提高企业家的生产性努力,促进经济发展。夏后学等(2019)考察了优化营商环境是否有助于消除寻租影响、促进企业市场创新。他们基于世界银行对中国企业营商环境的调查数据,利用二值选择模型,发现在市场机制尚未健全的转型经济中,寻租作为非正规补偿手段和"关系资本",一定程度上对市场创新产生了扭曲的正面影响;优化营商环境显著影响企业寻租与市场创新的关系,对消除寻租影响、促进创新有积极作用。许和连和王海成(2018)基于2006年开始的生产企业出口退(免)税审批权下放的准自然实验考察了出口退税管理制度的简政放权改革对企业出口绩效的影响。研究结果表明,审批权下放通过缓解企业资金约束,进而增加出口额、提升产品质量和降低产品价格,显著提高了企业出口绩效。

良好的营商软环境还有利于降低创业成本,为各种商业创意提供更多的实现机会和激励机制,产生熊彼特"创造性破坏"过程。杜运周等(2020)结合NCA和QCA两种新兴方法,从组态视角分析我国城市营商环境生态与创业活跃度的关系,发现以政府为主导、市场环境助力、人力资源驱动、依托公共服务的金融与创新活动等营商环境生态要素之间的耦合效应,是提升城市创业活跃度的重要驱动因素。陈刚(2015)发现,简政放权通过促进潜在企业家的创业活动,有助于平衡各群体间的就业机会,进而促进社会公平。吴一平和王健(2015)发现,良好的制度环境对于培育企业家精神也发挥着重要作用。

第三节 经济增长转型的相关文献

经济增长的源泉是投入要素积累和全要素生产率提升,其中,投入要素包括劳动力、资本、土地等,全要素生产率则主要来自技术进步、制度改革、组织管理创新等(Acemoglu,2009)。国内外众多学者对经济增长转型的影响因素展开了研究,主要集中在三个方面:制度变革、产业结构优化与要素市场改革。

一 制度变革与经济增长转型

刘易斯在《经济增长理论》中认为，影响经济增长的因素繁多，不仅有经济要素，还有制度因素。他认为法律和秩序得到维护，特别是所有权得到确认和保护是经济增长的一个首要条件，制度的主要功能是为经济增长提供自由环境。同时，North 和 Thomas（1973）在《西方世界的兴起》中强调了制度在经济增长中的关键作用，认为"有效率的经济组织是经济增长的关键，有效率的组织需要在制度上做出安排和确立所有权以便造成一种刺激，将个人的经济努力变成私人收益接近社会收益率的活动"。

在经济分析中只有把对社会和经济制度的分析放在主要位置上，才能从本质上解释经济现象、经济行为和经济关系，也才能阐明经济和社会的演进过程和趋向（Williamson and Oliver，2000）。制度作为政治、社会和法律基本规则、规范的组成，建立了生产和分配等经济活动的基本原则（North，1990），是降低经济交易不确定性和交易成本的必要手段。Allen 等（2005）强调，法治建设是制度环境的重要内容，反映了当前一国已颁布的各类法律法规的完善度以及执法力度的总体情况，是国家经济持续增长的重要制度前提。当制度能够提供有效的产权保护、强制的合同执行和对政府有效约束的司法系统时，寻租活动会明显减少。Baumol（1990）研究表明，稳固的法律框架和完善的产权保护能够促进地区的创新创业，然而在社会与经济转型的过程中，我国法律环境尚不完善，各地区的执法水平参差不齐（Allen，et al.，2005）。Aidis 等（2008）发现，众多转型国家在新旧制度替代过程中，有关产权、破产、合同、商业活动和税收的法律并未得到有效实施，特别是不同经济增长阶段对制度环境有不同的要求。在改革开放早期的要素驱动型经济增长模式下，企业发展对土地、资金、劳动力等要素资源依存度较高，制度环境的影响较弱。进入高质量发展阶段，在创新驱动型经济增长模式下，企业迫切需要一个知识产权保护良好、市场竞争更为公平以及要素流动更为自由的制度环境（赵昌文等，2015），进而有利于培育出经济增长的新动力。

潘越等（2015）研究了公司诉讼风险对企业创新活动的影响，发现司法系统中的地方保护主义对企业创新活动产生了显著的负面影响。王海成和吕铁（2016）基于广东省知识产权"三审合一"的审判机制改革，实证发现该制度改革提升了知识产权司法保护水平，对企业创新具有长期的激励作用。倪骁然和朱玉杰（2016）使用双重差分模型检验了2008年《中华人民共和国劳动合同法》的实施对企业创新的积极效应，研究发现该法律颁布后劳动密集型企业的创新投入和创新产出都得到了明显提升。李蕾蕾和盛丹（2018）以地方环境立法为准自然实验考察了环境立法对行业资源配置的影响，发现地方环境立法有助于缩小行业内生产率离散程度，实现行业资源的优化配置。李雪灵等（2012）利用世界银行数据对制度环境与寻租活动之间的关系进行了实证检验。结果显示，国家的法律和金融环境越不完善，寻租活动表现越活跃。上述研究综合表明，法律条文的完善和执法力度的提升对推进企业创新发展具有重要意义，也是经济增长实现转型升级的必要条件。

二 产业结构优化与经济增长转型

调整和优化产业结构是推动产业转型、加速经济增长和提高经济增长质量的重要手段。然而，在改革开放以来中国经济增长转型原动力的研究中，关于产业结构对经济增长转型的作用并没有一致结论。一部分学者认同产业结构改革对经济增长转型具有促进作用。刘伟和张辉（2008）的研究表明，产业结构变迁对过去中国经济增长的贡献十分显著，但是随着市场化程度的提高，产业结构变迁对经济增长的贡献呈现不断降低的趋势。因此，优化产业结构、促进产业转型对我国经济增长作用的潜力很大。不同的是，另外一部分学者认为产业结构改革并不能显著促进经济增长转型。吕铁（2002）、李小平和卢现祥（2007）对中国制造业的研究发现，产业结构变化带来的"红利"并不显著。同样地，干春晖等（2011）研究发现，产业结构合理化和高级化进程均对经济增长的影响有明显的阶段性特征，现阶段我国产业结构合理化对经济发展的贡献要远远大于产业结构高级化。综上所述，产业结构变革与经济增长转型的关系具有不确定性。

当前中国经济进入新常态，部分行业产能过剩，新兴产业供给不足，供给侧结构性改革势在必行，如何有效实现产业结构转型升级，是高质量发展亟待解决的重大问题。供给侧结构性改革是党中央从中国现实国情出发提出的治国方略，为真正转变经济增长方式开辟了新思路、注入了新智慧（张卓元，2016）。黄群慧（2016）认为，供给侧结构性改革是针对由于供给结构不适应需求结构变化的结构性矛盾而产生的全要素生产率低下问题所进行的结构调整和体制机制改革。刘伟（2016）强调，适应新常态，引领新常态，转变发展方式，贯彻新的发展理念，实现高质量发展，供给侧结构性改革是极为重要的命题。洪银兴（2016）指出，供给侧结构性改革要处理好两个关系：一是供给侧结构性改革目标和当前所要推进的去产能、去库存、去杠杆、降成本和补短板的任务；二是供给侧结构性改革和需求管理相互依存。另外，余斌和吴振宇（2016）指出，供给侧结构性改革超越供给学派的思想，着力消除制约供给调整的体制性、机制性障碍，推动供需再平衡，促进中国经济在新的中高速平台上稳定增长。

针对供给侧结构性改革的实施策略，周开国等（2018）认为，产业结构的合理化和高级化对经济增长有重要贡献，目前产业的适度规模和退出机制是供给侧结构性改革的重中之重。周密等（2018）则指出，供给侧结构性改革不应简单仿效西方的特征事实，陷入市场与政府之争；而应以经济增长为导向，系统认识"在不同结构的实施条件下，后发赶超国家供给侧的主导性动力机制发生结构性演变"的内在机理。王国刚（2018）探讨了中国经济运行中发生的资金"脱实向虚"现象，认为资金"脱实向虚"是实体经济面供给侧结构性失衡的必然产物，其解决也有赖于深化供给侧结构性改革的进展程度。刘啟仁等（2019）探讨了税收优惠、供给侧结构性改革与企业投资的关系。结果表明，企业减税是当前供给侧结构性改革的重要内容，有利于优化企业投资结构。因此，必须更好地利用税收政策达到供给侧结构性改革的目的。

三 要素市场改革与经济增长转型

要素市场改革是实现资源优化配置的重要基础。洪银兴（2018）认为，经济要素的市场化配置要满足两个基本要求：一是要素流动没有任何人为的障碍，打破市场垄断；二是要为要素自由流动提供顺畅的通道，尤其是发达的金融通道。与其他发展中国家一样，转型期的中国存在典型的金融要素抑制问题（Buera and Shin，2013；王国静和田国强，2014），尤其是作为经济增长推动力的民营经济在金融信贷方面面临种种歧视（戴静和张建华，2013）。余东华等（2018）研究表明，中国要素市场上资本和劳动要素价格均存在负向扭曲，资本价格的绝对扭曲程度更高，劳动力价格的相对扭曲程度更为严重；技术进步整体表现出资本偏向型特征，要素价格扭曲是影响技术进步偏向的主要因素。陈林等

(2016)考察了行政垄断与要素价格扭曲的关系,结果表明,行政垄断行业具有鲜明的资本价格偏低和劳动价格偏高的特征。

Hsieh 和 Klenow（2009）通过构建 HK 模型研究了中国和印度要素价格扭曲引起的效率损失。结果显示,如果按照边际收益对中国和印度的资本及劳动要素进行重新配置,中国的全要素生产率（TFP）可以提升 25%—40%,而印度则可以提升 50%—60%。Brandt 等（2013）也对要素价格扭曲导致的效率损失进行了讨论。曹玉书和楼东玮（2012）发现,要素流动障碍和资源错配不仅影响经济短期的产出总量及其产出比例,也影响经济的长期产出组合方式。韩剑和郑秋玲（2014）比较了中国各地区资源错配程度的差异,对影响资源错配的政府干预因素进行回归检验。结果表明,中西部地区的资源错配程度明显高于东部地区；财政补贴、金融抑制、行政性市场进入壁垒对行业内资源错配具有显著影响,而劳动力流动管制、金融抑制则对行业间资源错配作用明显。此外,谭洪波（2015）发现,中国要素市场扭曲有利于工业增长而不利于服务业增长,要素市场扭曲呈现出偏向于工业的特征。

作为创新要素流动和配置的平台,要素市场扭曲也对创新资源利用效率产生直接且重要的影响。戴魁早和刘友金（2016）建立理论模型分析了要素市场扭曲如何影响创新效率,利用中国高技术产业 1997—2009 年省级面板数据进行实证验证。研究发现,要素市场扭曲显著地抑制了企业或产业创新效率,而要素市场扭曲对创新效率产生的抑制效应存在边际贡献递减规律。白俊红和卞元超（2016）发现,中国劳动力和资本要素市场均呈现出较强的扭曲态势,且劳动力和资本要素市场扭曲对创新生产效率损失均具有显著的正向影响,即二者均显著抑制了中国创新生产活动的开展及其效率提升。蒲艳萍和顾冉（2019）利用中国工业企业数据实证评估了工资扭曲对企业创新的影响,识别了劳动力工资扭曲影响企业创新的传导机制。研究发现,劳动力工资扭曲显著抑制了企业创新,工资扭曲程度越高,企业创新产值越低。就传导机制而言,扭曲收益效应、人力资本效应和消费需求效应是工资扭曲抑制企业创新的重要渠道。由此可见,加快要素市场化改革、理顺要素价格形成机制、纠正要素价格扭曲,是实现经济增长转型和高质量发展的必然要求。

第四节 高质量发展的相关文献

一 高质量发展的内涵及特征

高质量发展的主要内涵是从总量扩张向结构优化转变，就是从"有没有"向"好不好"转变。张军扩等（2019）认为，高质量发展的本质内涵是以满足人民日益增长的美好生活需要为目标的高效率、公平和绿色可持续的发展，是经济建设、政治建设、文化建设、社会建设、生态文明建设"五位一体"的协调发展。高质量发展是能够更好满足人民日益增长的美好生活需要的发展，是体现创新、协调、绿色、开放、共享的新发展理念的发展，是生产要素投入少、资源配置效率高、资源环境成本低、经济社会效益好的发展。任保平（2018）则认为，经济高质量发展中的"高"字突出了新时代中国经济高质量发展的新理念与新要求，强调了经济建设过程中质量水平的高级程度。相对于经济增长质量来讲，经济高质量发展的要求更高级，内涵更广泛，是对前者思想理论的升华。刘鹤（2021）提出高质量发展就是体现新发展理念的发展，必须坚持创新、协调、绿色、开放、共享发展相统一，主要表现在高质量发展是以人民为中心的发展，是宏观经济稳定性增强的发展，是创新驱动的发展，是生态优先绿色发展。

高质量发展不仅需要顶层设计，更需要微观基础。企业是最基本也是最重要的市场供给主体，是推动经济高质量发展的主力军。黄速建等（2018）指出，企业高质量发展是企业发展的一种新状态，即企业实现或处于高水平、高层次、卓越的企业发展质量的状态。同时，企业高质量发展也可视作企业发展的一种新范式，即企业以实现高水平、高层次、卓越的企业发展质量为目标，超越以往只重视企业规模扩张、仅依靠增加要素投入的粗放型发展方式，走提供高品质产品和服务、强调经济价值和社会价值创造效率与水平、重视塑造企业持续成长的素质能力的道路。综合状态性概念与过程性概念的界定，黄速建等（2018）将企业高质量发展定义为：企业追求高水平、高层次、高效率的经济价值和社会价值创造以及塑造卓越的企业持续成长和持续价值创造素质能力的目标状态或发展范式。汤铎铎等（2020）针对后疫情时代的高质量发展，提出必须"胸怀两个大局"，针对技术进步和资源配置两个全要素生产率的源泉，紧紧围绕国际国内的经济社会格局变化，在变局中开新局。

二 高质量发展水平的评价及测度

对发展质量的测度直接影响发展理念和发展目标的落实。2017年中央经济工作会议明确提出"要加快推动形成高质量发展的指标体系、政策体系、标准体系、统计体系、绩效评价、政绩考核"。通常一个国家或地区高速增长的表现是用可以统计的方式（收入、产出或 GDP 等指标）量化比较的。但对"高质量"发展的核算统计和量化比较，情况要复杂很多（黄速建等，2018）。张军扩等（2019）指出，高质量发展指标体系必须反映高质量发展在"高效""包容"和"可持续发展"三大方面的目标要求；同时，指标选取应注重定量与定性、主观与客观的统一，且应尽量少选择"结构型""数量型"和"手段型"指标，而更多选择反映质量和结果的指标。宋瑞礼（2018）认为，应按照高质量发展的要求，从评价体制、评价主体、评价方法以及结果反馈四个方面入手，谋划和设计科学的高质量发展绩效评价体系。吕薇（2018）强调，建立高质量发展评价指标要实行总量指标和人均指标相结合、效率指标和持续发展指标相结合、经济高质量发展与社会高质量发展相结合。魏敏和李书昊（2018）构建了涵盖经济结构优化、创新驱动发展、资源配置高效、市场机制完善、经济增长稳定、区域协调共享、产品服务优质、基础设施完善、生态文明建设和经济成果惠民十个方面的经济高质量发展水平测度体系，并利用熵权 TOPSIS 法进行了实证测度。刘志彪和凌永辉（2020）认为，构建高质量发展测度评价体系由于既有客观性的定量指标，也有主观性的价值判断，将是一项十分艰巨的系统工程。实现创新、协调、绿色、开放、共享的高质量发展，最为关键的内涵在于全要素生产率能够获得稳定提升。杨耀武和张平（2021）从经济发展质量的定义出发，通过理论模型分析，选取经济成果分配、人力资本及其分布、经济效率与稳定性、自然资源与环境以及与经济发展密切相关的社会状况构建经济发展质量测度指标体系，从而为经济高质量发展的讨论由定性分析向定量研究拓展进行初步的探索。

三 高质量发展的动力机制

中国经济发展进入新时代，需要重新构建新的发展动力。陈昌兵

(2018)强调,高质量发展在于产业结构现代化,在于增长方式由依靠资源和资本投资为主的发展方式向人力资本积累和创新转型,最根本在于创新驱动,从而提高劳动生产率和全要素生产率。微观层面则依靠企业从模仿转向自主创新,良好的激励机制和适当的竞争是加快企业自主创新的重要保障;宏观层面则以供给侧结构性改革为主线,大力推进和落实改革举措,坚定不移地以改革释放创新活力、纠正资源错配,为全面提升劳动生产率和全要素生产率、加快新旧增长动力转换和产业结构升级创造条件。沈坤荣和曹扬(2018)也指出,提高经济增长的质量与效益,核心是提高全要素生产率及其对经济增长的贡献份额,这就要求从依靠要素驱动向依靠创新驱动转变。以创新驱动提升经济增长质量,一方面要推动科技创新,另一方面要推动科技成果转化为现实生产力的制度创新,以制度创新推动科技创新。刘锡良和文书洋(2019)则证明了金融机构信贷决策能够显著影响经济增长质量,进而指出发展绿色金融、合理承担环境责任是支持经济增长质量提升的重要手段。高培勇等(2020)强调,演化与进步的高质量发展,总体上沿着三个相互联系的层面展开,即经济结构的协调升级、社会结构中知识中产群体(或知识白领)的扩大再生产以及制度在创新激励和社会保护方面的积极作用。刘鹤(2021)提出,加快构建新发展格局、以深化供给侧结构性改革为主线、始终坚持改革开放、始终坚持"两个毫不动摇"是加强实现高质量发展的动力和保障。

杜爱国(2018)强调,从新制度经济学的制度逻辑来看,高质量发展的制度内涵在于推动经济发展的质量变革、效率变革和动力变革,核心条件是促进相对制度变迁。茹少峰等(2018)提出了以效率变革为核心的经济高质量发展实现路径。邹薇(2018)从提高全要素生产率、提高供给体系质量、坚持创新驱动发展战略、落实绿色发展理念、建立全面开放新格局五个方面论述了建设现代化经济体系,实现更高质量发展的具体思路。沈坤荣(2018)还强调,随着新时代中国社会主要矛盾的转变,需要把经济发展的质量与效率放在重要位置,以供给侧结构性改革为主线,加快转变发展方式、优化经济结构、转换增长动力,提升经济发展质量。沈坤荣和赵亮(2018)进一步指出,由于金融市场发展不平衡不充分导致资金"脱实向虚",出现"资金空转"等金融乱象,需要从平衡社会融资结构、营造良好金融生态、严密防控金融风险三个方面入手，加快金融市场建设步伐，推进经济高质量发展。金观平（2020）从创新视角说明在新基建、新技术、新材料、新装备、新产品、新业态上不断取得突破，是高质量发展的当务之急。李心萍和韩鑫（2021）从企业家精神角度阐述弘扬企业家精神、发挥企业家作用对深化供给侧结构性改革、激发市场活力、推动高质量发展的重要意义。

李平等（2017）从经济增长的动力机制出发，通过对全要素生产率增长率（TFP 指数）的测算与分解，探索生产性服务业的部门技术进步与产业结构转换对全要素生产率乃至宏观经济增长的影响程度。结果显示，生产性服务业较高的技术进步水平以及对资本要素和劳动要素较强的集聚能力，可以提升宏观经济总体全要素生产率，进而推动中国经济的可持续和高质量增长，完全可以成为新常态下中国经济高质量增长的新动能。陈诗一和陈登科（2018）采用劳动生产率度量经济发展质量，系统考察了雾霾污染对中国经济发展质量的影响及其传导机制。实证结果显示，经济发展质量的提高是经济发展方式转变的前提，政府治霾有助于提升大气环境和经济发展质量，助推中国经济的高质量发展。徐现祥等（2018）考察了经济增长速度目标与发展质量目标的权衡，并且在理论上证明当政府的政策工具是要素投入时，经济增长目标与经济发展质量负相关，经济增长目标侵蚀经济发展质量；而当政策工具是技术进步时，二者正相关且可以同时提高。

刘思明等（2019）通过编制创新驱动力指数发现，创新驱动力对经济高质量发展具有显著的提升作用。余泳泽等（2019）将城市绿色全要素生产率作为高质量发展的一个重要指标，发现 2012—2016 年我国大部分城市的经济增长速度明显放慢，但经济增长质量却有所提高。赵涛等（2020）从数字经济视角探讨促进高质量发展的效应及其背后机制，理论上，数字经济可以通过提升创业活跃度，从而赋能高质量发展；实证上，测度 2011—2016 年中国 222 个地级及以上城市的数字经济和高质量发展的综合水平并以企业工商注册信息微观数据刻画城市的创业活跃度，在此基础上进行计量分析。郑小碧等（2020）拓展已有的新兴古典经济学模型，理论阐释了网络众包对经济高质量发展的正向作用机制。林志帆和龙小宁（2021）从研发创新角度出发对企业社会资本投资进行系统的成本—收益分析，指出中国消费全面升级、需求结构快速调整，对供给质量提出了更高要求。微观企业创新能力不仅影响了市场竞争力与发展前景，更决定了宏观经济能否顺利转向技术进步驱动的高质量发展模式。

四 高质量发展的实施路径

从高速增长转向高质量发展，不仅仅是经济增长方式和路径转变，也是一个体制改革和机制转换过程。具体来讲，第一，高质量发展依赖市场价格调节的有效性，其基础性的体制机制要求是必须使市场在资源配置上发挥决定性作用。第二，价格调节的有效性和价格体系的合理性取决于产权制度和交易制度的有效性和合理性。第三，更好发挥政府作用是实现高质量发展的重要因素。第四，科学发现、技术发明和产业创新是实现高质量发展的关键动因，只有创新驱动的经济才能实现持续的高质量发展。张军扩等（2019）提出，要从深化要素市场改革、健全质量保障法律法规体系、集中力量突破技术"卡脖子"环节、培育高质量发展社会环境、把保护生态环境内化为发展的硬约束以及构建高质量发展衡量指标体系等十个方面推动高质量发展。任保平（2019）则提出要构建高质量发展的六大支撑战略，即工业化延伸战略、制造业高质量提升战略、现代化产业体系构建战略、高质量发展动能培育战略、新经济发展战略和机制体制改革战略。王一鸣（2020）认为，推动高质量发展，核心任务之一是要提高全要素生产率。在经济增速放缓和要素成本提高的背景下，只有提高全要素生产率，才能对冲劳动力成本上升，投资的边际产出才能稳定增长，企业才能提高盈利水平，积累的风险才能有效释放，资源环境压力才能逐步减缓。提高全要素生产率，实现向高效增长跃升，是转向高质量发展的主旋律。

其他学者还发现，深化要素市场改革（王一鸣，2018）、构建有利于创新的体制机制（张军扩，2018）、营造良好的营商环境（吕薇，2018）、更好发挥政府作用（张军扩，2018）、加强生态文明建设（常纪文，2018）等是实现高质量发展的重要途径。徐忠（2018）则指出，我国货币政策调控方式应从以货币数量调控为主转向以货币价格调控为主，使其更加符合经济高质量发展的政策要求。李辉（2019）从大数据技术进步、大数据产业发展以及大数据战略制定等方面阐述了大数据推动高质量发展的理论机理和实践基础。程文（2021）认为，人工智能的采用和扩散是实现中国技术进步和高质量发展的关键所在，在对比信息时代和人工智能时代典型事实的基础上,将人工智能在生产网络中采用和扩散的过程内生化,构建一个通用目的技术扩散影响劳动生产率增长的动态模型并得出结论。由于生产网络中的上游产业传导效应并不显著,提高下游产业传导效应和激发企业家精神是提高短期和长期劳动生产率、实现高质量发展的重要途径。

第五节 企业家精神与创新发展的相关文献

一 企业家精神的内涵

创新是经济发展最重要的驱动力。Schumpeter（1934）在20世纪30年代就指出了企业家精神在"创造性破坏"创新活动中的重要作用。正如熊彼特指出"企业家创新创业活动"是促进经济发展的重要因素,被广泛接受的企业家精神特征就是指企业家有一种追寻私人王国的梦想与意志,企业家在寻利和追逐财富的过程中能够有效地发现和利用机会。著名经济学家熊彼特（Schumpeter）特别强调企业家的创新精神,他认为企业家主要扮演破坏者的角色,即通过破坏性的创造推动组织创新。

鲍尔默将企业家行为划分为生产性行为和非生产性行为。而大量学者都较赞同熊彼特的观点,认为真正的企业家应该是熊彼特意义上的创新企业家,即具有企业家精神的企业家（姜建强,2005）。现代化经济建设需要诸多企业中的企业家协调各类资源以实现创新活动。芝加哥学派强调企业家的风险承担能力和冒险精神,其代表人物奈特（Knight）阐述了企业的风险和不确定性,认为企业家是处理未来不确定性的主体。奥地利学派则强调企业家对市场机会的识别能力,即由于市场的不完美,人类行为的结果常常是不确定的,企业家就是努力消除蕴藏在人们行为中的不确定性的行动者。

柯兹纳（Krizner）认为,企业家的存在是为了应对市场中存在的非均衡性,同时提出了"企业家的发现"这一概念。在三大学派所强调的企业家精神不同核心内涵的基础上,逐渐形成了企业家精神的三个核心维度,即创新性、冒险性和先动性。其中,创新性是指企业家倾向于采用新的商业模式,开发新产品和服务,开拓新市场和客户群体;冒险性是指由于企业内外部错综复杂的环境和企业家自身能力的局限，导致企业家在做出决策时要承担巨大的风险；先动性是指企业家识别市场机会的能力，先于竞争对手引进新技术和服务，积极探索潜在需求以获得竞争性优势。

随着改革开放持续深化，中国学者也在逐步挖掘企业家精神的力量。中国企业家调查系统（2014）依据中国企业家调查系统20年的问卷追踪调查，指出中国企业家队伍成长于快速变革期，创新是中国企业家精神的本质。具备企业家精神的企业家更倾向于积极主动捕捉市场机会，为了应对复杂交错、充满不确定性的市场环境，他们普遍重视前瞻性思维能力和企业创新能力。此外，中国企业家调查系统（2016）通过构建企业创新动向指数，挖掘中国企业家问卷跟踪调查结果，发现企业家精神是提升创新潜力的最重要动力。

二 企业家精神驱动创新创业

大多数理论研究都认为，企业家精神对于一国经济长期持续增长至关重要（Aghion and Howitt，1992）。周方召和刘文革（2013）在内生技术创新增长理论的框架下，沿着内生经济增长模型中引入企业家精神变量的时间脉络，对企业家精神差异配置的内生化理论模型发展做了详细阐释和文献评述。研究发现，熊彼特的企业家精神思想不断得到扩展并通过将企业家精神的差异化配置纳入创新增长模型中，进一步内生化报酬结构，能够为跨国经济增长的差异提供较为合理的解释。李宏彬等（2009）利用中国1983—2003年省级面板数据，将企业家精神变量引入回归模型，检验了企业家的创业和创新精神对经济增长的影响。实证结果显示，企业家创业和创新精神对经济增长有显著的正效应，且这种正效应是因果性的，即企业家精神促进了经济增长。

随着新经济对传统经济增长机制的重构，部分学者将研究焦点转向了企业家精神对经济增长方式转变的影响并初步验证了企业家精神支撑下的技术创新是经济增长方式转变的重要原因之一（庄子银，2007；唐未兵等，2014）。李新春等（2006）强调，传统公司治理理论强调其对于企业控制权的控制，而淡化了企业作为企业家精神租金创造的意义。他们提出公司治理实质上包含着朝向企业家精神的保健机制与激励机制，其共同作用影响着企业家精神的发挥，从而决定了公司治理的绩效。胡永刚和石崇（2016）还发现，管制和法治通过企业家精神的数量效应和配置效应影响经济增长和收入差距。

李磊等（2014）通过建立职业选择模型研究了金融发展对个人选择自我雇佣（即企业家精神）的影响，指出发达健全的金融体系有助于富有企业家精神的人才施展才能，激活创新的活力源泉。蒋春燕（2006）以系统动力学为基础，探索突破中国新兴企业自主创新"失败陷阱"和"能力陷阱"的重要路径，认为作为企业核心资源之一的企业家精神充分展现了企业的组织学习能力，激进式公司企业家精神促进探索式学习，而渐进式公司企业家精神促进利用式学习。与此同时，组织学习促使企业获得源源不断的差异化知识并提升可持续竞争优势，知识存量也将助力企业家精神培育。李延凯和韩廷春（2011）认同企业家精神是创新精神、合作精神和敬业精神等一系列精神的融合，需要以个人、社会价值观体系和创新能力为核心的文化资本为土壤。充满企业家精神的文化信用环境能与法治环境发挥替代性作用，弥补中国法治环境尚不完善的问题，优化资本配置效率。张玉利和谢巍（2018）以企业家群体的演变、政府和市场的互动为主线，梳理创业与企业家精神相互促进的关系，创业与企业家精神的互动应上升为优秀企业家精神与高质量创业之间的良性循环。创业的本质为创新，企业家应努力成为改革开放—创新驱动发展—经济转型升级—国内国际双循环—高质量发展—共同富裕中的生力军。

三　制度质量与企业创新

创新的本质是一种创造性破坏，是生产要素和资源的重新组合。企业创新具有高风险、高投入、长周期和异质性等特征。创新是企业增强核心竞争力、获取超额利润的重要手段，也是一个国家或地区经济可持续增长的重要源泉，因而受到学界持续关注。

制度显著影响企业的战略选择及其结果，是企业创新活力的重要来源。制度体系直接决定了企业创新收益的独占机制，即企业可以从创新中获得多少经济租金。Moser（2005）强调，法律保护对企业创新战略选择产生了重要影响，出台了专利法的国家，企业创新种类明显更多。Naghavi 和 Strozzi（2015）从海外移民视角研究发现，知识产权保护可以为海外移民创造良好的环境，促使科技知识通过移民网络回流激发母国企业创新。吴超鹏和唐茚（2016）发现，政府加大知识产权保护执法力度可以显著提升企业创新能力，同时，可以通过减少研发溢出损失和缓解外部融资约束两条途径促进企业创新。潘越等（2015）从司法诉讼和地方保护主义角度考察了外部环境不确定性对企业创新活动的影响机制，发现资金类诉讼对企业创新活动具有负向抑制作用，但产品类诉讼对企业创新活动具有正向激励作用；司法地方保护主义会干扰公司诉讼的结果，从而对企业创新活动产生负面影响。胡凯和吴清（2018）还发现，知识产权保护可以有效缓解R&D税收激励政策失灵，进而促进企业专利产出效率。

作为一种准公共物品，创新活动成果存在明显的正外部性。为了纠正市场失灵，各国政府普遍运用财政补贴或税收优惠政策，鼓励企业增加创新研发投入。欧盟统计局Eurostat发布报告显示，1995—2005年美国创新研发投入中源于政府补贴的比重高达30%；同期欧盟更是高达35%，日本也达到18.5%。Kleer（2010）发现，政府创新补贴是对企业目前研发能力的肯定，有助于吸引更多外部投资者，进而增强企业研发投资。Hud和Hussinger（2015）发现，政府研发补贴总体上对企业创新具有积极作用，但同时也存在一定的挤出效应。Mukherjee等（2017）利用美国各州数据考察了税收政策对企业创新的影响，发现税率上升将抑制企业风险承担意愿，弱化创新激励，最终减少企业研发投资和新产品引入。国内也有许多学者考察了政府产业政策和财政补贴对企业创新的影响。其中，陆国庆等（2014）、杨洋等（2015）都发现，政府对战略性新兴产业的创新补贴对企业创新绩效具有显著的促进作用。与之不同，肖文和林高榜（2014）则认为，政府直接和间接支持并不利于企业技术创新效率提升。黎文靖和郑曼妮（2016）还发现，受国家产业政策鼓励的公司，专利申请数量显著增加，但这只是非发明专利数量显著增加。这意味着在这一政策鼓励下，企业更多追求"数量"而忽略了创新"质量"。张杰等（2015）构建理论模型分析了政府补贴对企业私人研发投入的影响效应和作用机理，并利用科技部"科技型中小企业技术创新基金"和工业企业数据库合并数据实证发现，政府补贴对中小企业私人研发投入并未表现出显著的效应。

第三章 地区营商环境与企业竞争策略：关系导向和创新驱动

第一节 引言

改革开放40多年来，中国经济增长取得了举世瞩目的成就，但企业缺乏创新依然广受诟病。创新不足既严重阻碍了经济增长转型升级，也对国家综合竞争力造成消极影响。随着"创新驱动发展战略"和鼓励企业自主创新的系列支持政策的出台，我国企业创新现状在近年来得到较大改善，但整体上依然面临创新动力不足、创新投入较少等亟待解决的现实困境。形成鲜明对照的是，许多企业热衷于通过各种途径投入大量资源构建政商网络和政治关联，以获得政府（官员）特别扶持或庇护，进而谋求在市场中的不对等竞争地位（Cai, et al., 2011；余明桂等，2010）。这既是对市场环境和公平竞争的破坏，也严重恶化了政商生态系统，对经济高质量发展目标的实现构成严重挑战。

战略管理理论认为，在市场竞争中企业普遍存在两种不同的竞争策略选择：市场化策略（Market Strategy）和非市场化策略（Non-market Strategy）。前者指企业注重通过人力资本和技术研发投资等创新路径培育内生增长能力，进而赢得市场竞争优势；后者则指企业热衷于通过构建政治关系网络，甚至是游说、贿赂官员等手段谋求政府支持或庇护，以在市场中获得不对等竞争地位（Markman and Buchholtz, 2009；Iriyama, et al., 2016）。近年来，学界对企业非生产性支出和关系策略导向给予了高度关注（张建君和张志学，2005；李新春等，2006），探讨了创新驱动和关系导向之间的互动关系（Sheremata, 2004；杨其静，2011；周小宇等，2016）。

微观层面的企业战略选择并非孤立事件，它在很大程度上受制于其面临的外部制度环境。作为一个重要的制度情境维度，官员腐败对市场交易机制和公平竞争环境造成破坏，也是导致畸形政商关系和政企合谋的根源。Dass 等（2021）强调，官僚腐败具有很强的文化传染特性，它会通过影响组织规则和商业关系塑造企业行为。Paunov（2016）还发现，腐败环境下的官员索贿和利益攫取行为增加了企业获取政府创新服务的成本，会显著抑制企业创新投资意愿。另外，社会经济转型过程中我国呈现典型的"弱制度"特征，市场机制尚不完备，法律监管效率较低且政府干预依然存在（Allen, et al., 2005; Fan, et al., 2011），因而政商互动表现尤为突出。那么，地区营商环境是否对企业竞争策略选择产生影响？营商环境质量较差是不是导致当前企业呈现"创新不足、关系盛行"特征的制度根源？如果是，其传导机理是什么？这是本章试图回答的关键问题。

第二节 制度背景与理论假设

一 中国企业的"重关系、轻创新"现象

创新是驱动人类文明和经济社会可持续发展的主要动力。根据《国家中长期科学和技术发展规划纲要（2006—2020 年）》，提高自主创新能力、建设创新型国家是我国的战略目标。党的十九大报告进一步做出"推动高质量发展"的重大战略决策。创新型国家建设和高质量发展不仅需要顶层设计，更需要微观基础。企业是最基本也是最重要的市场供给主体，唯有激发企业创新活力、提升创新效率，才能激活高质量发展的微观基础。改革开放 40 多年，中国 GDP 总量飞速增长，国有企业不断做大做强，一大批民营企业拔地而起。但这些企业发展仍然较多以高投入、高消耗和高产出模式为主，中国企业在创新方面的国际竞争力并不强，其创新能力不足一直广受诟病。如图 3-1 所示，虽然我国 R&D 经费投入占 GDP 的比重已突破 2.00%，但截至 2016 年，我国规模以上企业 R&D 经费投入仅占主营业务收入的 0.94%，比 2000 年仅提高了 0.37%，而在创新水平发达的国家，这一比例通常在 10.00% 左右。截至 2016 年，我国专利申请授权数已达 175.38 万件，其中发明专利为

40.42万件，仅占专利申请授权总量的23.04%，表明我国专利申请授权数虽然迅猛增长，但专利质量依然不高。此外，近期科睿唯安（原汤森路透）评选出的"2021年度全球百强创新机构"榜单中，美国入围42家，排名榜首，中国共入围9家（如图3-2所示）。诸多学者指出，我国企业创新能力严重滞后于经济发展的现实需求（张杰等，2015）。

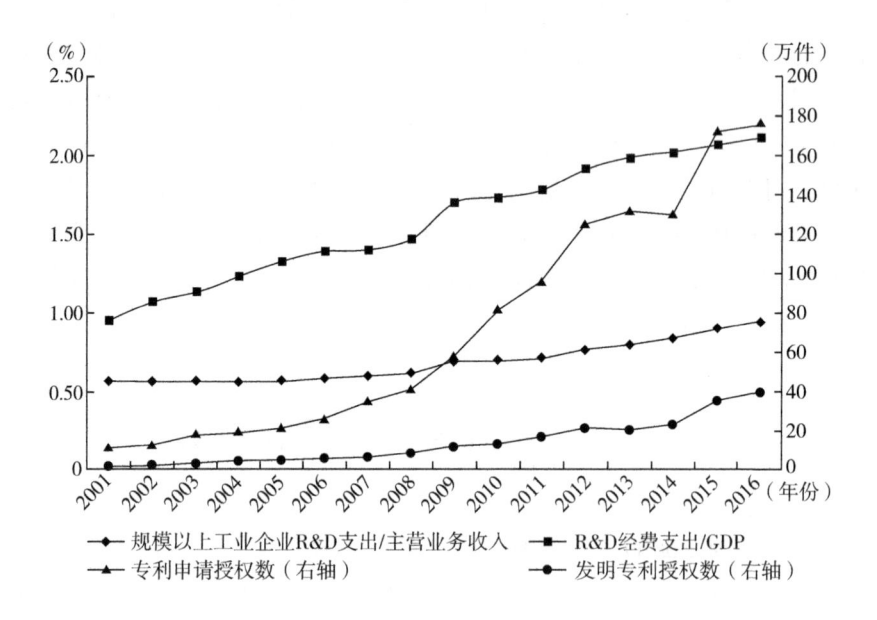

图 3-1　2001—2016 年中国研发投入及专利授权变化趋势

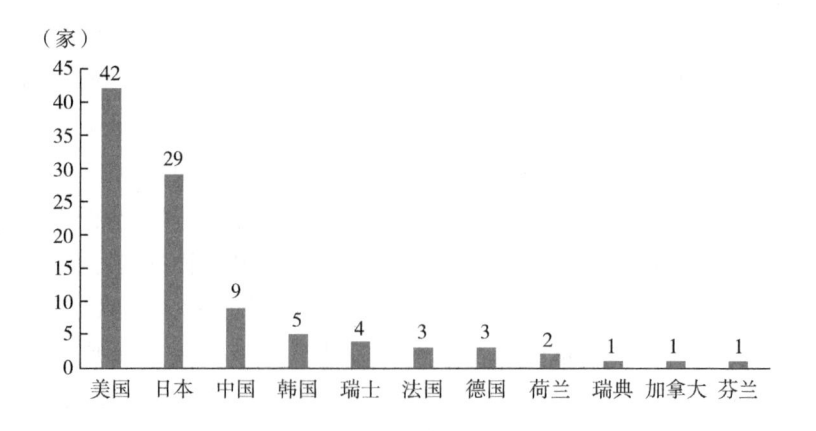

图 3-2　"2021 年全球百强创新机构"榜单分布

与此形成鲜明对比的是，在我国一个值得令人关注的现象是越来越多的企业家（尤其是民营企业家）热衷于获取人大代表和政协委员等政治身份，或者聘请前政府官员、人大代表及政协委员等具有政府背景的人员进入企业高管团队或董事会，从而与政府建立政治关系。据统计，2012年我国沪深两市的民营上市公司中，11%的公司的实际控制人和高管团队中至少有1名具有政府官员背景，42%的公司的实际控制人和高管团队中至少有1名具有人大代表或政协委员身份。目前，在我国各级人大代表中，企业家人大代表的人数位列第二，仅次于党政官员人大代表人数。据统计，在2987名党的十一届全国人大代表中，党政官员占50%以上，企业家约占20%，其中山东省企业家人大代表数量占比达到35.36%，仅比官员占比少3个百分点。此外，胡润对2005年的中国100位富豪做过所谓的"政治地位解析"，发现有9位担任全国人大代表，16位担任全国政协委员，占总人数的25%。

二 营商环境与企业竞争策略选择：一个理论框架

根据战略管理理论的一般观点，企业普遍存在两种竞争策略选择，即市场化策略和非市场化策略。以往文献对两种策略之间的关系存在两种相反的观点。第一种观点认为，两种策略是一种替代的关系。特别是针对新兴国家，创新往往面临较高风险而变得不经济和低效；相反，构建政治关联等关系网络则成本相对较低，更容易帮企业获得稀缺资源，从而赢得竞争优势（Xin and Pearce，1996；Sheremata，2004）。第二种观点则认为，两种策略是一种相互促进的互补关系，构建政治关联等关系网络可以帮助企业从政府等利益相关者手中获得有价值的信息和资源，从而支持企业技术创新（Gu, et al., 2008）。

中国正处于经济转轨时期，在政府掌握着大量经济资源的情境下，企业既可以通过创新驱动谋求成长，也可以通过与政府构建政治关系获得发展，即"创新驱动"策略和"关系导向"策略是企业获得发展的两种重要手段。然而，无论是"创新驱动"策略还是"关系导向"策略，均需要耗费大量的企业资源和企业家精力。因此，在资源有限的约束条件下，企业经营者必须在两种竞争策略之间进行权衡。杨其静（2011）通过构建竞争模型阐明当政府被授予大量资源和较大处置权且企业创新成本较高时，资源有限的企业更热衷于与政府构建政治关系，而不是通过创新来获得发展。党力等（2015）实证研究发现，寻求政治关系和提高创新能力两者之间存在显著的替代关系。陈爽英等（2010）也表明，拥有政治关系资本的企业，在获取发展的政策、信息和资金等资源配置优势后，更倾向于选择经营风险低、较为稳定和获利快的项目进行投资，而不愿从事周期长、不确定性大和风险高的创新投资。袁建国等（2015）研究发现，政治资源具有诅咒效应，政治关联会通过降低市场竞争、助长过度投资等影响企业创新，导致企业技术创新乏力、资源分散并产生挤出效应。

转型的中国，一大主要特征就是"大政府、小市场"。在"政治集权、经济分权"体制下，地方政府掌握着大量经济资源，且因市场机制不完善，资源和经济机会的获得存在较强的制度屏障（Allen, et al., 2005; Fan, et al., 2012）。这给政治权力介入经济权利分配创造了机会，导致资源配置与产权保护存在人际化、身份化倾向（张建君和张志学，2005）。在此制度情境下，腐败环境势必对企业"关系导向"策略的选择和实施产生重要影响。一方面，腐败对市场机制和公平竞争产生破坏，是导致畸形政商关系和政企合谋的根源。方明月和聂辉华（2015）发现，官员腐败显著影响了企业内外部的契约实施水平。与公平的市场环境相比，官员腐败将创造出更多的政企合谋和权力寻租空间，使寻租机制能更有效地得到发挥，从而有助于企业通过构建政治关系获得更多的优惠资源（如信贷融资、政府采购、用地审批、税收优惠等）。这意味着腐败环境下企业将更倾向于实施"关系导向"策略，进而抑制"创新驱动"策略。另一方面，在社会与经济转轨过程中，政府对微观企业活动的干预依然存在。同时，产权保护等法律制度尚不健全（Allen, et al., 2005），不少法律条文、行政规则和程序等都比较模糊，特别是对政府官员权力行使的监督和约束机制比较脆弱。地区腐败进一步加剧了企业面临的制度环境不确定性和企业资产被腐败官员窥视和侵占的风险（Durnev and Fauver, 2011; Smith, 2016）。此时，企业具有更强烈的动机调动资源构建关系网络和政治关联，以寻求特殊的"政治保护伞"。李捷瑜和黄宇丰（2010）发现，政治关联为企业提供了一种权力庇护，有利于减少政府和执法部门的检查频率和刁难、避免政府部门对企业的"乱摊派、乱收费"等问题。

与之相反，腐败环境可能会抑制企业"创新驱动"策略的实施。一方面，转轨时期，我国法律和司法体系不健全，产权保护薄弱，企业创新成果难以得到有效保障（Allen，et al.，2005）。腐败越严重的地区，企业创新成果越可能面临被竞争者模仿的市场风险，甚至可能面临因腐败官员介入而被侵占的政治风险，这进一步加剧了企业创新活动的不确定性和脆弱性，从而抑制企业创新活动（李后建和张剑，2015）。Claessens 和 Laeven（2003）发现，腐败会阻碍对企业知识产权的保护，从而弱化企业创新投入的积极性。方明月和聂辉华（2015）认为，腐败破坏了司法公正，提高了企业通过司法途径解决契约争端的交易费用，这会弱化知识产权保护，进而抑制企业创新激励。由此可见，在腐败严重的政商环境下，企业创新成果难以得到强有力的产权保护，进而导致企业创新投入激励不足。另一方面，腐败还可能会加剧企业创新成本，降低创新带来的预期回报。Paunov（2016）研究发现，官员腐败将导致企业在专利申请、质量证书审批等过程中向审批机构和官员支付高昂租金。这提升了企业创新活动成本，降低了创新活动预期收益，因此，对企业创新激励造成消极影响。

基于以上分析，本章提出假设 3-1。

假设 3-1：企业所在地区的营商环境质量越低，越倾向于选择"关系导向"策略；反之，则越倾向于选择"创新驱动"策略。

三　营商环境与企业竞争策略：产权性质的调节作用

我国是一个"新兴加转轨"双重制度特征的经济体，拥有特殊的产权制度环境。因国有企业与政府天然的利益关系，其在行业准入、资源获取、产权保护和政策性扶持等方面显著优于民营企业。以往诸多研究发现，转型时期的市场和法律制度远未完善，这种情境下腐败可能成为一种替代性的资源配置机制（Fan，et al.，2012；孙刚等，2005；聂辉华等，2014）。民营企业可以通过与政府构建政治关系来获取社会合法性以及政府支持，为企业发展谋求更多的保障和机会。实证研究也表明，与政府构建政治关系有助于民营企业获取更多的信贷融资（余明桂和潘红波，2008）、税收减免（吴文锋等，2009）、政府补贴（余明桂等，2010）等，且有利于企业更容易进入管制行业（罗党论和刘晓龙，2009；Feng，et al.，2015）。

另外，我国产权保护等法律制度并不完善（Allen，et al.，2005）。企业（尤其是处于相对弱势地位的民营企业）很容易受到政府官员的利益攫取和侵害（Cull and Xu，2005）。Smith（2016）指出，腐败环境下企业面临的政府攫取风险更为严重，使企业有动机采取各种策略防范自身资产被侵占。作为法律保护的替代机制，关系网络等非正式规则也可为企业利益免受侵害提供一定保障（Bai, et al., 2006；Fan, et al., 2012；田利辉和张伟, 2013）。需要强调的是，与民营企业的弱势地位不同，国有企业获得了更多的政府庇护，也面临更少的政府攫取风险。因此，我们预期，与国有企业相比，营商环境优化对民营企业"关系导向"策略和企业资源投向的影响强度更加明显；相反，国有企业受到营商环境的影响可能较弱。基于此，本章提出假设3-2。

假设3-2：与国有企业相比，营商环境对民营企业竞争策略选择的影响效应更明显。

第三节 研究设计

一 计量模型

为检验营商环境对企业竞争策略选择的影响效应，本章构建计量模型为：

$$Strategy_{it}=\beta_0+\beta_1 Corrupt_{it}+\beta_2 Size_{it}+\beta_3 Lev_{it}+\beta_4 Q_{it}+\beta_5 Age_{it}+\beta_6 Separate_{it}+\beta_7 Npow_{it}+\beta_8 HHI_{it}+\beta_9 Diversity_{it}+\beta_{10} FD_{it}+\beta_{11} Law_{it}+\varepsilon_{it} \quad (3-1)$$

第一，被解释变量：企业竞争策略（$Strategy$），通过"关系导向"策略和"创新驱动"策略来反映。其中，"关系导向"策略（$Political$）通过企业是否积极与政府构建政治关系来测度。与西方政治制度不同，中国情境下企业难以通过政治游说、政治献金等策略搭建与政府之间的桥梁，而是主要通过聘用前政府官员或高管本人参选人大代表、政协委员等途径构建政治关系（Jia, 2016）。借鉴陈冬华（2003）、罗党论和唐清泉（2009）等研究，本章采用公司高管团队成员中具有政治关系人员的比例测度企业"关系导向"策略（$Political$）强度。在稳健性检验中，本章也采用高管团队中具有政治关系的人数作为替代变量，做稳健性测试。企业"创新驱动"策略（$Innovation$）则使用企业当年研发投入与营业收入的比值测度。企业投入的研发投入越多，表示创新驱动强度越大。由于因变量$Political$是取值为0—1的连续变量，且包含部分以正概率取值为0的样本观测值。因此，当因变量为$Political$时，本章采用 Tobit 模型进行回归检验，且为保证结果的可靠性，在稳健性检验部分也使用 Fractional Logit 模型进行稳健性检验；当因变量为 *Innovation* 时，采用 OLS 模型进行回归检验。

第二，解释变量：通过腐败程度反映其企业所在地区的营商环境（*Corrupt*）。对于腐败程度的度量，目前普遍采用两种方法。一种方法是采用问卷调查方式构建地区腐败指数，较有代表性的是国际透明组织（Transparency International，TI）公布的腐败感知指数（Corruption Perception Index，CPI）。然而，这种建立在主观感知基础上的腐败指标并不能真实地反映腐败状况。另一种方法是采用被纪检机关查处的腐败案件或者涉案人数作为腐败程度的替代变量。这种方法通常不会受到样本误差或者调查不反馈等问题的影响（Glaeser and Saks，2006）。近年来，Dong 和 Torgler（2012）、Smith（2016）、吴一平（2008）、周黎安和陶婧（2009）和聂辉华等（2014）均使用该方法测度地区腐败程度。① 借鉴上述文献，本章采用各省份年度被查处的贪污渎职腐败立案数衡量该地区的腐败程度。② 由于腐败可能会有滞后效应，且为了减少可能存在的内生性，本章在回归模型中对腐败做了滞后一期处理。

第三，调节变量：产权性质（*State*）。根据企业实际控制人性质，将企业划分为国有企业和民营企业。当企业实际控制人为国有时划分为国有企业，取值为 0；将其余企业（包括民营控制和集体控制等所有国有企业之外的企业）划分为民营企业，取值为 1。

---

① 该方法可能面临一些质疑，认为它反映了反腐败力度，而不是腐败程度。本章采取该指标的原因是：第一，若腐败立案数反映了反腐败力度，那么用于反腐败的公、检、法、司支出应与腐败立案数正相关。本章收集和计算了各省份人均司法支出并对各省份人均腐败立案数和人均司法支出之间的关系进行了统计性描述（见图 3-3）。然而，结果发现两者存在一定的负相关关系（相关系数分析显示两者在 1% 的水平下存在显著负相关）。这与 Nie 和 Jia（2011）的研究发现一致，表明腐败立案数并未反映反腐败力度。第二，从腐败案件与被查处概率间的关系来讲，被查处腐败案件越多，显然反映腐败越严重。第三，该指标也是目前研究腐败普遍采用的测度方法，如 Smith（2016）、吴一平（2008）以及周黎安和陶婧（2009）。

② 地区腐败程度是指企业经营所在地区的腐败程度，而非企业注册所在地区的腐败程度。考虑到一些上市公司会在不同地区开展经营活动，但企业办公地通常位于其最重要的业务经营所在地。因此，本章使用企业办公地来表示企业经营所在地区。

（万元/人） （件/百人）
0.07 0.45

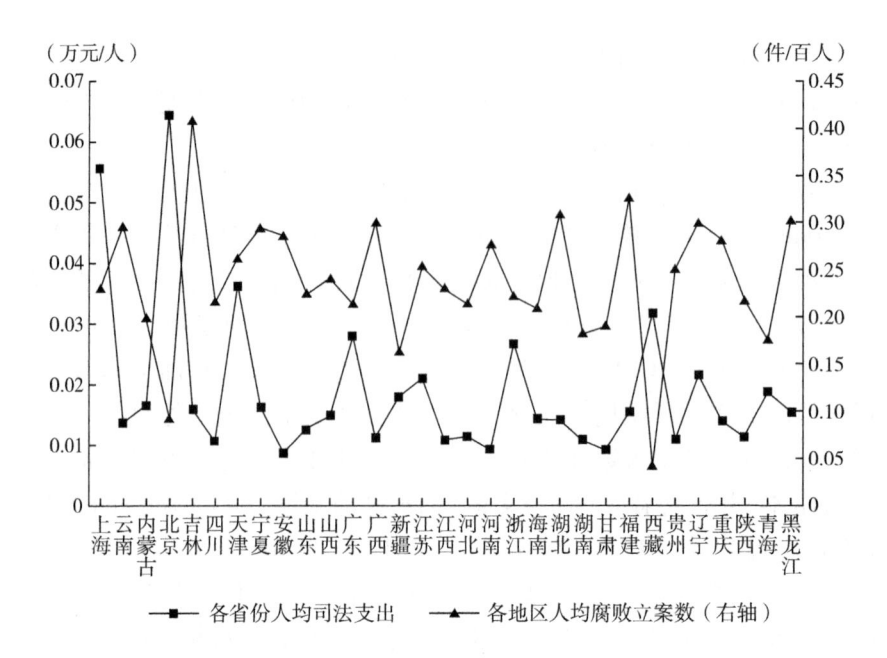

[图表:各省份人均司法支出与各地区人均腐败立案数折线图，横轴为上海、云南、内蒙古、北京、吉林、四川、天津、宁夏、安徽、山东、山西、广东、广西、新疆、江苏、江西、河南、河北、浙江、海南、湖北、湖南、甘肃、福建、西藏、贵州、辽宁、重庆、陕西、青海、黑龙江]

——■—— 各省份人均司法支出　　——▲—— 各地区人均腐败立案数（右轴）

图 3-3　各省份人均腐败立案数与各地区人均司法支出

第四，控制变量：借鉴罗党论和唐清泉（2009）的研究，模型中还引入了一系列控制变量，包括企业规模（$Size$）、资产负债率（Lev）、企业成长性（Q）、企业年龄（Age），同时使用企业两权分离度（$Separate$）控制代理问题。此外，模型还控制了企业所在行业市场份额（$Npow$）、行业竞争程度（HHI）、业务多元化程度（$Diversity$）、地区金融发展环境（FD）、地区法律环境（Law），同时在模型中对行业和年度效应进行控制。具体变量定义如表 3-1 所示。

表 3-1　　具体变量定义

变量名称	变量符号	变量定义
"关系导向"策略	$Political$	高管成员中担任全国（或地方）人大代表、政协委员或具有政府工作背景的人数占高管成员总人数的比例
"创新驱动"策略	$Innovation$	创新研发投入/营业收入
营商环境	$Corrupt$	通过地区腐败程度衡量，具体为各省份年度职务犯罪立案数/公职人员数（件/百人），当地区腐败值越小即腐败程度越低，营商环境质量越好

续表

变量名称	变量符号	变量定义
产权性质	State	民营企业取值为1,国有企业取值为0
企业规模	Size	企业总资产的自然对数
资产负债率	Lev	企业总负债/总资产
企业成长性	Q	(流通股数×流通股价格+非流通股数×每股净资产+总负债)/总资产
企业年龄	Age	企业成立年限的自然对数
两权分离度	Separate	控股股东拥有的控制权和所有权之间的差值
市场份额	Npow	市场份额等于企业销售收入除以所在行业所有企业销售收入之和
行业竞争程度	HHI	等于行业中所有企业行业市场份额的平方和,$HHI = \sum (X_{ij}/\sum X_{ij})^2$。其中,$X_{ij}$为行业$i$中公司$j$的销售收入。HHI越小,竞争越激烈
业务多元化程度	Diversity	等于占主营业务收入10%以上所涉及的行业个数
地区金融发展环境	FD	使用某地区银行年末贷款余额/地区GDP
地区法律环境	Law	使用樊纲等(2011)市场化进程中市场中介组织和法律制度环境指数,未披露年份使用插值法递推得到
年度虚拟变量	Year	若为某一年份,则取值为1,否则为0
行业虚拟变量	Ind	若为某一行业,则取值为1,否则为0

二 样本选择

本章以沪深A股上市公司2006—2014年数据为基础,剔除金融保险类、ST/PT公司以及存在数据缺失观测值,最终得到15281个年度—公司观测样本。模型中企业财务数据来自CSMAR数据库和Wind数据库。政治关系数据来自CSMAR数据库中的高管简历并经手工搜集整理。2009年及以前的地区腐败数据源于相关年份《中国检察年鉴》和《中国审计年鉴》;2009年以后数据来自各省份人民检察院工作报告,部分缺失数据通过地方法律年鉴、经济年鉴补充获得,仍有缺失部分进行剔除处理。地区金融发展环境数据来自相关年份各省份统计年鉴以及《中国金融年鉴》。为消除极端值影响,对模型中连续变量进行1%—99%的Winsorize缩尾处理。

三 描述性统计

表3-2是描述性统计分析，Panel A 报告了主要变量的描述性统计结果。可以发现，"关系导向"策略（Political）变量平均值为0.052且最大值为0.650，这意味着企业"关系导向"策略普遍存在。"创新驱动"策略（Innovation）变量平均值为0.021，可见我国企业创新投入水平整体较低。营商环境（Corrupt）变量平均值为0.232且最大值为0.463，最小值为0.027。这表明我国不同地区的腐败程度存在较大差异，这也为跨区域检验地区营商环境对企业竞争策略选择的影响效应提供了便利。

表3-2　　　　　　　　　描述性统计分析

Panel A 主要变量的描述性统计						
变量	样本量（个）	平均值	中位数	标准差	最小值	最大值
Political	15281	0.052	0.037	0.070	0.000	0.650
Innovation	15281	0.021	0.004	0.042	0.000	1.694
Corrupt	15281	0.232	0.231	0.069	0.027	0.463
Size	15281	21.731	21.568	1.247	19.129	25.683
Lev	15281	0.454	0.455	0.225	0.044	1.094
Q	15281	2.047	1.553	1.739	0.211	10.021
Age	15281	2.471	2.565	0.484	0.693	3.219
Separate	15281	0.057	0.000	0.081	0.000	0.534
Npow	15281	0.013	0.003	0.038	0.000	0.914
HHI	15281	0.082	0.056	0.080	0.023	0.836
Diversity	15281	1.794	1.000	1.115	1.000	6.000
FD	15281	1.230	1.090	0.479	0.587	2.555
Law	15281	11.252	8.460	5.507	3.570	19.890

Panel B 单变量差异检验					
变量	分组	Corrupt_low	Corrupt_high	Diff. Mean	Diff. Median
Political	平均值	0.051	0.053	-0.002*	5.655**
	中位数	0.033	0.040		
Innovation	平均值	0.023	0.019	0.004***	19.640***
	中位数	0.005	0.003		

注：本表中平均值显著性差异的检验方法为t检验，中位数显著性差异的检验方法为Wilcoxon秩和检验；***、**、*分别表示在1%、5%、10%的显著性水平下显著。

在 Panel B 中，本章按照地区腐败程度将样本划分为高腐败组（Corrupt_high）和低腐败组（Corrupt_low），[①] 并进行了单变量组间差异检验。研究结果发现，在腐败程度较高的地区，企业"关系导向"策略（Political）的平均值和中位数分别为 0.053 和 0.040；而在腐败程度较低的地区，企业"关系导向"策略的平均值和中位数分别为 0.051 和 0.033，且分别在 10% 和 1% 的水平下存在显著差异。与此相反，本章发现，在营商环境质量较差（腐败程度较高）的地区，企业"创新驱动"策略（Innovation）的平均值和中位数分别为 0.019 和 0.003；而在营商环境质量较好（腐败程度较低）的地区，企业"创新驱动"策略的平均值和中位数分别为 0.023 和 0.005，且均在 1% 的水平下存在显著差异。以上结果表明，在营商环境质量较低的地区，企业"关系导向"策略较高，但"创新驱动"策略较低；相反，在营商环境质量较高的地区，企业"关系导向"策略较低，但"创新驱动"策略较高。这初步支持了假设 3-1。

第四节 实证结果及讨论

一 营商环境影响企业竞争策略选择的回归结果

根据式（3-1），本章首先考察营商环境对企业竞争策略选择的影响效应，回归结果如表 3-3 所示。第（2）列显示，因变量为"关系导向"策略（Political）时，自变量"营商环境"（Corrupt）的回归系数为 0.053（边际效应为 0.028），显著性水平为 1%。这意味着随着所在地区腐败程度的增加，企业会显著提升"关系导向"策略强度。同时，由第（5）列可以发现，因变量为"创新驱动"策略（Innovation）时，自变量"营商环境"（Corrupt）的回归系数为 -0.010，显著性水平为 1%，即营商环境恶化显著抑制了企业"创新驱动"策略的实施。由此可见，企业所在地区的营商环境质量越差，企业越倾向于构建政治关联、实施"关系导向"策略；相反，"创新驱动"策略和资源投入则得

[①] 根据地区腐败程度中值对样本进行分组，若企业所在地区腐败程度低于样本中位数，则为低腐败组（Corrupt_low）；若企业所在地区腐败程度高于样本中值，则为高腐败组（Corrupt_high）。

到明显抑制。进一步，我们在第（3）列和第（6）列中分别控制了 Innovation 和 Political，发现"关系导向"策略与"创新驱动"策略呈显著负相关关系，这与杨其静（2011）和党力等（2015）的研究发现一致，表明两者存在替代关系。以上结果为假设3-1提供了支持。

表3-3　　　　　　　地区营商环境与企业竞争策略选择

变量	(1)	(2)	(3)	(4)	(5)	(6)
	因变量=Political			因变量=Innovation		
Corrupt	0.042*** (2.64)	0.053*** (2.97)	0.054*** (3.02)	-0.033*** (-9.17)	-0.010*** (-3.22)	-0.010*** (-3.27)
Innovation			-0.088** (-2.04)			
Political						-0.006** (-2.02)
Size		-0.024*** (-4.36)	-0.021*** (-3.84)		-0.027*** (-27.16)	-0.027*** (-27.02)
Lev		0.001 (1.20)	0.001 (1.03)		0.001*** (6.59)	0.001*** (6.57)
Q		-0.018*** (-8.36)	-0.017*** (-7.91)		-0.008*** (-16.56)	-0.008*** (-16.46)
Age		-0.032** (-2.57)	-0.031** (-2.49)		-0.010*** (-4.88)	-0.010*** (-4.85)
Separate		0.066 (1.40)	0.068 (1.44)		-0.021*** (-2.79)	-0.021*** (-2.81)
Npow		-0.014 (-0.27)	-0.021 (-0.39)		0.077*** (7.01)	0.077*** (7.01)
HHI		-0.014 (-0.27)	-0.021 (-0.39)		0.077*** (7.01)	0.077*** (7.01)
Diversity		0.002** (2.42)	0.002** (2.51)		-0.001*** (-6.47)	-0.001*** (-6.52)
FD		-0.008** (-2.52)	-0.008*** (-2.58)		0.002*** (3.19)	0.002*** (3.22)

续表

变量	(1)	(2)	(3)	(4)	(5)	(6)
	因变量=Political			因变量=Innovation		
Law		0.000	0.000		0.000***	0.000***
		(0.43)	(0.38)		(3.35)	(3.34)
$\_cons$	-0.004	-0.144***	-0.147***	0.002	0.034***	0.034***
	(-0.36)	(-5.23)	(-5.33)	(1.06)	(6.80)	(6.83)
Year/Ind	Yes	Yes	Yes	Yes	Yes	Yes
N	15281	15281	15281	15281	15281	15281
R^2	0.155	0.308	0.311	0.358	0.451	0.450
F	7.05	10.58	10.40	270.51	235.54	230.46

注：***、**分别表示在1%、5%的显著性水平下显著，括号中的数字为t检验值。

控制变量的回归结果表明，随着企业规模增大，企业实施"关系导向"策略强度显著提升，"创新驱动"策略强度则显著下降。企业成长性（Q）与两种策略均呈正相关关系，且对"创新驱动"策略的影响更强，表明高成长性企业更倾向于实施"创新驱动"策略。两权分离度（$Separate$）与两种策略均呈负相关关系，表明代理问题越严重，企业越可能倾向于消极不作为。行业竞争程度（HHI）越激烈，企业越倾向于实施"创新驱动"策略，而企业市场份额（$Npow$）会降低"创新驱动"策略强度。企业业务多元化程度（$Diversity$）与企业"关系导向"策略显著正相关；相反，与"创新驱动"策略显著负相关。此外，地区金融发展环境（FD）会抑制企业"关系导向"策略的实施，促进企业"创新驱动"策略的实施。与此相仿，地区法律环境（Law）也有助于企业采取"创新驱动"策略。

为了进一步检验营商环境对企业竞争策略选择的影响效应是否因产权性质差异而有所不同，本章根据实际控制人性质将样本公司划分为两组：民营企业和国有企业，并根据式（3-1）进行分组回归，回归结果如表3-4所示。在第（1）列和第（3）列民营企业样本组中，"营商环境"对因变量"关系导向"策略的回归系数显著为正（回归系数=0.103，t=3.96，边际效应为0.057）；相反，"营商环境"对因变量"创新驱动"策略的回归系数显著为负（回归系数=-0.027，t=-4.92）。

这一结果表明，腐败环境显著激发了民营企业的"关系导向"策略，抑制了"创新驱动"策略。然而，在第（2）列和第（4）列国有企业样本组中，无论因变量是"关系导向"策略还是"创新驱动"策略，自变量"营商环境"的回归系数均不显著。这意味着地区营商环境并未对国有企业竞争策略的选择产生显著影响。

表 3-4　　　地区营商环境、产权性质与企业竞争策略选择

变量	（1）	（2）	（3）	（4）	（5）	（6）
	因变量=Political		因变量=Innovation		因变量=Political	因变量=Innovation
	民营企业	国有企业	民营企业	国有企业		
$Corrupt$	0.103***	-0.014	-0.027***	0.003	0.001	0.023***
	(3.96)	(-0.56)	(-4.92)	(0.88)	(0.06)	(6.43)
$State$					-0.004	0.021***
					(-0.48)	(12.20)
$State\times Corrupt$					0.101***	-0.071***
					(3.31)	(-10.52)
$Size$	0.011***	0.011***	-0.000	-0.000	0.011***	-0.000
	(5.97)	(6.56)	(-0.53)	(-0.84)	(9.25)	(-1.40)
Lev	-0.025***	-0.006	-0.037***	-0.012***	-0.020***	-0.026***
	(-3.48)	(-0.71)	(-24.44)	(-10.13)	(-3.58)	(-26.24)
Q	0.001	0.001	0.001***	0.001***	0.001	0.001***
	(0.62)	(0.73)	(3.94)	(4.16)	(0.72)	(6.15)
Age	-0.017***	-0.011***	-0.006***	-0.009***	-0.015***	-0.008***
	(-6.48)	(-2.67)	(-9.45)	(-10.90)	(-6.77)	(-14.69)
$Separate$	-0.019	-0.124***	-0.018***	-0.002	-0.058***	-0.014***
	(-1.08)	(-6.47)	(-4.97)	(-0.60)	(-4.63)	(-6.36)
$Npow$	0.079	0.025	0.050***	-0.031***	0.042	-0.013*
	(0.89)	(0.44)	(3.26)	(-4.31)	(0.89)	(-1.70)
HHI	-0.062	0.023	0.058***	0.065***	-0.013	0.075***
	(-0.83)	(0.29)	(3.44)	(5.13)	(-0.24)	(6.96)
$Diversity$	0.002	0.002*	-0.001	-0.001***	0.002***	-0.001***
	(1.58)	(1.91)	(-1.62)	(-6.21)	(2.62)	(-6.20)

续表

变量	(1) 因变量=Political 民营企业	(2) 因变量=Political 国有企业	(3) 因变量=Innovation 民营企业	(4) 因变量=Innovation 国有企业	(5) 因变量=Political	(6) 因变量=Innovation
FD	0.003 (0.59)	-0.011** (-2.56)	0.006*** (4.67)	-0.001 (-1.40)	-0.006* (-1.77)	0.003*** (4.31)
Law	-0.001** (-2.37)	0.000 (0.57)	0.000 (0.43)	0.000*** (3.58)	-0.000 (-0.89)	0.000 (1.54)
$\_cons$	-0.180*** (-4.34)	-0.210*** (-5.21)	0.024*** (2.72)	0.017*** (3.09)	-0.194*** (-6.75)	0.011** (2.16)
Year/Ind	Yes	Yes	Yes	Yes	Yes	Yes
N	8121	7160	8121	7160	15281	15281
R^2	0.400	0.462	0.448	0.376	0.369	0.460
F	8.40	7.24	145.24	114.49	11.87	232.40

注：***、**、*分别表示在1%、5%、10%的显著性水平下显著，括号中的数字为t检验值。

此外，本章在回归模型中引入产权性质和营商环境的交互项（$State \times Corrupt$）。回归结果显示，第（5）列交互项 $State \times Corrupt$ 对因变量"关系导向"策略的回归系数为0.101（边际效应为0.054），且在1%的显著性水平下显著。相反，第（6）列交互项 $State \times Corrupt$ 对因变量"创新驱动"策略的回归系数为-0.071，且在1%的显著性水平下显著。为了更加清楚地展示产权性质的调节作用，本章进一步绘制了产权性质的调节效应示意图，分别见图3-4和图3-5。可以发现，相对于国有企业，地区腐败环境对民营企业"关系导向"策略和"创新驱动"策略的影响更为强烈。综上表明，与国有企业相比，地区腐败环境对"关系导向"策略的促进作用和"创新驱动"策略的抑制作用在民营企业中更强，即地区营商环境对民营企业竞争策略选择的影响效应更加明显。以上结果为假设3-2提供了证据支持。

二 营商环境影响企业竞争策略选择的机制检验

上述分析表明，较差的营商环境不仅会加剧企业资源的政治攫取风险，地方政府掌握的丰富资源也可能诱导更多的政治攀附和关系活动。因此，在营商环境较差的地区，企业更倾向于实施"关系导向"策略

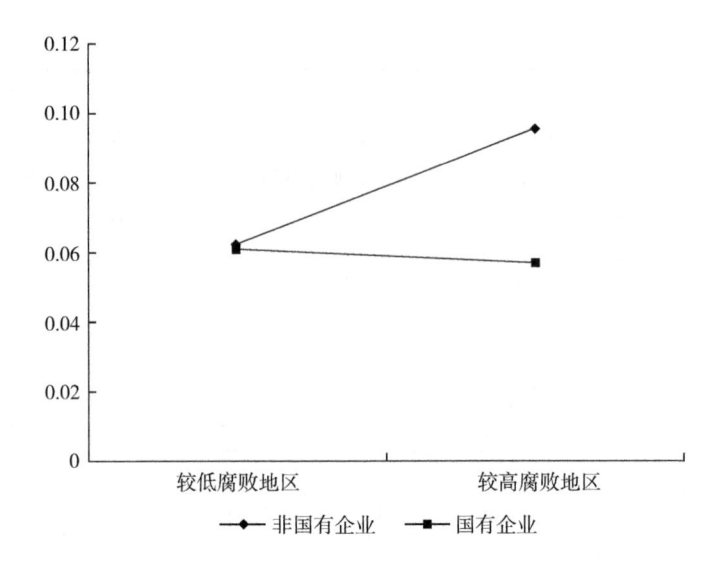

图 3-4　产权性质对营商环境与企业"关系导向"策略之间关系的调节作用

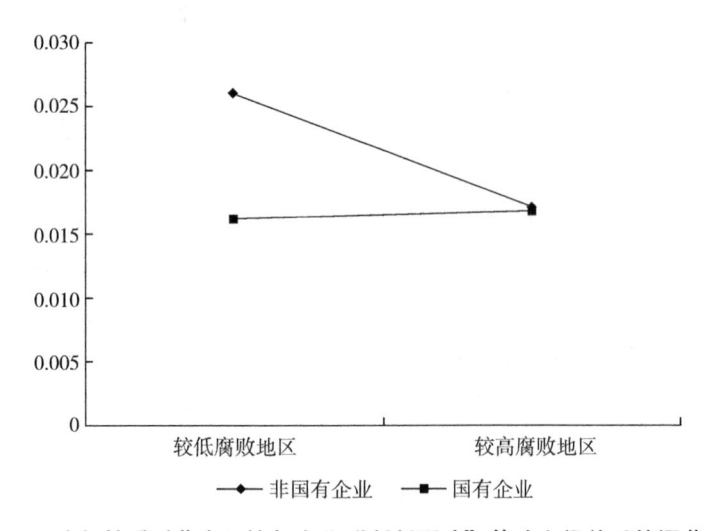

图 3-5　产权性质对营商环境与企业"创新驱动"策略之间关系的调节作用

的主要动因是谋求政府庇护,降低政府攫取风险并获得行业准入、信贷融资、政府采购、开发权、用地审批、税收减免等方面的优惠待遇。鉴于此,本章将对营商环境影响企业竞争策略选择的机制做进一步检验。

(一)"规避政治攫取风险"机制检验

在上述分析中,我们认为,腐败环境下企业更倾向于实施"关系导向"策略的主要动因是降低政府官员的过度干预和利益侵占。虽然在官员腐败越严重的环境下,企业资源被政府"利益攫取"的风险可能越大,但相关的实证检验却较为罕见,其主要原因在于企业被政府"利益攫取"风险的度量较为困难。近年来,Simth(2016)研究发现,当企业面临的政治攫取风险较高时,会藏匿企业资产流动性,持有更少的现金并将资金投放于更难以被侵占的"硬资产"(如房产、厂房、设备及库存)。借鉴其研究,本章将资产隐藏作为企业被政府"利益攫取"风险的度量,检验在营商环境越差的地区,企业面临的"利益攫取"风险是否越大以及实施"关系导向"策略是否能弱化"利益攫取"风险。借鉴其研究,本章使用企业现金持有水平和"硬资产"水平进行实证检验,分别构建模型如式(3-2)和式(3-3)所示。

$$Cash_{it} = \beta_0 + \beta_1 Corrupt_{it} + \beta_2 Size_{it} + \beta_3 Lev_{it} + \beta_4 CF_{it} + \beta_5 NWC_{it} + \beta_6 Capex_{it} + \beta_7 Growth_{it} + \beta_8 Div_{it} + \varepsilon_{it} \quad (3-2)$$

$$PPE_{it} = \beta_0 + \beta_1 Corrupt_{it} + \beta_2 Size_{it} + \beta_3 Lev_{it} + \beta_4 EBIT_{it} + \beta_5 Growth_{it} + \beta_6 Q_{it} + \beta_7 Age_{it} + \varepsilon_{it} \quad (3-3)$$

式(3-2)中,因变量为企业现金持有水平($Cash$),等于现金及现金等价物除以总资产。此外,还控制了企业规模($Size$)、资产负债率(Lev)、经营性现金流(CF)、净营运资本(NWC)、资本支出($Capex$)、销售增长率($Growth$)、股利支付率(Div)等。式(3-3)中,因变量为企业"硬资产"投入水平,等于固定资产及库存之和除以总资产。此外,还控制了企业规模($Size$)、资产负债率(Lev)、经营性现金流(CF)、息税前利润($EBIT$)、企业成长性(Q)、企业年龄(Age)等。实证结果如表3-5所示。

表3-5　　　　　　　　规避"利益攫取"机制检验

变量	(1)	(2)	(3)	变量	(4)	(5)	(6)
	因变量=$Cash$				因变量=PPE		
	全样本	$Political\_high$	$Political\_low$		全样本	$Political\_high$	$Political\_low$
$Corrupt$	−0.107***	−0.079**	−0.134***	$Corrupt$	0.097**	0.054	0.138***
	(−4.14)	(−2.35)	(−3.88)		(2.42)	(1.02)	(2.64)
$Size$	−0.004**	−0.003	−0.005*	$Size$	0.009***	0.007	0.012***
	(−2.29)	(−1.42)	(−1.93)		(2.82)	(1.62)	(2.76)

续表

变量	(1)	(2)	(3)	变量	(4)	(5)	(6)
	因变量=Cash				因变量=PPE		
	全样本	Political_high	Political_low		全样本	Political_high	Political_low
Lev	0.074***	0.091***	0.061***	Lev	0.077***	0.090***	0.068***
	(4.97)	(4.58)	(3.25)		(4.73)	(4.22)	(3.28)
CF	0.372***	0.391***	0.356***	EBIT	-0.208***	-0.173***	-0.232***
	(19.72)	(15.23)	(14.05)		(-4.79)	(-2.65)	(-4.37)
Nwc	0.416***	0.435***	0.400***	Growth	-0.026***	-0.030***	-0.022***
	(35.82)	(27.32)	(27.00)		(-5.46)	(-4.32)	(-3.49)
Capex	-0.107***	-0.150***	-0.071**	Q	-0.006***	-0.009***	-0.004*
	(-4.71)	(-4.85)	(-2.33)		(-3.23)	(-2.90)	(-1.87)
Growth	0.007***	0.009***	0.006***	Age	0.009	0.013*	0.003
	(5.28)	(4.88)	(3.39)		(1.55)	(1.83)	(0.33)
Div	0.000	0.001	-0.001	_cons	0.115	0.122	0.107
	(0.11)	(0.94)	(-0.93)		(1.55)	(1.30)	(1.07)
_cons	0.152***	0.126**	0.170***				
	(3.65)	(2.40)	(2.93)				
Year/Ind	Yes	Yes	Yes	Year/Ind	Yes	Yes	Yes
Chow 检验		$P=0.064$		Chow 检验		$P=0.056$	
N	13866	6647	7219	N	13866	6647	7219
F	0.555	0.582	0.537	F	0.397	0.386	0.413
R^2	119.15	78.62	63.21	R^2	65.99	47.87	37.02

注：***、**、* 分别表示在1%、5%、10%的显著性水平下显著，括号中的数字为 t 检验值。

表3-5第（1）列检验了营商环境对企业现金持有水平的影响。回归结果显示，营商环境（Corrupt）回归系数为-0.107，且在1%的显著性水平下显著，这与Simth（2016）的研究结果一致，即地区营商环境质量越差，腐败程度越严重，企业被"利益攫取"的风险越大，企业为规避被"利益攫取"风险，会隐藏流动性资产，持有更少现金。在第（2）列和第（3）列，根据企业"关系导向"策略的实施强度，将样本划分为"关系导向"策略较高组（Political_high）和"关系导向"

策略较低组（Political_low）并进行分组回归。结果显示，第（2）列和第（3）列 Corrupt 回归系数分别为 -0.079 和 -0.134，分别在 5% 和 1% 的显著性水平下显著，且 Chow 检验组间系数差异检验在 10% 的显著性水平下显著（P=0.064），表明实施"关系导向"策略较强的企业被"利益攫取"的风险显著低于实施"关系导向"策略较弱的企业。

进一步，本章检验地区营商环境较差时，企业资金投资去向，回归结果见第（4）列。结果显示，营商环境（Corrupt）回归系数为 0.097，且在 5% 的显著性水平下显著，这与 Simth（2016）的研究一致，即企业为避免被腐败政府"利益攫取"的风险，会隐藏流动性资产，将资金投放于更难以被侵占的"硬资产"上。然而，第（5）列和第（6）列 Corrupt 回归系数分别为 0.054 和 0.138，分别为不显著和在 1% 的显著性水平下显著，且 Chow 检验组间系数差异检验在 10% 的显著性水平下显著（P=0.056），进一步支持了式（3-2）的回归结果。以上分析表明，在地区腐败越严重的环境下，企业被"利益攫取"的风险越大，此时企业实施"关系导向"策略有助于缓解被地方政府"利益攫取"的风险。

（二）"获取更多政府优惠待遇"机制检验

腐败环境下企业倾向于实施"关系导向"策略的另一个主要动因是获取在行业准入、信贷融资、政府采购、开发权、用地审批、税收减免等方面的优惠待遇。与公平市场环境相比，腐败将创造出更多寻租机会，使寻租机制更有效地得以发挥。借鉴余明桂和潘红波（2008）、田利辉和张伟（2013）以及 Feng 等（2015）的研究，本章分别构建模型如式（3-4）、式（3-5）和式（3-6）所示，以检验在地区腐败程度越严重的环境下，"关系导向"策略是否越有助于企业获得更多信贷资源、政府补贴以及税收减免等优惠待遇。

$$Loan_{it} = \beta_0 + \beta_1 Political_{it} + \beta_2 Size_{it} + \beta_3 Lev_{it} + \beta_4 Roa_{it} + \beta_5 Growth_{it} + \beta_6 Q_{it} + \beta_7 Tang_{it} + \varepsilon_{it} \quad (3-4)$$

$$Subsidy_{it} = \beta_0 + \beta_1 Political_{it} + \beta_2 Size_{it} + \beta_3 Lev_{it} + \beta_4 EBIT_{it} + \beta_5 Q_{it} + \beta_6 Growth_{it} + \beta_7 Age_{it} + \beta_8 Tang_{it} + \varepsilon_{it} \quad (3-5)$$

$$ETR_{it} = \beta_0 + \beta_1 Political_{it} + \beta_2 Size_{it} + \beta_3 Lev_{it} + \beta_4 EBIT_{it} + \beta_5 Q_{it} + \beta_6 Growth_{it} + \beta_7 Tang_{it} + \beta_8 Invint_{it} + \beta_9 Dep_{it} + \varepsilon_{it} \quad (3-6)$$

式（3-4）中，被解释变量为银行信贷（Loan），等于企业长期借款加短期借款除以总资产。此外，还控制了企业规模（Size）、资产负债率（Lev）、资产收益率（Roa）、销售增长率（Growth）、企业成长性（Q）、资本密集度（Tang）等；式（3-5）中，被解释变量为政府补贴（Subsidy），等于政府补贴（扣除增值税返还）除以营业收入。此外，还控制了企业规模（Size）、资产负债率（Lev）、息税前利润（EBIT）、企业成长性（Q）、销售增长率（Growth）、企业年龄（Age）、资本密集度（Tang）等；式（3-6）中，被解释变量为实际税率（ETR），等于所得税费用减去递延所得税费用除以息税前利润。此外，还控制了企业规模（Size）、资产负债率（Lev）、息税前利润（EBIT）、企业成长性（Q）、销售增长率（Growth）、资本密集度（Tang）、存货密集度（Invint）、税盾（Dep）等。实证结果如表3-6所示。

表3-6　"获取更多政府优惠待遇"机制检验

变量	(1)	(2)	(3)	(4)	(5)	(6)
	因变量=Loan		因变量=Subsidy		因变量=ETR	
	Corrupt_high	Corrupt_low	Corrupt_high	Corrupt_low	Corrupt_high	Corrupt_low
Political	0.038***	-0.013	0.755**	0.152	-0.110**	0.013
	(2.62)	(-0.91)	(2.26)	(0.51)	(-2.00)	(0.25)
Size	-0.017***	-0.016***	-0.167***	-0.097***	0.008*	0.015***
	(-12.03)	(-14.02)	(-5.76)	(-3.87)	(1.70)	(3.79)
Lev	0.286***	0.301***	-0.203	-0.284	-0.055**	-0.084***
	(32.36)	(36.11)	(-1.09)	(-1.55)	(-2.28)	(-3.47)
Growth	-0.003	-0.001	-0.331***	-0.477***	0.009	0.017
	(-0.75)	(-0.23)	(-3.08)	(-5.68)	(0.64)	(1.09)
Q	-0.009***	-0.007***	0.183***	0.173***	-0.007*	-0.006**
	(-8.50)	(-6.09)	(6.56)	(6.32)	(-1.93)	(-2.23)
Tang	0.038***	0.041***	0.615***	0.782***	-0.058	-0.086**
	(4.20)	(4.65)	(3.60)	(4.24)	(-1.61)	(-2.28)
Roa	-0.181***	-0.109***				
	(-6.03)	(-4.02)				
EBIT			0.465	-1.251**	0.399***	0.359***
			(0.78)	(-2.29)	(5.17)	(4.60)

续表

变量	(1)	(2)	(3)	(4)	(5)	(6)
	因变量=Loan		因变量=Subsidy		因变量=ETR	
	Corrupt_high	Corrupt_low	Corrupt_high	Corrupt_low	Corrupt_high	Corrupt_low
Age			−0.046	−0.212***		
			(−0.83)	(−4.30)		
Invint					−0.047	−0.061
					(−1.33)	(−1.63)
Dep					−0.849**	−0.714*
					(−2.18)	(−1.82)
_cons	0.420***	0.368***	4.777***	3.670***	0.055	−0.140
	(9.50)	(12.43)	(6.50)	(5.74)	(0.50)	(−1.50)
Year/Ind	Yes	Yes	Yes	Yes	Yes	Yes
Chow 检验	P=0.012		P=0.089		P=0.076	
N	7131	7084	6601	6544	7081	7011
F	0.411	0.445	0.113	0.108	0.020	0.023
R^2	126.29	132.92	26.42	23.16	9.68	11.55

注：***、**、*分别表示在1%、5%、10%的显著性水平下显著，括号中的数字为 t 检验值。

表 3-6 按照营商环境质量将样本划分为高腐败组（Corrupt_high）和低腐败组（Corrupt_low）并进行分组回归。第（1）列和第（2）列报告了营商环境、"关系导向"策略与银行信贷的回归结果。结果显示，在高腐败组和低腐败组，企业"关系导向"策略（Political）的回归系数分别为 0.038 和−0.013，分别在 1% 的显著性水平下显著和不显著，且 Chow 检验组间系数差异检验在 5% 的显著性水平下显著（P=0.012）。以上结果表明，实施"关系导向"策略有助于企业获得更多信贷资源，且地区腐败程度越严重的环境下企业"关系导向"策略带来的信贷资源越多。

第（3）列和第（4）列报告了营商环境、"关系导向"策略与政府补贴的回归结果。结果显示，在高腐败组和低腐败组，企业"关系导向"策略（Political）的回归系数分别为 0.755 和 0.152，分别在 5% 的显著性水平下显著和不显著，且 Chow 检验组间系数差异检验在 10% 的显著性水平下显著（P=0.089）。以上结果表明，实施"关系导向"策略有助于企业获得更多政府补贴，且在地区腐败越严重的环境下，企业"关系导向"策略带来的政府补贴越多。

第（5）列和第（6）列报告了营商环境、"关系导向"策略与税收优惠的回归结果。结果显示，在高腐败组和低腐败组，企业"关系导向"策略（*Political*）的回归系数分别为-0.110和0.013，分别在5%的显著性水平下显著和不显著，且Chow检验组间系数差异检验在10%的显著性水平下显著（P=0.076）。结果表明，实施"关系导向"策略有助于企业获得税收优惠（即实际税率更低），且在地区腐败越严重的环境下，企业"关系导向"策略带来的税收优惠越多。

三 营商环境优化与企业竞争策略调整：DID 分析

为优化政企关系和营商环境质量，党的十八大以来启动了"中央八项规定""六大禁令"和"反四风"等新一轮高强度的反腐败行动，倡导构建亲清新型政商关系。王贤彬等（2016）研究发现，高压反腐行动下，官员"落马"具有威慑效应，能够有效抑制官员腐败和权力寻租。随着反腐败行动的深入，权力寻租和政企合谋的空间大大降低，地区腐败对企业竞争策略选择的影响效应可能也会趋于弱化。为消除党的十八大以来高强度的反腐败行动对实证结果可能产生的影响，本章以2012年为临界点，将样本细分为反腐行动前与反腐行动后，并借助双重差分方法（亦称倍差法，Difference-in Difference，DID）检验反腐行动对微观企业竞争策略选择的影响效应。

表3-7结果显示，反腐行动前，地区腐败会显著促进企业采取"关系导向"策略，通过政治攀附行动积极构建政治关系；相反，地区腐败会严重抑制企业"创新驱动"策略，这与前文一致。然而，反腐行动后，地区腐败对企业"关系导向"策略及"创新驱动"策略均没有显著影响。以上结果表明，党的十八大以来反腐倡廉行动的威慑效应显著影响了企业原有竞争策略的选择，一定程度上弱化了地区腐败环境对企业竞争策略选择的扭曲效应，有利于企业将资金和精力从依靠关系的寻租活动逐渐转移至生产性创新活动。此外，本章进一步使用倍差法，将反腐行动前，高腐败地区的企业作为实验组（*Treated*=1），低腐败地区的企业作为控制组（*Treated*=0）；*Post* 反腐行动之后的年份取值为1，反腐行动之前的年份取值为0，结果见第（5）列和第（6）列。

由此发现，交叉项 $Post \times Treated$ 的系数分别为 -0.002 和 0.002，且前者 T 值为 0.97，后者在 1% 的显著性水平下显著，与上述结果基本一致。

表 3-7　　　　　基于反腐败行动的准自然实验检验结果

变量	(1)	(2)	(3)	(4)	(5)	(6)
	因变量=Political		因变量=Innovation		因变量=Political	因变量=Innovation
	反腐行动前	反腐行动后	反腐行动前	反腐行动后		
Corrupt	0.082***	0.021	-0.012***	-0.000		
	(3.72)	(0.60)	(-3.51)	(-0.03)		
Post					0.013***	0.023***
					(4.78)	(24.50)
Treated					0.003**	-0.001*
					(1.96)	(-1.91)
Post× Treated					-0.002	0.002***
					(-0.95)	(2.61)
Size	0.011***	0.005**	-0.001***	0.001**	0.005***	-0.001***
	(7.44)	(2.19)	(-5.70)	(2.16)	(6.88)	(-3.76)
Lev	-0.026***	-0.016	-0.026***	-0.033***	-0.016***	-0.027***
	(-3.97)	(-1.43)	(-24.63)	(-13.67)	(-5.77)	(-27.17)
Q	0.002**	-0.002	0.001***	0.002***	0.001*	0.001***
	(2.13)	(-1.07)	(3.65)	(4.48)	(1.81)	(6.65)
Age	-0.018***	-0.022***	-0.008***	-0.009***	-0.008***	-0.009***
	(-6.77)	(-4.92)	(-15.01)	(-8.13)	(-6.70)	(-16.75)
Separate	-0.036**	-0.019	-0.009***	-0.010**	-0.013**	-0.010***
	(-2.33)	(-0.81)	(-3.78)	(-2.06)	(-2.02)	(-4.88)
Npow	0.015	0.196**	-0.007	-0.081***	0.038	-0.021***
	(0.25)	(2.17)	(-0.88)	(-4.78)	(1.32)	(-2.78)
HHI	0.007	-0.033	0.054***	0.031	-0.002	0.076***
	(0.11)	(-0.12)	(4.53)	(0.36)	(-0.09)	(6.94)
Diversity	0.002*	0.004**	-0.001***	-0.002***	0.001**	-0.001***
	(1.84)	(2.16)	(-4.97)	(-4.88)	(2.46)	(-6.52)
FD	-0.009**	-0.006	0.002***	0.004**	-0.005***	0.003***
	(-2.34)	(-1.01)	(2.60)	(2.49)	(-3.33)	(4.39)

续表

变量	(1)	(2)	(3)	(4)	(5)	(6)
	因变量=Political		因变量=Innovation		因变量=Political	因变量=Innovation
	反腐行动前	反腐行动后	反腐行动前	反腐行动后		
Law	0.000	-0.000	0.000***	0.000	0.000	0.000***
	(1.24)	(-0.32)	(3.03)	(0.77)	(0.97)	(2.99)
_cons	-0.193***	-0.044	0.046***	0.029**	-0.014	0.031***
	(-5.47)	(-0.76)	(8.67)	(2.15)	(-0.93)	(6.32)
Year/Ind	Yes	Yes	Yes	Yes	Yes	Yes
N	10924	4357	10924	4357	15281	15281
R^2	0.285	0.252	0.418	0.473	0.023	0.449
F/Wald	8.89	3.70	141.20	118.48	11.02	229.78

注：***、**、*分别表示在1%、5%、10%的显著性水平下显著，括号中的数字为t检验值。

四 内生性问题

上述研究表明，地区腐败环境是导致我国企业"创新不足、关系盛行"的重要制度根源。但企业积极实施"关系导向"策略也可能是诱发地区腐败的重要因素，即地区营商环境与企业竞争策略之间可能存在因果倒置问题。因此，借鉴徐业坤和李维安（2016）的研究，本章使用行政事业性收费（Fee）以及罚没收入（Fine）为腐败的工具变量，进行两阶段回归。由于地方政府拥有行政事业性收费和罚没收入征收权，为官员腐败提供了机会。然而，行政事业性收费特别是罚没收入对于守法经营的企业影响理应相对较弱，且没有理由认为比政府积极构建政治关系的企业非法经营更严重。

两阶段回归结果如表3-8所示，第（1）列为第一阶段回归结果，工具变量回归系数均在1%的显著性水平下显著为正（T值分别为17.16、16.30），弱工具变量检验F统计量为215.49（P值为0.00），表明工具变量与内生变量具有较强的相关性。过度识别检验Hansen J统计量的P值为0.234，表明不能拒绝所有工具变量都是外生的原假设。因此，工具变量是有效的。第（2）列和第（3）列为第二阶段回归结果，表明营商环境与企业"关系导向"策略显著正相关，与"创新驱动"策略显著负相关，这与前文结果一致。此外，借鉴陈刚和李树

(2010) 的研究，使用官员（省长或省委书记）异地交流（Exchange）作为腐败的工具变量，结果与前文也是一致。因此，在控制了潜在的内生性问题后，本章结论依然成立。

表 3-8　　　　　　　内生性问题：两阶段回归结果

变量	(1) 因变量=Corrupt	(2) 因变量=Political	(3) 因变量=Innovation
Fine	0.341*** (17.30)		
Fee	0.970*** (16.06)		
Corrupt		0.308*** (6.30)	-0.074*** (-4.42)
Size	-0.002*** (-4.74)	0.006*** (9.18)	-0.000 (-0.60)
Lev	0.011*** (4.35)	-0.022*** (-7.90)	-0.041*** (-35.67)
Q	-0.001*** (-4.46)	0.001** (2.46)	0.001*** (6.44)
Age	0.010*** (10.36)	-0.010*** (-8.01)	-0.005*** (-8.75)
Separate	0.003 (0.49)	-0.012* (-1.74)	-0.019*** (-7.89)
Npow	-0.017 (-0.87)	0.038 (1.64)	-0.116*** (-17.88)
HHI	-0.038*** (-5.81)	-0.011 (-1.36)	0.026*** (6.85)
Diversity	0.002*** (5.00)	-0.000 (-0.35)	-0.003*** (-19.22)
FD	-0.053*** (-38.18)	0.016*** (4.25)	0.000 (0.07)
Law	0.002*** (18.08)	0.000 (0.14)	0.001*** (11.04)

续表

变量	(1) 因变量=Corrupt	(2) 因变量=Political	(3) 因变量=Innovation
_cons	0.253*** (20.49)	−0.128*** (−5.75)	0.068*** (8.82)
Year/Ind	Yes	Yes	Yes
N	15281	15281	15281
R^2	0.294	0.055	0.226
F	576.82	20.64	321.85

注：***、**、*分别表示在1%、5%、10%的显著性水平下显著，括号中的数字为 t 检验值。

此外，当因变量为 Political 时，本章采用 Tobit 模型进行回归检验。为保证结果的可靠性，本章首先使用 Fractional Logit 模型进行稳健性检验，发现结果依然成立。其次，采用高管团队中具有政治关系的人数来度量企业"关系导向"策略强度，发现结果依然稳健。最后，采用各地区腐败涉案金额测度地区腐败程度，研究结论依然不变。

第五节 本章小结

在转型经济与"弱制度"情境下，地方政府依然掌握较多资源和自由裁量权。这给行政力量介入微观经济活动创造了机会，地方政府官员对于企业的生存、发展及企业间竞争产生较大影响。本章将宏观制度环境与微观企业决策有机结合，重点考察地区营商环境对企业竞争策略选择的影响效应和传导机理。基于 A 股上市公司 2006—2014 年数据的实证研究表明，地区营商环境确实对企业竞争策略选择产生了重要影响。企业所在地区的营商环境质量越差，企业越倾向于选择"关系导向"策略，进而抑制"创新驱动"策略。而且与国有企业相比较，地区营商环境质量对民营企业竞争策略选择的影响效应表现更突出。进一步检验还发现，腐败环境下的"关系导向"策略降低了企业面临的政治攫取风险，使企业获得更多信贷资源、税收减免和政府补贴等优惠待遇。本章还发现党的十八大以来的反腐倡廉行动具有积极作用，弱化了地区腐败环境对企业竞争策略选择的扭曲效应。

  本章揭示了企业竞争策略选择的潜在制度成因，从制度视角为我国企业"重关系、轻创新"现象提供了一个新的合理解释；它也从微观企业层面深化了对营商环境经济后果的理论认知，丰富了以营商环境为主题的研究文献。从实践意义上，本章表明有必要继续深化市场化改革，减少行政力量对微观经济活动的干预，培育公平有序的市场竞争环境；同时，进一步完善法制和产权保护制度，有效保护企业创新成果，提高企业创新激励。

第四章 地区营商环境与企业投资取向：固定资产和 R&D 投资

第一节 引言

前述章节表明，地区营商环境对企业竞争策略选择具有重要影响。企业所在地区的营商环境质量越差，企业越倾向于选择"关系导向"策略，而忽视"创新驱动"策略。企业竞争策略最终都会通过资源配置和投资活动体现出来。沿袭这一逻辑，地区营商环境是否会对企业资本投资取向产生影响？这是本章希望解决的科学问题。

在第三章基础上，本章试图通过构建"营商环境—企业竞争策略—资本投资取向"理论分析框架，进一步探讨营商环境对企业资本投资取向的影响效应和传导机理。之所以选择资本投资取向作为切入点，有两个方面的原因。第一，企业是保持经济活力、实现经济增长的微观基础，营商环境对宏观经济增长的影响有赖于企业投资活动这一中介桥梁的实现。相关研究表明，企业投资取向与效率内生于其所面临的制度环境（Cull and Xu, 2005；Mueller and Peev, 2007），而营商环境则是反映一个国家或地区法律、经济、文化和政治制度环境的重要综合指标（Djankov, et al., 2003）。因此，将宏观层面的营商环境与微观层面的企业投资取向结合，有利于揭开制度质量影响经济增长的"黑匣子"，深化对其内在机理和传导路径的理论认知。

第二，资本投资是驱动我国经济高速增长的核心动力。作为企业最重要的两类投资渠道，固定资产投资能够直接快速刺激经济增长，技术研发投资则有利于提升长期技术效率和经济增长质量（郝颖等，2014）。需要强调的是，企业投资结构调整滞后、重复建设与边际效率降低，直接困扰着我国经济增长的质量与结构升级。虽然政府强调创新驱动发展战略并出台不少鼓励企业自主创新的政策，但我国企业依然面临创新动力不足、创新投入较少等亟待解决的现实困境。到底什么原因阻碍了我国企业的创新投资？现有研究侧重于知识产权保护、产权性质、行业竞争以及公司治理等因素（朱德胜和周晓珮，2016；周文光，2013；袁建国等，2015），较少关注地区营商环境对企业创新投资产生的影响。

第二节 制度背景与理论假设

一 中国企业固定资产投资现状及逻辑

投资活动是企业生产经营的核心内容，是企业价值增长的基石，也是拉动经济增长的主要力量。改革开放 40 多年以来，中国经济一直保持高速增长，使我国经济实力和综合国力显著提升，被世人誉为"增长奇迹"。在拉动 GDP 的"三驾马车"中，我国本土消费的基础作用明显发挥不足，经济增长对投资的依赖程度远高于其他国家。如图 4-1 所示，一直以来我国的全社会固定资产投资占 GDP 的比重基本保持在 30% 以上并保持稳定增长。2006 年该指标超过了 50%，且 2015 年达到历史最高值 81.56%。此外，在 2001—2016 年，我国消费和投资对 GDP 增长的年均贡献率分别为 52.4% 和 48.8%，其中 2009 年投资对 GDP 增长的贡献率甚至高达 86.5%。而在 2001—2014 年，全球消费和投资对 GDP 增长的年均贡献率分别为 60% 和 30%。尤其在 2008 年国际金融危机爆发之后，外部市场需求进入低迷，导致我国对外出口贸易额大幅下降，进一步加剧了我国经济增长对固定资产投资的依赖程度。然而投资带来的巨大生产力没有相应的内外需求予以消化，以致企业（特别是国有企业）过度投资和产能过剩问题日趋严重。

一些学者从经济学和政治制度视角，对我国经济增长奇迹、投资驱动及由此引发的过度投资和产能过剩等问题进行了深入剖析。诸多研究表明，经济转型时期，在"政治集权、经济分权"的体制下，以 GDP 为绩效考核标准的"晋升锦标赛"激励模式是促使我国经济快速增长的重要制度成因（周黎安，2007）。在"晋升锦标赛"体制背景下，推

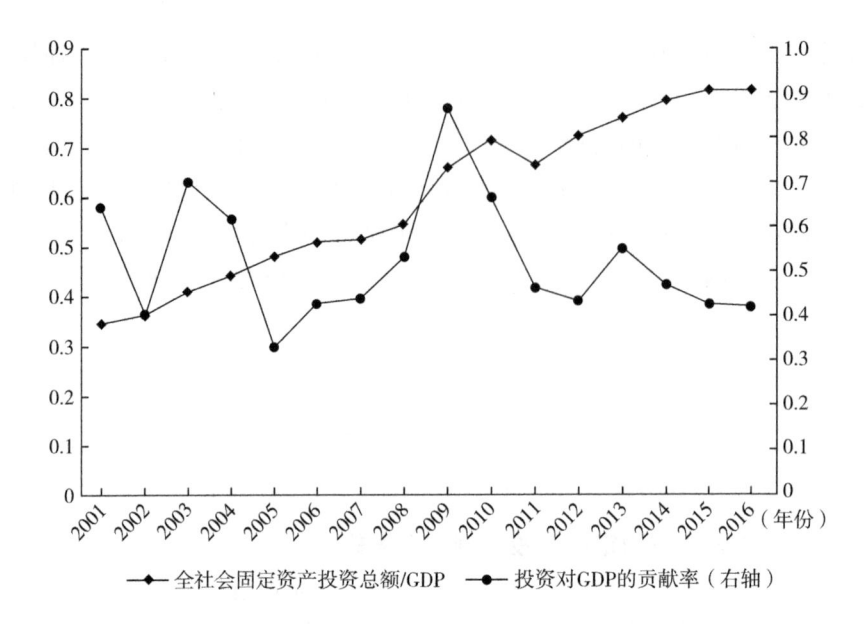

图 4-1　2001-2016 年中国投资占 GDP 比重及对 GDP 贡献率的变化趋势

动地方 GDP 快速增长成为地方政府官员谋取晋升的重要手段，从而导致地方政府官员对当地 GDP 增长的高度追求。拉动 GDP 增长主要由三个部分构成，包括消费、投资和净出口。而这三个组成部分中，净出口主要取决于国际市场的需求状况，地方政府对其影响有限，尤其在2008 年国际金融危机之后，我国对外出口进一步下降；消费主要源于当地居民的收入状况和消费观念，受当地经济发展水平和消费观念影响较大；与出口和消费相比，投资对市场化程度的依赖最小，地方政府最容易掌控。为了实现 GDP 的快速增长目标，加大投资无疑是地方政府最容易做到的，也最能在短期内见到效果的重要工具（唐雪松等，2010）。因此，地方政府会采取一系列措施，支持和鼓励当地企业扩大投资规模。以往诸多研究表明，地方政府为实现 GDP 的快速增长目标会干预当地企业的投资行为，尤其是国有企业的投资行为，且地方政府干预程度越大，过度投资的可能性越高（唐雪松等，2010）。

二　营商环境影响企业投资取向的理论逻辑

战略管理理论认为，企业普遍存在两种不同的竞争策略选择：市场化策略（Market Strategy）和非市场化策略（Non-market Strategy）。杨其静（2011）发现，我国企业既可以通过自主创新谋求成长与壮大，也能够通过政治关联，甚至是政企合谋获得发展机会。市场化竞争策略体现了资源基础的逻辑，关注企业如何"强身健体"，通过创新驱动将自身资源转化为市场能力；与之不同，非市场化竞争策略则从关系导向的逻辑出发，强调企业应积极迎合政府（官员）需求，以谋求更好的政企关系和政府庇护。Baumol（1990）指出，企业家会在生产性活动和非生产性活动上合理配置其才能与努力水平。魏下海等（2015）发现，良好的营商环境增加了企业家生产性活动的时间占比并相应地降低了非生产性活动的时间占比。由此可见，企业会根据制度环境对有限的资源存量在企业发展战略之间进行权衡配置。

微观层面的企业行为和竞争策略选择并非孤立事件，它在很大程度上受制于其面临的外部制度环境（Tan and Tan, 2005；姜国华和饶品贵，2011）。通常情况下，企业会动态调适其竞争战略以适应不同的制度环境（Xu and Meyer, 2013）。何轩等（2016）发现，制度环境变迁的速度越快，企业生产性活动的投入越多，非生产性活动的投入越少，而且企业资源禀赋对两者之间的关系产生了显著的调节作用。在中国，新兴市场呈现典型的"弱制度环境"特征（Allen, et al., 2005）。地方政府不仅拥有大量自由裁量权，而且维持了对经济活动的频繁干预（Fan, et al., 2011），以保证经济增长、政治稳定和公共治理等多重政策目标的实现。另外，经济转型过程中各级政府手中依然拥有市场准入、融资便利、税收优惠、财政补贴等大量宝贵资源。这导致企业具有很强的动机经营与政府间的关系，以获得更多的政府庇护与资源支持。

营商环境恶化削弱了市场机制的有效性（Djankov, et al., 2003），导致政府干预和利益攫取更频繁（Smith, 2016），使企业经营政商关系的动机更强。同时，糟糕的营商环境也导致政企合谋空间增大。因而，在营商环境质量较差的地区，企业更倾向于采取"关系导向"策略，体现为将更多企业资源投向政商关系构建。研究发现，较差的制度环境会催生更多的非生产性活动投入（Sobel, 2006）。姜树广和陈叶烽（2016）指出，营商环境较差的地区不利于建立公平竞争的市场机制，呈现出较低的市场效率，导致有些企业为了生存而不得不参与权力合谋与寻租活动。前述章节研究结果也表明，地区营商环境较差是导致企业呈现"重关系、轻创新"战略导向的重要制度诱因。

两种竞争策略反映了企业资源配置和资本投资取向的不同逻辑。固定资产投资和技术研发投资是两种最重要的投资取向，也构成了企业不同竞争策略的实施载体。从宏观经济效果来看，固定资产投资能够更直接快速地刺激经济增长；技术研发投资有利于提升长期技术效率和经济质量，却难以在短期内对 GDP 增长作出贡献（郝颖等，2014；De Long and Summers，1991）。研究指出，决定企业投资行为的因素不仅包括价值动机和战略目标，也因政府干预、地区腐败等营商环境差异而有所不同（Shleifer and Vishny，1997；Cohen and Malloy，2011；Thomas and Philipp，2009）。在中国的政治逻辑下，地方官员的政治晋升主要依赖其辖区内的 GDP 增长业绩（周黎安，2007）。这一"政绩观"激励模式促使地方政府官员热衷于推动固定资产投资，以在短期内取得"立竿见影"的经济增长和财政收入并将投资压力和任务转嫁给企业。与此同时，倾向于"关系导向"策略的企业也有意愿加大固定资产投资，以讨好并迎合官员的政绩工程与晋升诉求，从而获得并维持稳固的政商关系。如前文所述，在营商环境较差的地区，政企合谋空间更大，企业更倾向于选择"关系导向"策略，这必然导致企业将更多资源用于固定资产投资。

企业拥有的资源是有限的，当固定资产投资占用的资源增多时，将在客观上挤占技术研发投资。Gaviria（2002）发现，在营商环境较差的地区，政府更加偏向于基础设施投资项目，而忽视对创新项目的推动，进而降低整体研发水平。同时，政商关系蕴含的替代性保护效用也增强了企业谋求政治资本以获得租金收益的动机，这将在一定程度上抑制企业的创新动力。Paunov（2016）还指出，在营商环境较差的地区，官员索贿行为增加了企业获取政府创新服务的成本，这将在客观上抑制企业创新意愿。而且糟糕的营商环境也削弱了知识产权保护等法律制度的约束质量，放大了企业创新风险，进而弱化了企业实施创新战略的积极性（Murphy，et al.，1993）。在此情形下，企业即使通过政治寻租活动获得了必要的资源，也更倾向于将其转移到非生产性领域，而不是开展技术研发活动（顾元媛，2011）。基于以上分析，本章提出假设4-1。

假设4-1：企业所在地区的营商环境质量越差，其固定资产投资越多，技术研发投资越少。

三 营商环境与企业投资取向：产权性质的调节作用

产权性质决定企业治理行为并影响企业的经营决策。国有企业政企同盟关系比较稳固,同时,资源禀赋在企业竞争策略选择中扮演"缓冲剂"的角色,表现为资源相对充足的国有企业更容易摆脱政商关系的束缚(周小宇等,2016)。相比之下,民营企业产权保护较为薄弱,处于市场竞争的弱势地位。政府干预和官员权力寻租行为使企业权益难以得到有效保障。比如,政府官员可能利用管制威胁或税收政策对企业进行敲诈索贿(McChesney,1987)。因此,在营商环境质量较差的地区,企业常常采取各种行动来防范政府对自身财产的窥视和侵占(Smith,2016)。

国有企业凭借超产权的政治血统,享有更多政治庇护;民营企业则只能通过政治献金、慈善捐赠、投资迎合等手段讨好政府官员,以培育良好的政商关系,进而给企业撑起保护伞。Li 等(2008)强调,政治关联对民营企业的意义重大,能够为企业带来资源效应和产权保护效应。Chen 等(2011)也发现,在寻租活动较频繁的地区,民营企业会更加积极主动地建立政治关联。因此,本章预测,在营商环境质量较差的地区,民营企业实施"关系导向"策略和迎合官员的动机更强,其投资取向也更倾向于固定资产投资。基于以上分析,本章提出假设4-2。

假设4-2:与国有企业相比,民营企业资本投资取向更容易受到地区营商环境的影响。

第三节 研究设计

一 计量模型

为了检验地区营商环境对企业资本投资取向的影响效应,本章构建模型如式(4-1)所示:

$$Invest = \beta_0 + \beta_1 Corrupt + \beta_2 Size + \beta_3 Age + \beta_4 Lev + \beta_5 ROA + \beta_6 Growth + \beta_7 Cap + \beta_8 Tq + \beta_9 CF + \beta_{10} Share + \beta_{11} Z + \beta_{12} GDP + \beta_{13} Open + \beta_{14} Exp + Year + Ind + \varepsilon \quad (4-1)$$

式(4-1)中因变量 $Invest$ 代表企业资本投资取向,主要通过两个变量反映:一是固定资产投资(Fix);二是技术研发投资($R\&D$)。自变量 $Corrupt$ 代表企业所在地区的营商环境,主要通过地区腐败程度进行衡量。其余为控制变量，包括企业特征变量和地区经济变量。此外，模型还控制了年度和行业效应。根据假设4-1，当采用 Fix 作为因变量时，自变量 Corrupt 回归系数 β_1 的符号预期为正；当采用 R&D 作为因变量时，自变量 Corrupt 回归系数 β_1 的符号预期为负。

第一，因变量：企业投资取向，包括固定资产投资（Fix）和技术研发投资（R&D）。其中，固定资产投资指企业用来购进固定资产、无形资产和其他长期资产而支付的现金（付文林和赵永辉，2014），采用固定资产投资占年初总资产比重衡量；技术研发投资采用企业研发费用占总资产的比重衡量。在稳健性检验中，本章也采用固定资产投资占年末总资产比重和研究费用占企业总营业收入比重衡量企业投资取向。从宏观效果来看，固定资产投资能够直接快速地刺激经济增长，技术研发投资有利于提升长期技术效率和经济质量，但很难快速地在短期内对GDP增长作出贡献（郝颖等，2014；De Long and Summers，1991）。因此，固定资产投资更容易在短期内推动经济增长，满足政府官员的GDP业绩和晋升需求。相对而言，研发投资更有利于积累内生能力，提升企业长期增长潜力。

第二，自变量：营商环境。本章通过地区腐败程度衡量营商环境质量。腐败行为具有隐蔽性，较难观测到真实的腐败数据。借鉴大多数学者的做法（Smith，2016），本章采用省级层面的人均职务犯罪立案数测度企业所在地区营商环境。其中，职务犯罪立案数指各省份检察院年度立案侦查的贪污贿赂、渎职侵权等案件数。此外，本章也采用省级层面的公职人员人均职务犯罪立案数和该地区腐败案件涉案金额占GDP的比重作为地区营商环境的替代变量并进行稳健性检验。

第三，调节变量：企业产权性质和民营企业政治关联。产权性质按照企业实际控制人类型划分，当实际控制人为国有企业时，State 取值为1，否则为0。政治关联按照企业董事长或总经理是否具有从政经历划分。若董事长或总经理为全国或地方政协委员、全国或地方人大代表、具有政府任职经历，则该企业被定义为政治关联企业，变量 Politics 取值为1，否则为0。

第四，控制变量。相关研究表明，资产规模越大、盈利能力越强和现金流越丰裕的企业，将拥有越多的资本开展投资活动；而债务杠杆越高的企业，迫于较大的还款压力和较强的债务人监督，企业会相应减少投资（朱德胜和周晓珮，2016；付文林和赵永辉，2014）。同时，企业预期市场价值越高、成长能力越强，将越有动机扩大投资（Tobin，1969；徐业坤等，2013）。此外，股权结构和管理者持股等公司治理因素也会影响企业投资行为（姜付秀等，2009）。在地区层面，当地的经济发展水平、进出口贸易规模和政府公共投资对企业投资策略存在重要影响（Criscuolo，2010；Wang and You，2012；陈浪南和杨子晖，2007；徐业坤等，2013）。因此，本章的控制变量包括企业规模（$Size$）、企业年龄（Age）、资产负债率（Lev）、盈利能力（ROA）、销售增长率（$Growth$）、资本密集度（Cap）、投资机会（TQ）、经营性现金流（CF）、管理层持股（$Share$）和股权集中度（Z）等企业特征变量，以及经济发展水平（GDP）、经济开放度（$Open$）、地区财政支出（Exp）等衡量地区经济发展现状的变量。具体变量定义如表 4-1 所示。

表 4-1　　　　　　　　　　具体变量定义

变量符号	变量名称	变量定义
Fix	固定资产投资	购建固定资产、无形资产和其他长期资产所支付的现金/年初总资产
$R\&D$	技术研发投资	研发费用/总资产
$Corrupt$	营商环境	通过地区腐败程度衡量，具体为各省省份年度职务犯罪立案数/公职人员人数（件/百人），当地区腐败值越小即腐败程度越低时，表明地区营商环境质量越好
$State$	产权性质	企业实际控制人为国有企业，则取值为 1，否则为 0
$Politics$	政治关联	企业具有政治关联，取值为 1，否则取 0
$Size$	企业规模	企业总资产的自然对数
Age	企业年龄	企业成立时间的自然对数
Lev	资产负债率	总负债/总资产
ROA	盈利能力	企业净资产收益率：净利润/总资产
$Growth$	销售增长率	企业销售增长率：（本年主营业务收入-上年主营业务收入）/上年主营业务收入
Cap	资本密集度	企业资本支出/企业员工数（百万元/人）
TQ	投资机会	（企业流通股市值+非流通股市值+总负债）/总资产，其中非流通股市值=未流通股份×每股净资产
CF	经营性现金流	（经营活动产生的现金流量净额/总资产）
$Share$	管理层持股	企业高管持股比例

续表

变量符号	变量名称	变量定义
Z	股权集中度	公司第一大股东与第二大股东持股比重的比值
GDP	经济发展水平	各省的GDP总量（单位：万亿元）
$Open$	经济开放度	各省进出口总额/各省GDP
Exp	地区财政支出	各省财政支出总额/各省GDP
$Year$	年度虚拟变量	若为某一年份，则取值为1，否则为0
Ind	行业虚拟变量	按证监会行业分类标准，以两位数代码进行分类，剔除金融业后共22个行业组

二 样本选取

本章选取2006—2013年沪深A股上市公司为初始观测样本。由于企业投资结构的特殊性，本章剔除了金融类、ST类上市公司样本；剔除了部分观测数据缺失的公司样本，最终得到7249个年度样本观测值。为了控制极端值对回归结果的影响，本章对固定资产投资、技术研发投资和企业特征变量中的连续变量按1%以下和99%以上分位数进行缩尾（Winsorize）处理。

地区腐败案件数来源于各省份人民检察院工作报告。其中，2009年及以前年度数据取自相关年份《中国检察年鉴》，2009年以后的数据来自各省份人民检察院官方网站所发布的人民检察院工作报告。需要指出的是，《中国检察年鉴》中部分省份的立案数存在缺失，对此本章通过相关地方法律年鉴和经济年鉴来进行补充。公职人员数据来自相关年份《中国统计年鉴》。地区被查处腐败官员的涉案金额来源于相关年份《中国审计年鉴》。用于衡量企业投资取向和其他企业特征控制变量的数据来自CSMAR数据库。企业实际控制人数据来源于Wind数据库；政治关联数据通过企业披露的高管个人简历搜集。地区宏观经济控制变量数据来自相关年份《中国统计年鉴》。

三 描述性统计

本章以省份为计量单元，将各地区样本区间内属地上市公司的平均固定资产投资和技术研发投资作为该地区的企业投资水平。图4-2反映了我国不同省份企业固定资产和技术资产投资水平以及地区营商环境水平的对比结果。研究发现，固定资产投资与技术研发投资两种不同投资取向之间总体上呈现此消彼长的变化趋势，即在企业固定资产投资较多的省份，企业技术研发投资则明显较少，两种企业投资取向之间具有一定的替代性。同时，从总体变化趋势来看，地区腐败程度与固定资产投资表现一致，与技术研发投资则相反。由此可见，在地区营商环境质量较差（腐败程度较高）的地区，企业固定资产投资的平均水平较高，技术研发投资的平均水平较低。

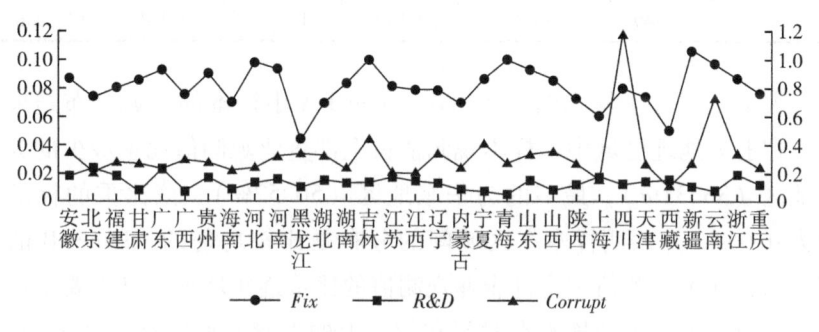

图 4-2　各省份企业投资与地区营商环境

表 4-2 报告了主要变量的描述性统计。样本公司中"固定资产投资"变量平均值为 0.082，"技术研发投资"变量平均值为 0.017，我国企业的技术研发投资明显低于固定资产投资。同时，"营商环境"变量最小值为 0.042，最大值为 6.377，标准差为 0.465，这表明不同地区的营商环境质量存在显著差异，这为检验营商环境对企业投资取向的影响效应提供了便利。

表 4-2　主要变量的描述性统计

变量	观测数（个）	平均值	标准差	最小值	中位数	最大值
Fix	7249	0.082	0.077	0.002	0.060	0.419
R&D	7249	0.017	0.017	0.0001	0.013	0.085
Corrupt	7249	0.309	0.465	0.042	0.237	6.377
Size	7249	21.729	1.194	19.650	21.546	25.627
Age	7249	2.590	0.336	1.609	2.639	3.332
Lev	7249	0.427	0.213	0.044	0.429	0.902
ROA	7249	0.044	0.052	−0.145	0.040	0.205

续表

变量	观测数（个）	平均值	标准差	最小值	中位数	最大值
Growth	7249	0.249	0.649	-0.605	0.103	4.237
Cap	7249	0.111	0.158	0.002	0.060	1.049
TQ	7249	1.961	1.536	0.195	1.550	8.614
CF	7249	0.042	0.071	-0.165	0.040	0.238
Share	7249	0.127	0.208	0	0.0003	0.701
Z	7249	13.174	23.813	1	4.284	150.236

表 4-3 描述了样本的分布情况。Panel A 中样本的区域分布结果显示，在七大地理区域中，样本观测值占全部企业观测值比重最少的为东北地区（36.31%），最多的为华东地区（50.52%），该比重的标准差仅为 0.054，这表明样本在区域间的分布是比较均匀的。Panel B 的结果显示，样本观测值占全部企业观测值的比重逐年增加，且主要集中在第二产业。为了避免样本在时间和行业上的差异对回归结果造成影响，在回归时控制了年度虚拟变量和行业虚拟变量。此外，在稳健性检验中对区域虚拟变量也进行了控制。

表 4-3 样本的分布情况

Panel A：样本的区域分布情况							
区域	华东地区	华北地区	华中地区	华南地区	西南地区	西北地区	东北地区
样本数量（个）	3181	978	700	1105	537	410	338
总数量（个）	6296	2122	1408	2501	1250	1074	931
比重（%）	50.52	46.09	49.72	44.18	42.96	38.18	36.31
比重平均值：43.99				比重标准差：0.054			

Panel B：样本产业年度分布情况									
年份	2006	2007	2008	2009	2010	2011	2012	2013	比重（%）
第一产业	2	1	3	4	12	18	27	29	37.80
第二产业	185	272	356	479	775	1081	1430	1524	53.59
第三产业	26	31	51	60	132	187	269	295	24.39
比例（%）	15.71	20.50	26.68	32.24	45.12	56.65	71.89	75.55	—

注：样本数量指样本中企业年度观测值数量；总数量指全部企业的企业年度观测值数量；比重指样本数量占总数量的比重。

第四节 实证结果及讨论

一 营商环境影响企业投资取向的回归结果

表4-4反映了计量模型的检验结果。其中，第（1）列和第（2）列采用固定资产投资作为因变量，第（3）列和第（4）列采用技术研发投资作为因变量。回归过程中，本章将企业特征与地区经济状况变量逐一引入模型。第（2）列结果显示，当因变量为"固定资产投资"（Fix）时，自变量"营商环境"的回归系数为0.836（t=3.41）；第（4）列显示当因变量为"技术研发投资"（$R\&D$）时，自变量"营商环境"的回归系数为-0.152（t=-3.34）。这表明，地区营商环境质量确实对微观层面企业投资取向产生了重要影响：企业所在地区的营商环境质量越差，其固定资产投资水平显著增加，而技术研发投资水平则显著降低。这一结果为假设4-1提供了支持性证据。

表4-4 地区营商环境与企业投资取向

变量	因变量=Fix		因变量=$R\&D$	
	（1）	（2）	（3）	（4）
$Constant$	23.210*** (11.04)	22.480*** (10.68)	2.039*** (4.17)	2.096*** (4.31)
$Corrupt$	0.381** (2.11)	0.836*** (3.41)	-0.102*** (-3.29)	-0.152*** (-3.34)
$Size$	-0.637*** (-7.19)	-0.598*** (-6.77)	-0.084*** (-3.82)	-0.084*** (-3.92)
Age	-1.644*** (-6.70)	-1.672*** (-6.80)	-0.280*** (-5.35)	-0.327*** (-6.27)
Lev	1.921*** (3.79)	1.966*** (3.89)	-0.401*** (-3.43)	-0.321*** (-2.79)
ROA	14.050*** (7.79)	13.860*** (7.67)	3.904*** (7.88)	3.725*** (7.65)

续表

变量	因变量=Fix		因变量=R&D	
	(1)	(2)	(3)	(4)
$Growth$	-0.207 (-1.11)	-0.178 (-0.95)	0.002 (0.07)	0.009 (0.37)
Cap	27.400*** (26.13)	27.380*** (26.21)	-0.661*** (-7.22)	-0.661*** (-7.27)
TQ	-0.080 (-1.27)	-0.051 (-0.80)	0.118*** (5.91)	0.125*** (6.35)
CF	4.869*** (3.96)	4.716*** (3.83)	1.054*** (3.70)	0.946*** (3.34)
$Share$	2.710*** (5.98)	2.589*** (5.62)	0.349*** (3.53)	0.176* (1.78)
Z	-0.017*** (-6.04)	-0.016*** (-5.69)	-0.002*** (-2.88)	-0.002** (-2.46)
GDP		0.214*** (3.68)		0.046*** (3.33)
$Open$		-0.164** (-2.33)		0.133*** (8.27)
Exp		-0.807 (-0.73)		-0.863*** (-4.22)
Year/Ind	控制	控制	控制	控制
$F(p)$	56.86 (<0.000)	51.46 (<0.000)	95.75 (<0.000)	93.93 (<0.000)
Ad_R^2	0.363	0.366	0.291	0.304
N	7249	7249	7249	7249

注：***、**、*分别表示在1%、5%、10%的显著性水平下显著，括号内为异方差调整后的 Robust t 值。

在控制变量中，企业规模越大、成立时间越长、股权集中度越高，固定资产和技术研发投资均越少；企业盈利能力越强、经营性现金流和管理层持股比重越高，固定资产投资和技术研发投资均越多；负债水平和资本密集度越高，企业固定资产投资越多，技术研发投资则越少。同时，投资机会的增大促进了技术研发投资。此外，企业所在地区的经济发展水平越高、经济开放度越大,企业技术研发投资越多,财政支出越高。

二 产权性质的调节效应检验

为检验地区营商环境对企业投资取向的影响效应是否因产权性质而有所不同,本章进一步根据企业产权性质将样本划分为"国有企业"($State=1$)和"民营企业"($State=0$),并对计量模型进行分组回归。在表4-5中,第(1)列的结果显示,在加入"产权性质"变量后,自变量"营商环境"对固定资产投资的回归系数为0.872(t=3.57),第(4)列结果显示,加入"产权性质"变量后,自变量"营商环境"对技术研发投资的回归系数为-0.153(t=-3.38),这一结果支持了假设4-1。

表4-5　　　　　　营商环境、产权性质与企业投资取向

变量	因变量=Fix			因变量=$R\&D$		
	(1) 全样本	(2) $State=1$	(3) $State=0$	(4) 全样本	(5) $State=1$	(6) $State=0$
Constant	21.34*** (10.09)	19.53*** (6.90)	18.13*** (5.60)	2.141*** (4.33)	4.451*** (7.68)	0.139 (0.16)
Corrupt	0.872*** (3.57)	0.098 (0.31)	1.072** (2.52)	-0.153*** (-3.38)	-0.026 (-0.40)	-0.267*** (-3.55)
State	-0.893*** (-4.99)			0.0354 (0.83)		
Size	-0.519*** (-5.78)	-0.511*** (-4.36)	-0.379*** (-2.75)	-0.088*** (-3.93)	-0.183*** (-7.19)	0.008 (0.21)
Age	-1.691*** (-6.88)	-1.844*** (-5.39)	-1.516*** (-4.36)	-0.326*** (-6.25)	-0.383*** (-5.09)	-0.290*** (-3.92)
Lev	2.081*** (4.11)	0.307 (0.46)	3.162*** (4.56)	-0.326*** (-2.83)	-0.304* (-1.78)	-0.486*** (-3.11)
ROA	13.48*** (7.46)	12.01*** (4.66)	14.48*** (5.86)	3.740*** (7.64)	4.233*** (6.44)	2.996*** (4.21)
Growth	-0.161 (-0.86)	0.283 (1.02)	-0.492** (-1.97)	0.009 (0.34)	-0.074** (-1.98)	0.068* (1.83)
Cap	27.26*** (26.15)	22.06*** (16.44)	33.27*** (21.38)	-0.656*** (-7.20)	-0.249** (-2.20)	-1.011*** (-6.96)

续表

变量	因变量=Fix			因变量=R&D		
	(1) 全样本	(2) State=1	(3) State=0	(4) 全样本	(5) State=1	(6) State=0
TQ	-0.046 (-0.72)	-0.338*** (-3.70)	0.154* (1.84)	0.125*** (6.33)	0.019 (0.67)	0.187*** (7.21)
CF	4.833*** (3.93)	5.401*** (3.33)	5.060*** (2.91)	0.941*** (3.32)	0.936** (2.12)	0.944** (2.52)
$Share$	1.964*** (4.05)	3.743 (1.36)	1.869*** (3.65)	0.200* (1.93)	3.483*** (2.95)	0.191* (1.70)
Z	-0.014*** (-4.88)	-0.011*** (-3.39)	-0.027*** (-4.79)	-0.002*** (-2.60)	-0.001* (-1.89)	-0.002* (-1.70)
GDP	0.183*** (3.15)	0.128 (1.36)	0.272*** (3.66)	0.047*** (3.42)	0.007 (0.32)	0.0621*** (3.52)
$Open$	-0.193*** (-2.72)	-0.605*** (-2.84)	-0.777*** (-3.11)	0.134*** (8.37)	0.071*** (3.53)	0.193*** (7.44)
Exp	-0.731 (-0.66)	0.630 (0.32)	-1.461 (-1.11)	-0.866*** (-4.24)	-0.892** (-2.56)	-1.146*** (-4.48)
Year/Ind	控制	控制	控制	控制	控制	控制
$F(p)$	50.61 (<0.000)	24.55 (<0.000)	28.69 (<0.000)	91.71 (<0.000)	32.24 (<0.000)	58.45 (<0.000)
Ad_R^2	0.368	0.381	0.380	0.304	0.287	0.284
N	7249	2986	4263	7249	2986	4263

注：***、**、*分别表示在1%、5%、10%的显著性水平下显著，括号内为异方差调整后的Robust t值。

更为重要的是，表4-5分组回归结果表明，在民营企业样本中，较差的营商环境质量显著刺激了企业固定资产投资（回归系数=1.072，t=2.52），同时显著抑制了企业技术研发投资（回归系数=-0.267，t=-3.55）；然而，上述回归系数在国有企业样本中却不再显著。这表明地区营商环境对企业投资取向的影响效应在不同产权性质企业中存在差异，相对于国有企业，营商环境对民营企业投资取向的影响强度更大。这支持了假设4-2。

三 政治关联的调节效应检验

前述研究表明,在营商环境质量较差的地区,民营企业比国有企业更加偏向于固定资产投资,以迎合政府官员的 GDP 业绩指标和晋升需求,从而建立良好的政商关系。按照这一逻辑,在营商环境质量较差的地区,与政治关联民营企业相比,无政治关联民营企业为了获得政府庇护,将更加偏好"关系导向"策略并更倾向固定资产投资。为此,我们将民营企业样本划分为"政治关联组"($Politics=1$)和"无政治关联组"($Politics=0$)。表 4-6 所示的分组回归表明:当因变量为"固定资产投资"时,自变量"营商环境"的回归系数仅在"无政治关联组"显著;同时,当因变量为"技术研发投资"时,自变量"营商环境"回归系数也仅在"无政治关联组"中的显著。由此可见,与政治关联民营企业相比,无政治关联民营企业的投资取向更容易受到地区营商环境的影响。

表 4-6　　营商环境、政治关联与民营企业投资取向

变量	因变量=Fix		因变量=$R\&D$	
	(1) $Politics=0$	(2) $Politics=1$	(3) $Politics=0$	(4) $Politics=1$
$Constant$	16.62*** (4.29)	23.54*** (4.23)	0.687 (0.81)	-1.078 (-0.75)
$Corrupt$	1.253** (2.23)	0.238 (0.41)	-0.354*** (-2.87)	-0.175 (-1.16)
$Size$	-0.277 (-1.62)	-0.710*** (-2.92)	-0.012 (-0.33)	0.050 (0.80)
Age	-1.764*** (-4.47)	-0.993* (-1.73)	-0.296*** (-3.43)	-0.248* (-1.68)
Lev	3.301*** (4.13)	3.980*** (3.39)	-0.452*** (-2.58)	-0.351 (-1.16)
ROA	12.76*** (4.07)	19.51*** (4.53)	3.188*** (4.64)	2.423** (2.18)
$Growth$	-0.324 (-1.54)	-0.891*** (-3.08)	0.094** (2.04)	0.011 (0.14)
Cap	32.39*** (36.00)	35.28*** (25.77)	-0.940*** (-4.76)	-1.072*** (-3.03)

续表

变量	因变量=Fix		因变量=R&D	
	(1) Politics=0	(2) Politics=1	(3) Politics=0	(4) Politics=1
TQ	0.199* (1.82)	-0.040 (-0.27)	0.183*** (7.62)	0.192*** (5.10)
CF	6.800*** (3.55)	0.956 (0.36)	0.676 (1.61)	1.721** (2.48)
$Share$	1.869*** (3.17)	1.319 (1.58)	0.195 (1.51)	0.170 (0.79)
Z	-0.030*** (-3.94)	-0.019 (-1.58)	-0.004** (-2.21)	0.002 (0.79)
GDP	0.317*** (3.42)	-0.099 (-0.75)	0.056*** (2.73)	0.071** (2.08)
$Open$	-0.193 (-1.46)	0.233 (1.55)	0.211*** (7.31)	0.133*** (3.43)
Exp	-2.856 (-1.58)	1.909 (0.73)	-1.207*** (-3.04)	-0.940 (-1.39)
$Year/Ind$	控制	控制	控制	控制
$F(p)$	42.62 (<0.000)	22.48 (<0.000)	35.19 (<0.000)	7.035 (<0.000)
Ad_R^2	0.369	0.423	0.325	0.171
N	3059	1204	3059	1204

注：***、**、*分别表示在1%、5%、10%的显著性水平下显著，括号内为异方差调整后的 Robust t 值。

四 营商环境优化与企业投资取向调整：DID 分析

前述研究表明，在营商环境质量较差的地区，企业倾向于加大固定资产投资，降低技术研发投资。改善营商环境有利于净化政商关系，压缩政企合谋空间。因此，营商环境优化将反向影响企业投资取向。为了验证这一理论预期，增强实证结论的可靠性，本章参照 Wu 和 Zhu (2011) 的方法，采用各省份审计人员数构造"营商环境优化"变量 (Anti-corrupt) 并对模型进行回归检验。表4-7 Panel A 显示，当因变量为"固定资产投资"时，自变量 Anti-corrupt 的回归系数为-1.168，且在1%的显著性水平下显著；当因变量为"技术研发投资"时，自变

量 *Anti-corrupt* 的回归系数为 0.189，且在 1% 的显著性水平下显著。这意味着随着地区营商环境的不断优化，企业固定资产投资显著下降，技术研发投资水平显著上升。这也从反向角度验证了地区营商环境与企业投资取向之间的关系。

表 4-7　　营商环境优化与企业投资取向

Panel A：地区营商环境优化与企业投资取向		
变量	因变量 = *Fix*	因变量 = *R&D*
Constant	27.14*** (9.89)	1.588*** (2.69)
Anti-corrupt	-1.168*** (-4.50)	0.189*** (3.39)
控制变量	限于篇幅，省略报告	
Year/Ind	控制	控制
F (p)	69.42 (<0.000)	51.38 (<0.000)
Ad_R^2	0.353	0.286
N	5401	5401
Panel B：营商环境优化与企业投资取向：DID 分析		
变量	因变量 = *Fix*	因变量 = *R&D*
Constant	0.207*** (11.86)	0.024*** (5.61)
Post	-0.023*** (-6.96)	0.007*** (7.80)
Corrupt	0.006** (2.48)	0.002*** (3.88)
Corrupt×Post	-0.006** (-2.55)	0.001* (1.78)
控制变量	限于篇幅，省略报告	
Year/Ind	控制	控制
F (p)	70.03 (<0.000)	133.4 (<0.000)
Ad_R^2	0.398	0.316
N	9595	9595

注：1. ***、**、*分别表示在 1%、5%、10% 的显著性水平下显著，括号内为 t 值；2. Panel A 中限于地区反腐败强度指标数据的可获取性。

反腐行动作为净化政商生态和政企关系的重要举措，对改善营商环境具有重要作用。2012年党的十八大后，我国启动了新一轮高强度反腐行动，也为本章提供了天然的外生政策冲击。据此，利用倍差法分析强力反腐行动对不同营商环境质量地区企业投资取向的影响是否存在差异。具体来讲，构建 Post 虚拟变量区分事件窗口。由于反腐政策在 2012 年年底施行，故将 2013—2015 年作为事件后窗口，Post 取值为 1，为保持样本的对称性，将 2010—2012 年作为事件前窗口，取值为 0。同时，以"营商环境"均值作为分组依据，若数值高于均值，则定义为低营商环境质量地区（Corrupt=1），否则定义为高营商环境质量地区（Corrupt=0）。表 4-7 Panel B 的结果显示，当因变量为"固定资产投资"时，核心变量交互项 Corrupt×Post 的系数为负，显著性水平为 5%；当因变量为"技术研发投资"时，核心变量交互项 Corrupt×Post 的系数为正，显著性水平为 10%。这表明与营商环境质量较好的地区相比，营商环境质量较差地区在反腐政策施行后企业投资取向受到的影响更大，该地区企业固定资产投资（技术研发投资）减少（增加）的程度更明显。由此可见，营商环境优化确实对矫正企业投资取向扭曲发挥了积极作用。

五　营商环境优化与企业创新投资

为了更好地说明营商环境优化对企业投资取向的积极效果，本章使用反腐强度衡量地区营商环境优化程度，更为细致地考察营商环境优化对企业创新投资的激励作用并构建模型进行实证检验：

$$R\&D_{it} = \alpha_0 + \alpha_1 Anticor_{it} + \sum Control_{it} + Industry + Year + \varepsilon_{it} \quad (4-2)$$

第一，被解释变量：企业创新投资，本章使用两种方式进行度量，一是 $R\&D_1$，等于研发支出除以营业收入；二是 $R\&D_2$，等于研发支出除以总资产（为便于系数估计，对二者乘以 1000 进行处理）。第二，被解释变量：营商环境。借鉴 Xu 和 Yano（2016）的研究，本章使用每年出现倡导反腐或谴责腐败的省级党报文章数量度量当地政府反腐倡廉工作的努力程度（$Anticor_1$）。党报的主要功能在于宣传党的纲领、方针和政策，形成舆论导向，且由省内各级政府机构认购。党报的主要作用是传递党和政府的声音，在省委官方报纸上大力倡导反腐倡廉，体现了省委领导的坚定决心。因此，本章认为该指标可以有效度量省级政府优化营商环境工作的努力程度。具体来讲，使用"读秀"数据库，搜索标题中含有"反腐""腐败""党风廉政"等关键词的相关报刊文章，通过阅读所识别的文章判断是否满足指标需求。

各级政府除了通过新闻媒体宣传反腐倡廉、优化营商环境工作，还设立了审计监督机构对腐败犯罪进行监督。在这种监督体制下，公共权力滥用和腐败犯罪受到审计机关的严格监督，且审计监督在优化营商环境过程中发挥着重要作用。因此，借鉴 Wu 和 Zhu（2011）的研究，本章进一步使用各省份审计人员数量作为当地政府优化营商环境工作努力程度的第二种度量指标（$Anticor_2$）。其中，各省份审计人员数量源于相关年份《中国审计年鉴》。根据以往研究，本章控制了企业规模（$Size$）、投资机会（TQ）、资产负债率（Lev）、盈利能力（ROA）、企业年龄（Age）、两职合一（$Dual$）、管理层持股（$Manshr$）以及 Z-Value 和年度行业效应。

表 4-8 报告了营商环境优化与企业创新投资的回归结果。在第（1）列和第（2）列中，$Anticor_1$ 和 $Anticor_2$ 对 $R\&D_1$ 的回归系数分别为 0.086 和 7.852，且均在 1% 的显著性水平下显著。在第（3）列和第（4）列中，$Anticor_1$ 和 $Anticor_2$ 对 $R\&D_2$ 的回归系数分别为 0.030 和 2.790，也均在 1% 的显著性水平下显著。以上结果表明，政府改善地区营商环境的努力程度越高，企业创新投资水平越高。

表 4-8　　营商环境优化与企业创新投资的回归结果

变量	因变量=$R\&D_1$		因变量=$R\&D_2$	
	(1)	(2)	(3)	(4)
$Constant$	48.530*** (14.701)	-14.530** (-2.460)	18.042*** (10.694)	-7.051** (-2.260)
$Anticor_1$	0.086*** (7.956)		0.030*** (5.361)	
$Anticor_2$		7.852*** (9.331)		2.790*** (6.283)
$State$	1.450** (2.088)	2.638** (2.344)	0.591* (1.667)	1.144* (1.882)
$Size$	-0.971*** (-3.479)	-1.148*** (-3.79)	-0.641*** (-4.490)	-0.792*** (-5.024)
Age	-5.689*** (-12.591)	-5.864*** (-11.77)	-3.294*** (-14.264)	-3.463*** (-13.161)

续表

变量	因变量=$R\&D_1$		因变量=$R\&D_2$	
	(1)	(2)	(3)	(4)
Lev	-26.207*** (-10.618)	-22.960*** (-8.31)	-1.054 (-0.836)	0.030 (0.028)
ROA	5.042 (0.849)	16.048** (2.42)	28.770*** (9.480)	31.402*** (8.980)
$Revenue$	-11.498*** (-16.992)	-10.421*** (-13.96)	4.320*** (12.492)	4.281*** (10.863)
TQ	1.404 (0.602)	2.070 (0.78)	-6.867*** (-5.767)	-6.794*** (-4.870)
$Dual$	1.447* (1.951)	1.960** (2.35)	0.938** (2.475)	1.121** (2.546)
$Share$	17.262*** (5.969)	13.220*** (3.91)	7.489*** (5.068)	6.160*** (3.453)
$Z\text{-}Value$	-0.041*** (-3.388)	-0.040*** (-3.1)	-0.018*** (-2.981)	-0.024*** (-2.728)
$Year/Ind$	控制	控制	控制	控制
$F\text{-}values$	182.964***	133.24***	132.828***	94.405***
Adjusted R^2	0.433	0.421	0.356	0.340
$Observations$	5462	5462	5462	5462

注：***、**、*分别表示1%、5%、10%的显著性水平下显著，括号内为t值。

六 稳健性检验

（一）内生性问题处理

内生性是本章实证检验面临的重要挑战。比如，可能存在某些遗漏变量共同影响地区营商环境和企业投资取向。为了弱化潜在内生性问题的影响，本章选取各省份的行政事业性收费收入（Fee）和罚没收入（$Fine$）作为地区营商环境的工具变量，并对模型进行两阶段最小二乘回归（2SLS）。徐业坤和李维安（2016）指出，在缺乏有效监督的情况下，地方政府拥有的行政事业性收费收入和罚没收入的征收权为腐败提供了机会，而行政性费用，特别是罚没收入对企业投资的影响相对较弱。具体而言，分别采用各地区行政事业性收费收入和罚没收入占本地GDP总量的比重进行衡量。如表4-9所示，一阶回归中自变量行政事业性收费收入（Fee）和罚没收入（Fine）的回归系数显著且为正值，这表明行政事业性收费收入越多和罚没收入越多的地区，地区营商环境质量越低。二阶回归中自变量 Corrupt 对固定资产投资的回归系数显著且为正值，对研发技术投资的回归系数则显著且为负值。这表明在考虑内生性问题后，实证结论依然成立。

表 4-9　　营商环境与企业投资取向：2SLS 回归结果

变量	一阶回归	二阶回归	
	因变量 = Corrupt	因变量 = Fix	因变量 = R&D
Constant	-1.045*** (-9.40)	22.40*** (12.13)	3.121*** (6.60)
Corrupt		1.538*** (3.17)	-0.293*** (-2.75)
Fee	2.850*** (14.39)		
Fine	17.297*** (26.49)		
Size	-0.013*** (-3.00)	-0.499*** (-6.12)	-0.078*** (-3.56)
Age	0.016 (1.64)	-1.955*** (-8.35)	-0.128** (-2.42)
Lev	-0.008 (-0.37)	0.540 (1.12)	-0.809*** (-6.81)
ROA	-0.003 (-0.04)	14.420*** (8.07)	2.803*** (5.61)
Growth	0.001 (0.09)	-0.289* (-1.65)	0.075** (2.47)
Cap	0.009 (0.58)	26.210*** (25.20)	-1.125*** (-12.86)
TQ	-0.007** (-2.33)	-0.034 (-0.59)	0.094*** (5.14)
CF	-0.007 (-0.13)	4.877*** (4.04)	0.641** (2.21)
Share	-0.004 (-0.25)	2.815*** (6.32)	0.848*** (8.36)

续表

变量	一阶回归	二阶回归	
	因变量=$Corrupt$	因变量=Fix	因变量=$R\&D$
Z	0.0001 (0.30)	-0.016*** (-5.93)	-0.004*** (-5.16)
GDP	0.075*** (20.58)	-0.308*** (-8.70)	0.133*** (13.88)
$Open$	0.158*** (18.75)	-0.197** (-2.52)	0.054*** (2.89)
Exp	2.581*** (13.54)	-5.464*** (-3.98)	0.266 (0.92)
$Year/Ind$	控制	控制	控制
F (p)	54.97 (0.000)	104.8 (<0.000)	107.8 (<0.000)
Ad_R^2	0.673	0.338	0.166
N	7249	7249	7249

注：＊＊＊、＊＊、＊分别表示在1%、5%、10%的显著性水平下显著，括号内为经异方差调整后的Robust t值或z值。

（二）政府换届的潜在影响

在经济转型时期的中国，政府官员行为和官员治理模式对企业发展产生了重要影响。作为一种重要的官员治理方式，政府官员换届对企业投资活动的影响不容忽视。一方面，政府换届造成了政策的不确定，企业可能会采取观望策略，放缓投资；另一方面，面临政府换届时企业也可能通过加大投资直接支持政府政策，以达到建立良好政企关系的目的。为了排除政府换届对本章结论的干扰，我们以非换届年度样本进行回归检验。具体而言，将政府换届分为中央政府换届和地方政府换届，分别对换届年份的样本进行剔除后回归，结果如表4-10第（1）列和第（2）列所示。此外，还以地方官员的实际变更衡量官员换届，若当年某地区省长或省委书记发生变化，则定义为有官员换届，并将此类样本剔除后进行回归，结果如表4-10第（3）列所示。以上结果均表明，在考虑了政府换届的影响后，地区营商环境恶化依然刺激了企业固定资产投资，抑制了技术研发投资。

表 4-10　地区营商环境与企业投资取向：政府换届的潜在影响

变量	（1）地方政府换届		（2）中央政府换届		（3）地方官员变更	
	Fix	*R&D*	*Fix*	*R&D*	*Fix*	*R&D*
$Constant$	21.980*** (8.95)	2.638*** (4.87)	21.960*** (8.47)	2.243*** (4.03)	20.970*** (8.55)	1.997*** (3.42)
$Corrupt$	0.977*** (3.22)	−0.124* (−1.85)	0.986*** (3.25)	−0.107* (−1.93)	1.196*** (3.47)	−0.123* (−1.75)
$Size$	−0.575*** (−5.46)	−0.108*** (−4.65)	−0.541*** (−4.87)	−0.091*** (−3.83)	−0.562*** (−5.56)	−0.089*** (−3.47)
Age	−1.710*** (−5.93)	−0.345*** (−5.42)	−1.821*** (−6.03)	−0.357*** (−5.50)	−1.567*** (−5.49)	−0.265*** (−4.47)
Lev	1.450** (2.51)	−0.157 (−1.23)	1.718*** (2.83)	−0.328** (−2.51)	1.979*** (3.43)	−0.271** (−1.99)
ROA	13.130*** (5.94)	3.987*** (8.17)	12.09*** (5.12)	3.860*** (7.60)	13.34*** (6.64)	3.749*** (6.54)
$Growth$	−0.188 (−1.35)	−0.034 (−1.10)	−0.252* (−1.69)	0.013 (0.40)	−0.128 (−0.60)	0.025 (0.83)
Cap	26.690*** (44.71)	−0.537*** (−4.08)	26.79*** (43.93)	−0.656*** (−5.01)	27.210*** (23.98)	−0.613*** (−5.92)
TQ	−0.103 (−1.31)	0.134*** (7.74)	−0.021 (−0.24)	0.111*** (6.09)	−0.036 (−0.48)	0.125*** (5.41)
CF	5.292*** (3.80)	0.983*** (3.20)	4.257*** (2.91)	0.772** (2.46)	4.989*** (3.60)	0.890*** (2.76)
$Share$	2.890*** (5.70)	0.269** (2.40)	3.182*** (5.92)	0.145 (1.26)	2.545*** (4.76)	0.266** (2.28)
Z	−0.016*** (−4.35)	−0.002** (−1.99)	−0.018*** (−4.44)	−0.001* (−1.71)	−0.019*** (−6.51)	−0.002** (−2.53)
GDP	0.221*** (3.08)	0.038** (2.39)	0.302*** (3.81)	0.051*** (2.98)	0.269*** (3.80)	0.0327* (1.95)
$Open$	−0.124 (−1.56)	0.137*** (7.82)	−0.236*** (−2.84)	0.116*** (6.52)	−0.261*** (−3.32)	0.131*** (6.82)
Exp	−1.165 (−0.83)	−0.958*** (−3.08)	−0.698 (−0.49)	−0.904*** (−2.93)	−0.356 (−0.25)	−0.920*** (−3.63)
Year/Ind	控制	控制	控制	控制	控制	控制
$F\ (p)$	68.17 (<0.000)	56.97 (<0.000)	64.67 (<0.000)	48.75 (<0.000)	41.64 (<0.000)	71.43 (<0.000)

续表

变量	（1）地方政府换届		（2）中央政府换届		（3）地方官员变更	
	Fix	*R&D*	*Fix*	*R&D*	*Fix*	*R&D*
Ad_R^2	0.351	0.311	0.349	0.287	0.375	0.305
N	5219	5219	4991	4991	5364	5364

注：***、**、*分别表示在1%、5%、10%的显著性水平下显著，括号内为经异方差调整后的Robust t值。

（三）宏观经济环境的影响

地区营商环境质量受到经济环境的影响，而经济环境也可能同时影响企业资本投资取向。为此，本章根据经济政策不确定性指数（PUI）的年度平均值将样本进行分组并开展分组回归检验。表4-11 Panel A中的结果显示，无论经济环境如何，地区营商环境恶化都显著增加了企业固定资产投资，抑制了企业研发投资。同时，Chow检验结果还表明，自变量"营商环境"（Corrupt）的回归系数在组间并无显著性差异。这意味着在考虑经济环境的影响后，结论依然成立。

表4-11　营商环境与企业投资取向：排除宏观经济环境的影响

	Panel A：基于经济环境的分组回归			
变量	因变量=*Fix*		因变量=*R&D*	
	PUI=1	*PUI*=0	*PUI*=1	*PUI*=0
Constant	28.260*** (9.16)	18.620*** (6.83)	2.746*** (4.02)	2.075*** (3.25)
Corrupt	0.926** (2.28)	0.714** (2.36)	-0.222** (-2.46)	-0.127* (-1.79)
Chi^2 (p)	0.16 (0.69)		1.06 (0.30)	
控制变量	限于篇幅，省略未报告			
Year/Ind	控制	控制	控制	控制
F (p)	55.85 (<0.000)	47.67 (<0.000)	35.93 (<0.000)	44.56 (<0.000)
Ad_R^2	0.385	0.333	0.285	0.318
N	3422	3827	3422	3827

续表

	Panel B："四万亿计划"政策干扰的检验			
变量	政策期间：2009—2010 年		政策期间：2009—2011 年	
	因变量=Fix	因变量=R&D	因变量=Fix	因变量=R&D
Constant	24.770*** (10.91)	1.615*** (2.96)	23.670*** (9.59)	1.282** (2.08)
Corrupt	0.691** (2.45)	−0.213*** (−4.30)	0.525* (1.87)	−0.220*** (−4.22)
控制变量	限于篇幅，省略未报告			
Year/Ind	控制	控制	控制	控制
$F(p)$	49.95（<0.000）	83.60（<0.000）	41.28（<0.000）	68.30（<0.000）
Ad_R^2	0.398	0.311	0.408	0.319
N	5787	5787	4501	4501

注：***、**、*分别表示在1%、5%、10%的显著性水平下显著，括号内为经异方差调整后的 Robust t 值。

2008年国际金融危机爆发后，我国政府制定并实施了"四万亿计划"政策，直接影响了地方和企业的投资水平与取向。为了排除这一政策对实证结果造成的影响，本章将"四万亿计划"政策期间的样本删除，再进行回归检验。具体而言，"四万亿计划"政策开始于2008年年底，终止于2010年。因此，将2009—2010年作为政策实施年予以删除。同时，考虑到"四万亿计划"政策对企业投资的影响可能存在时滞效应，本章也将2009—2011年作为政策实施年予以删除。表4-11 Panel B 的结果显示，在剔除了"四万亿计划"政策期间样本数据后，结论依然成立。

（四）地区经济差异的潜在影响

在前文的回归结果中，我们已加入了经济发展水平（GDP）、经济开放度（Open）和地区财政支出（Exp）等重要的省级层面变量，以控制不同省份经济发展、进出口贸易和政府支出差异对企业投资决策的影响。为了进一步排除地区因素对回归结果的干扰，本章还进行了以下稳健性测试：一是在回归检验时，对模型按省份—时间进行聚类，以进一步控制省级层面的误差相关性，使结果更为稳健；二是根据我国地理行政区域划分设置虚拟变量 Area，以控制地理位置和区域文化差异等因素可能带来的影响。表4-12 的结果表明，在考虑了地区经济因素后，研究假设仍然成立。

表 4-12　　排除地区经济差异的影响

变量	Panel A：按省份—时间聚类					
	因变量=Fix			因变量=R&D		
	(1) 全样本	(2) State=1	(3) State=0	(4) 全样本	(5) State=1	(6) State=0
Constant	22.28*** (9.96)	19.53*** (6.81)	18.13*** (5.84)	2.096*** (4.30)	4.451*** (7.70)	0.139 (0.19)
Corrupt	0.582** (2.11)	0.098 (0.28)	1.072*** (3.93)	-0.152*** (-3.15)	-0.026 (-0.42)	-0.267*** (-2.73)
控制变量	限于篇幅，省略报告					
Year/Ind	Yes	Yes	Yes	Yes	Yes	Yes
$F(p)$	91.39 (<0.000)	24.81 (<0.000)	48.94 (<0.000)	108.5 (<0.000)	69.85 (<0.000)	137.3 (<0.000)
Ad_R^2	0.367	0.381	0.380	0.304	0.287	0.284
N	7249	2986	4263	7249	2986	4263
	Panel B：控制区域虚拟变量					
变量	因变量=Fix			因变量=R&D		
	Ⅰ 全样本	Ⅱ State=1	Ⅲ State=0	Ⅳ 全样本	Ⅴ State=1	Ⅵ State=0
Constant	21.850*** (10.04)	19.660*** (6.87)	16.930*** (5.12)	1.979*** (3.99)	4.306*** (7.26)	0.084 (0.10)
Corrupt	0.797*** (3.59)	0.291 (0.95)	1.351*** (3.22)	-0.118** (-2.50)	-0.074 (-1.10)	-0.166** (-2.12)
控制变量	限于篇幅，省略报告					
Year/Ind/Area	Yes	Yes	Yes	Yes	Yes	Yes
$F(p)$	45.24 (<0.000)	21.75 (<0.000)	27.03 (<0.000)	84.43 (<0.000)	29.00 (<0.000)	49.50 (<0.000)
Ad_R^2	0.369	0.383	0.382	0.306	0.293	0.293
N	7249	2986	4263	7249	2986	4263

注：***、**分别表示在1%、5%的显著性水平下显著。Panel A 括号内为按省份和时间进行 Cluster 并经过异方差调整后的 Robust t 值，Panel B 括号内为经过异方差调整后的 Robust t 值。

（五）模型设定的稳健性检验

前述检验均采用线性模型进行 OLS 回归，为排除模型设定误差对结果造成的影响，本章分别使用静态面板数据模型和动态面板数据模型进行稳健性检验。第一，采用固定效应模型进行检验。为防止地区营商

第四章 地区营商环境与企业投资取向：固定资产和 R&D 投资

环境数据在数值上的变异较小而影响回归结果，使用 Plümper 和 Troeger（2007）提出的固定效应向量分解（Fixed Effect Vector Decomposition，FEVD）方法对模型进行回归。该方法分为三个步骤：首先，去掉模型中随时间改变较小的变量，对模型进行固定效应回归并提取个体固定效应值；其次，将提取到的固定效应值分解为不随时间改变部分和残差项部分并提取残差项；最后，将随时间改变较小的变量和第二步提取的残差项同时加入第一步的模型中进行回归。此时，得到的回归结果为固定效应向量分解方法的估计值。Plümper 和 Troeger（2007）利用蒙特卡诺（Montecarlo）方法验证了固定效应向量分解法（FEVD）在固定效应面板模型回归中的优越性。第二，设定动态面板数据模型进行差分 GMM 检验。具体而言，将因变量（企业投资取向）滞后一期作为控制变量纳入模型并进行回归。表 4-13 的结果显示，在改变模型设定后，实证结论依然成立。

表 4-13　　　　　　　　　模型设定的稳健性检验

变量	(1) 固定效应模型		(2) 动态面板模型	
	因变量=Fix	因变量=$R\&D$	因变量=Fix	因变量=$R\&D$
$Constant$	-15.560*** (-11.20)	5.546*** (22.78)	-75.370*** (-4.36)	16.730*** (6.05)
$Corrupt$	0.411*** (2.63)	-0.095*** (-3.33)	0.404** (2.38)	-0.120*** (-3.24)
$L.y$			0.307*** (10.81)	0.356*** (8.28)
控制变量	限于篇幅，省略报告			
$Year/Ind$	控制	控制	控制	控制
$F(p)$	438.2 (<0.000)	702.0 (<0.000)	—	—
Ad_R^2	0.731	0.813	—	—
$Wald\ Chi^2(p)$	—	—	747.83 (<0.000)	532.93 (<0.000)
N	7249	7249	3234	3234

注：1. ***、**分别表示在1%、5%、10%的显著性水平下显著，括号内为t值；2. $L.y$ 表示相应模型中的滞后一期因变量。

(六) 其他稳健性检验

为避免行业特性对实证结果的影响,本章仅以制造业企业为样本进行回归检验。表4-14 Panel A 所示的结果表明,在删除其他行业观测值后,地区营商环境恶化显著刺激了企业固定资产投资,抑制了企业研发投资。此外,2012年党的十八大后我国启动了高强度反腐行动。为避免这一特殊事件冲击导致的结果偏差,本章删除了2013年的年度观测值,对模型重新回归。可以发现,研究结论并未发生实质改变。此外,本章也分别采用企业投资取向和地区营商环境的其他替代测度变量进行回归检验,表4-14 Panel B 的结果显示,结论仍然是稳健的。

表 4-14　　　　　　　　　　其他稳健性检验

	Panel A:改变样本后的稳健性检验			
	制造业样本		剔除2013年观测值	
	因变量=Fix	因变量=$R\&D$	因变量=Fix	因变量=$R\&D$
$Constant$	18.910*** (8.59)	1.809*** (3.28)	22.180*** (8.90)	2.394*** (4.47)
$Corrupt$	0.563** (2.26)	-0.186*** (-3.95)	0.839*** (3.08)	-0.126** (-2.15)
控制变量	限于篇幅,省略未报告			
$F(p)$	52.57 (<0.000)	82.84 (<0.000)	69.04 (<0.000)	51.16 (<0.000)
Ad_R^2	0.402	0.209	0.351	0.285
N	5603	5603	5401	5401

	Panel B:替代测度指标的稳健性检验					
	$Corrupt_1$		$Corrupt_2$		Fix_1	$R\&D_1$
	Fix	$R\&D$	Fix	$R\&D$		
$Constant$	21.900*** (10.44)	2.222*** (4.58)	22.090*** (8.86)	2.374*** (4.43)	21.570*** (14.88)	2.777*** (3.03)
$Corrupt$	1.830*** (3.88)	-0.423*** (-4.89)	10.960** (2.14)	-4.127*** (-3.74)	0.720*** (4.54)	-0.156* (-1.77)
控制变量	限于篇幅,省略未报告					
$F(p)$	52.79 (<0.000)	94.35 (<0.000)	68.86 (<0.000)	51.46 (<0.000)	76.74 (<0.000)	80.94 (<0.000)
Ad_R^2	0.366	0.305	0.351	0.287	0.412	0.404
N	7249	7249	5401	5401	7249	7249

注:***、**、*分别表示在1%、5%、10%的显著性水平下显著,括号内为异方差调整后的Robust t值。

第五节 本章小结

政商生态环境是影响企业竞争策略和资本投资取向的重要因素。本章将宏观制度环境与微观企业决策有机结合，考察地区营商环境对企业资本投资取向的影响效应及传导路径。基于中国 A 股上市公司 2006—2013 年数据的实证研究表明，在营商环境质量较差的地区，企业更倾向于选择注重政商关系构建的"关系导向"策略，而忽视培育企业内生增长能力的"创新驱动"策略。受到政企合谋及迎合官员 GDP 业绩的双重驱动，上述竞争策略差异最终在企业资本投资取向中予以体现。具体来讲，在营商环境质量较差的地区，企业固定资产投资显著越多，技术研发投资则显著越少。进一步检验还表明，相较于国有企业，地区营商环境恶化对民营企业资本投资取向的扭曲效应更加明显；而且相较于政治关联民营企业，无政治关联民营企业的投资取向更容易受到地区营商环境恶化的干扰。

本章研究表明，受到政企合谋和企业迎合官员动机的驱动，地区营商环境恶化刺激了固定资产投资，抑制了技术研发投资，损害了企业创新效率。这既从微观企业层面拓展了对营商环境经济后果的理论认知，也为当前我国"转方式、调结构"背景下"大力优化营商环境紧迫性"提供了有力的微观证据支持。另外，优化营商环境、净化政商关系有利于激发企业的创新投资动力，缓解企业投资取向扭曲，进而加快企业转型升级，为提升我国经济增长质量提供微观动力。

第五章 地区营商环境、现金持有与企业资产配置

第一节 引言

政府（官员）对企业资源的窥视和攫取行为在世界各国都普遍存在。比如，政府官员常常通过管制威胁或税收政策等手段攫取企业利益（McChesney，1987），亦可能借由生产许可、出口配额、政府合约等途径开展权力寻租。世界银行调查报告显示，全球约20%的企业经历过至少一次政府官员的索贿要求。微观企业行为是对宏观制度环境的反应。为防范政府官员对企业资源的窥视和侵占，企业管理者有动机采取各种行动进行资产藏匿。有研究表明，当企业面临政府官员权力寻租风险越大时，越倾向于采取模糊的信息披露策略，以隐藏和保护企业资产（Durnev and Fauver，2011），甚至实施NPV为负值的投资项目（Stulz，2005）。Caprio等（2013）指出，企业经营者常采取结构化资产配置策略来应对政治攫取（Political Extraction）与掏空风险。他们基于全球109个国家中30000多家样本公司的实证研究发现，当企业面临的政治攫取风险越高时，企业持有的流动性资产显著减少，厂房、机器设备、存货等固定资产则显著增多。

与西方发达国家不同，中国新兴市场呈现典型的"弱制度情境"特征（Allen，2005）。弱产权保护导致政府官员的自由裁量权和权力寻租空间更大，进而引发严重的腐败问题，致使地区营商环境恶化。与此同时，虽然我国市场化进程取得了较大的发展，但各级政府依然保持对微观企业活动的频繁干预（Fan，et al.，2011），特别是地方政府官员面对GDP目标和政治晋升压力，具有强烈的动机通过行政

征费、审批、摊派或生产许可等方式攫取辖区内的企业资源，以帮助实现经济发展或社会稳定的治理目标，如解决社会负担、改善就业状况、提升基础设施等（陈德球等，2014）。政府干预和腐败导致地区营商环境恶化，削弱了市场机制的有效性（Djankov et al.，2003），扩大了政府（官员）对企业资源实施政治攫取的空间。有学者强调，官僚腐败导致企业面临更严重的政治攫取威胁，这增强了企业藏匿流动性资产的倾向（Smith，2016）。众所周知，现金是流动性最强和最便于被政府攫取的企业资产。那么，地区腐败环境是否对企业现金持有决策产生影响并加剧了现金藏匿行为？其传导机理是什么？

除了现金资产藏匿，企业还可能采取多种其他途径防范腐败官员的政治攫取。比如，企业经营者热衷于通过多种途径与政府（官员）建立政治关联，以寻求政府庇护或取得政治攫取豁免权，进而减少政府官员对企业资产的窥视和侵占。Allen 等（2005）指出，民营企业因缺乏天然的产权保护面临着较国有企业更冷酷的政府盘剥。但是也有研究表明，当面临财政压力或公共资源匮乏时，政府更倾向于对同根同源的"红色"企业转嫁压力，通过行政指令让他们承担一定的社会责任（林毅夫和李志赟，2004）。那么，腐败环境下的政治攫取行为是否呈现"亲疏有别"的选择性偏好？企业拥有的政治资源到底是缓解政治攫取的"护身符"，还是加剧政治攫取的"揽责牌"？

基于上述背景，本章试图从政治攫取视角考察地区营商环境对企业现金持有与资产配置策略的影响效应和传导机理，并进一步探究企业政治资源对二者之间关系的调节作用。需要强调的是，迄今鲜有研究考察中国制度情境下企业管理者如何采取行动保护企业资产免受腐败官员的政治攫取。本章既能够从微观企业层面拓展对营商环境经济后果的理论认知，也将丰富政企关系影响企业决策的研究范畴；同时，它也将从制度层面深化对"弱制度"情境下我国企业现金持有决策特殊逻辑的理解，对公司现金持有和资产配置领域的相关文献作出贡献。

第二节 制度背景与理论假设

一 中国企业高现金持有之谜

现金持有决策是现代企业的一项重要战略决策，对资产配置、资本成本和新增项目投资能力等产生重要影响（Dittmar and Mahrt-Smith，2007；陈德球等，2011）。一个有趣的现象是，近20年无论发达国家还是新兴市场，企业现金储备均呈现快速增长趋势，这也引起财经媒体、投资者和学界的共同关注。以中国A股上市公司为例，现金占企业总资产比重已由1990年的约6.5%上升到2021年的约19.2%（见图5-1）。《金融时报》也在当年报道中指出："FTSE 100公司的现金储备，已由2008年的122亿美元急剧增加到2013年的739亿美元。但由于巨额现金储备的回报率较低，因此这并不受投资者欢迎。"

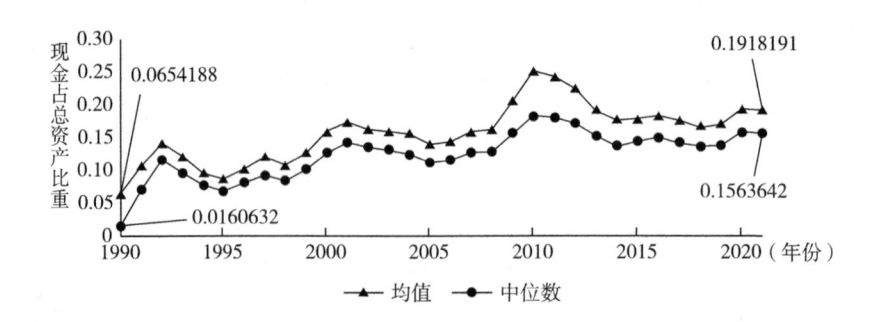

图5-1　1990—2021年上市公司现金持有变化趋势

以往文献分别从交易动机、预防性动机和代理动机等视角考察公司现金持有的决定因素，并沿袭上述理论逻辑分别检验企业特征、公司治理、产品市场竞争、货币政策与融资约束、制度环境与产权保护等因素对公司现金持有水平的影响效应，产生了许多有价值的成果。遗憾的是，这些研究都忽视了企业现金政策实际决策和执行者的个体特质及决策偏好可能造成的影响，这也导致我们很难解释"为何现实中制度情境和企业特征大致相似的公司，现金持有水平却呈现出巨大的差异？"

二 营商环境与企业现金持有：资产藏匿假说

政治攫取理论认为，政府（确切地说，是政府官员）对企业资源的窥视和攫取行为在各国都普遍存在，且在新兴市场国家表现得尤为突出（Shleifer and Vishny，1998；Caprio，et al.，2013）。比如，政府官员常常通过管制威胁或税收政策等手段攫取企业利益（McChesney，1987），或刻意延缓行政审批程序以迫使企业行贿，亦可能借由生产许可、出口配额、政府合约等经营许可进行权力寻租，甚至直接采取简单粗暴的方式对企业或整个行业资产实施国有化。① 世界银行调查报告显示，全球约20%的企业经历过至少一次政府官员的索贿要求。②

社会经济转型过程中的中国呈现典型的"弱制度"特征，市场机制尚不完备，法律监管效率较低，且政府干预普遍存在（Allen，2005；Fan，et al.，2011）。政府通过税收、监管与政府所有权影响和控制企业从劳动力、土地、能源、基础设施、矿产和融资等各项投入到产出的诸多方面，使政府官员实施政治攫取的空间更大。特别是在现行"政治锦标赛"模式下，我国地方官员面临GDP业绩增长和个人政治晋升的双重压力。这种制度安排既充分调动了地方官员发展经济的积极性，也在很大程度上刺激了政府对企业的"掏空威胁"（Frye and Shleifer，1997），使地方官员有强烈动机通过税收、资源分配、行政审批、摊派或罚没等方式攫取企业资源，以帮助自己解决社会负担、改善就业等公共治理目标，积累个人政治资本（陈德球等，2014）。

营商环境恶化对市场机制形成巨大冲击和破坏（Djankov，et al.，2003），也是导致畸形政商关系的根源。在政商关系畸形的营商环境中，政府官员的自由裁量权和寻租空间更大，进而造成更加严重的政治剥夺现象（Kusnadi，et al.，2015）。Paunov（2016）指出，腐败环境下的官员索贿和利益攫取行为增加了企业获取政府服务的成本，也弱化了企业私有产权保护。Chen（2004）强调，官僚腐败损害了制度约束

---

① 比如，2008年和2009年山西省政府相继出台《加快推进煤矿企业兼并重组的实施意见》（晋政发〔2008〕23号）和《关于进一步加快推进煤矿企业兼并重组整合有关问题的通知》（晋政发〔2009〕10号）。文件明确表示，由国有七大煤矿集团将全省登记在册的2840多座私人煤矿收归国有。

② 资料来源：世界银行"营商环境调查"于2005—2014年对全球超过135个国家130000家企业展开的调查结果。

效率，扩展了政府攫取企业资源的空间，导致地方政府由"帮助之手"转向"掠夺之手"。

制度基础观（Institution-Based View）认为，宏观制度环境制约并影响微观层面的企业战略选择与资源配置（Peng，2002，2003）。当地区营商环境质量下降、政治剥夺严重时，企业经营者有动机采取行动来规避或降低政治攫取风险。比如，Uhlenbruck等（2006）基于制度理论视角的研究表明，跨国公司常常通过选择特定类型的股权和非股权方式来应对投资东道国的恶劣营商环境。Javorcik和Wei（2009）发现，东道国腐败程度增加了外国投资者的风险感知，进而降低他们开展全资收购的积极性。需要强调的是，政府官员一般根据企业支付能力决定资源攫取水平，且偿付能力越强的企业预计被攫取的资产越多（Svensson，2003）。同时，相比于各种非流动性企业资产，掠夺性政府官员更倾向于攫取流动性资产，这是因为侵占非流动性资产更容易被追踪，从而使其面临较高的政治风险（Caprio，et al.，2013）。Myers和Rajan（1998）也指出，"匿名的、可移动的资产，如现金、债券或大宗商品等，比固定资产更容易被攫取"。正因如此，企业常常通过资产藏匿行动或结构化资产配置策略增加腐败官员的攫取难度和成本。

有研究表明，当企业面临的外部政治攫取风险越高时，越倾向于采取模糊的信息披露策略，以隐藏和保护企业资产（Durnev and Fauver，2011）。Spiller和Savedoff（1999）指出，国有企业管理者常常采取超额雇佣策略来消耗企业资源，以达到隐藏现金和规避政府剥夺的目的。Caprio等（2013）基于全球109个国家30000多家企业样本的实证发现，营商环境恶化致使企业持有的现金等流动性资产显著减少，厂房、机器设备、存货等固定资产显著增多，且企业发放了更多股利。Smith（2016）基于美国上市公司的实证研究也表明，企业所在地区的政治腐败程度越严重、营商环境质量越差，企业现金持有水平显著越低、债务杠杆则显著越高。基于政治攫取视角的资产藏匿动机意味着营商环境较差地区的企业将更倾向于降低资产流动性，因而会减少现金持有水平，以缓解腐败官员对企业资产的窥视与攫取风险。据此，提出假设5-1。

假设5-1：当其他条件相同时，企业所在地区的营商环境质量越差，其现金持有水平越低。

三 营商环境与企业现金持有：代理成本假说

营商环境恶化破坏了市场交易机制和公平竞争环境。它不仅扩展了官员权力寻租和政治攫取空间，也对微观企业治理行为及效率造成重大影响。营商环境影响公司治理的主要机制包括两个方面。第一，营商环境水平是反映一个国家或地区法律、经济、文化和政治制度环境的重要指标（Djankov, et al., 2003）。因此，营商环境恶化将削弱企业内部人（大股东和管理层）自利行为面临的外部制度约束，增加代理冲突。La 等（2000）发现，在营商环境质量较低的地区，公司治理质量往往更差。王茂斌和孔东民（2016）基于中国反腐败自然实验冲击的实证检验也表明，反腐行动促进了地区营商环境优化，有助于提高公司治理质量。第二，腐败现象具有很强的文化传染性，官僚系统腐败很容易向企业组织渗透并通过影响组织规则和商业关系塑造企业行为。Dass 等（2021）利用美国上市公司数据实证发现，在营商环境质量较差的地区，畸形的政商关系通过文化传染路径对该地区企业管理者行为和治理效率产生消极影响，导致更严重的企业代理成本。Liu（2016）也发现，上市公司所在地区的官员腐败程度越严重，企业高管人员参与盈余管理、财务舞弊、内幕交易等机会主义行动越多，企业代理成本越严重。

"内部人自利动机"认为，由于现金是一种更容易被内部人自由处置和侵占的资产，企业代理冲突将激励管理层偏向于持有更多现金，以更好地追逐在职消费、帝国构建等控制权私利（Jensen and Meckling, 1976）。Myers 和 Rajan（1998）也指出，流动性资产比固定资产更有利于控股股东侵占中小投资者利益，也是管理层获取私有收益中成本最低的一种方式。综合起来分析，地区营商环境恶化可能通过损害微观企业治理效率、加重代理冲突这一路径对企业现金持有决策造成影响。Chen 等（2011）基于 47 个国家 1996—2007 年企业数据的实证检验也表明，当其他因素不变时，企业所在国家的营商环境质量越差，企业资产流动性（现金持有水平）越高。据此，提出竞争性假设 5-2。

假设 5-2：当其他条件相同时，企业所在地区的营商环境质量越差，其现金持有水平越高。

第三节 研究设计

一 计量模型

为了检验营商环境优化对企业现金持有水平的影响效应,本章构建了计量模型如式(5-1)所示:

$$Cash = \alpha + \beta_1 Corrupt + \beta_2 State + \beta_3 Size + \beta_4 Lev + \beta_5 MB + \beta_6 NWC +$$
$$\beta_7 CF + \beta_8 Capital + \beta_9 Div + \beta_{10} Z + Year + Ind + \varepsilon \quad (5-1)$$

式(5-1)中被解释变量为企业现金持有水平($Cash$),解释变量 $Corrupt$ 代表地区的营商环境,通过地区腐败程度进行衡量,其余为控制变量。为了避免样本在时间和行业上的差异对回归结果造成影响,模型控制了年度和行业虚拟变量。所有模型在回归时均按地区和时间聚类并报告经过异方差修正的 Robust t 值。若实证结论支持假设 5-1,则解释变量 $Corrupt$ 回归系数的符号预期为负;若实证结论支持假设 5-2,则解释变量 $Corrupt$ 回归系数的符号预期为正。

参照 Ozkan 和 Ozkan(2004),因变量"现金持有水平"采用现金及现金等价物占企业净资产的比重衡量,记为 $Cash_1$。其中,现金及现金等价物为货币资金与交易性金融资产的总额;企业净资产为总资产与现金及现金等价物的差额。在稳健性检验中,本章也采用现金及现金等价物占企业总资产的比重衡量"现金持有水平",记为 $Cash_2$。

自变量"营商环境"通过地区腐败程度进行衡量。腐败行为具有隐蔽性,较难观测到真实的腐败数据。借鉴 Del Monte 和 Papagni(2007)与 Smith(2016)的做法,本章采用省际层面的人均职务犯罪立案数测度地区腐败程度,记为 $Corrupt_1$。其中,职务犯罪立案数指各省份检察院年度立案侦查的贪污贿赂、渎职侵权等案件总数。在稳健性检验中,也采用省际层面的公职人员人均职务犯罪立案数(记为 $Corrupt_2$)作为"营商环境"的替代测度变量。产权性质($State$)按照实际控制人类型划分,为国有企业时赋值为 1,否则为 0。政治关联($Politics$)按照企业董事长或总经理是否具有从政经历划分,若董事长或总经理为全国或地方政协委员、全国或地方人大代表或具有政府任职经历,则定义为政治关联企业并赋值为 1,否则为 0。

借鉴企业现金持有水平决定因素的相关文献（陈德球等，2011；杨兴全等，2014；Smith，2016），模型控制了企业规模（Size）、资产负债率（Lev）、账面市值比（MB）、净营运资产（NWC）、经营性现金流（CF）、资本支出（Capital）、股利分配（Div）、股权集中度（Z）等因素对现金持有水平的影响。主要的变量定义如表5-1所示。

表5-1 主要的变量定义

变量类型	变量名称	变量符号	内涵界定
被解释变量	现金持有水平	Cash	现金及现金等价物/（总资产-现金及现金等价物）。现金及现金等价物为货币资金与交易性金融资产的总额
解释变量	营商环境	Corrupt	通过地区腐败程度衡量，具体为各省/自治区/直辖市年度职务犯罪立案数/公职人员数（件/百人），当地区腐败值越小即腐败程度越低时，表明地区营商环境质量越好
调节变量	产权性质	State	若企业实际控制人类型为国有企业，赋值为1，否则为0
调节变量	政治关联	Politics	若民营企业具有政治关联，赋值为1，否则为0
控制变量	企业规模	Size	企业总资产的自然对数
控制变量	资产负债率	Lev	总负债/总资产
控制变量	账面市值比	MB	企业总资产/总市值
控制变量	净营运资产	NWC	（营运资本-现金及现金等价物）/（总资产-现金及现金等价物）
控制变量	经营性现金流	CF	（经营活动产生的现金流量净额/总资产）×100
控制变量	资本支出	Capital	企业资本支出/（总资产-现金及现金等价物），资本支出为经营租赁所支付的现金+购建固定资产、无形资产和其他长期资产所支付的现金-处置固定资产、无形资产和其他长期资产收回的现金净额
控制变量	股利分配	Div	若企业该年度支付了现金股利，赋值为1，否则为0
控制变量	股权集中度	Z	企业第一大股东与第二大股东持股比重的比值
控制变量	年度虚拟变量	Year	若为某一年份，则取值为1，否则为0
控制变量	行业虚拟变量	Ind	按证监会2012年行业分类标准，以三位数代码进行分类

二 样本选取

本章选取2007—2012年沪深A股上市公司为初始观测样本。由于2012年党的十八大后我国启动高强度反腐行动，旨在优化各地区营商环境，重塑政商关系。这导致2013后被查处的腐败官员人数呈现急剧上升趋势。为了避免这一政策冲击对样本数据的影响，本章选取的观测区间截至2012年。在稳健性检验中，本章也考察了高强度反腐行动的影响。同时，本章对初始样本做了如下处理：首先，由于资产结构特殊性，剔除了金融类上市公司；其次，剔除了ST上市公司；再次，剔除了注册地址和办公地址不一致的上市公司；最后，剔除了部分观测数据缺失的上市公司。为了控制极端值对回归结果的影响，将连续变量按上下1%分位数进行缩尾（Winsorize）处理。最终共得到6721个公司年度样本观测值。

本章采用的数据来源为："营商环境"变量数据来源于各地人民检察院工作报告。其中，2009年及以前年度数据取自相关年份《中国检察年鉴》，2009年以后数据来自各省人民检察院官方网站所发布的人民检察院工作报告。需要指出的是，工作报告中部分省份的立案数存在缺失，本章通过地方法律年鉴进行补充。企业现金持有水平和其他特征变量数据来自CSMAR数据库；实际控制人数据来源于Wind数据库；地区金融机构贷款余额来自相关年份《区域金融运行报告》，地区公职人员和地区宏观经济数据来自国家统计局网站。

三 描述性统计

表5-2提供了主要变量的描述性统计结果。可以发现，样本公司中"现金持有水平"（$Cash$）变量平均值为0.463，标准差为0.628。这意味着我国不同企业之间现金持有水平存在较大差异。这也凸显了探究企业现金持有水平决定因素的现实意义。同时，变量$Corrupt$均值为0.233，且腐败平均值大于中位数。这说明当前我国面临的腐败形势严峻，且部分地区腐败程度明显偏高。

为了检验地区营商环境对企业现金持有水平的影响效应，我们根据变量$Corrupt$中位数进行样本分组并对企业"现金持有水平"进行组间均值差异检验。通过表5-3发现，与营商环境质量较好地区（$Corrupt=0$）企业相比较，营商环境质量较差地区（$Corrupt=1$）企业的现金持有水平更低（平均值分别为0.530和0.364，显著性水平为1%）。而且这种组间差异无论是在国有企业或民营企业、政治关联企业或非政治关联企业中均显著存在。这表明地区营商环境恶化确实激发了企业现金藏匿动机，初步支持了假设5-1。

表 5-2　　　　　　　　　　描述性统计

变量	样本数（个）	平均值	标准差	最小值	25th	中位数	75th	最大值
Cash	6721	0.463	0.628	0.012	0.117	0.228	0.514	3.592
Corrupt	6721	0.233	0.058	0.112	0.193	0.219	0.264	0.525
State	6721	0.433	0.495	0	0	0	1	1
Size	6721	21.622	1.239	19.531	20.757	21.397	22.213	25.878
Lev	6721	0.419	0.221	0.034	0.242	0.415	0.589	0.940
MB	6721	0.834	0.770	0.108	0.363	0.593	0.998	4.949
NWC	6721	0.004	0.273	-0.900	-0.157	0.007	0.185	0.615
CF	6721	0.042	0.077	-0.184	0.001	0.043	0.087	0.248
Capital	6721	0.098	0.081	0	0.035	0.076	0.141	0.365
Div	6721	0.714	0.452	0	0	1	1	1
Z	6721	1.339	2.479	0.100	0.194	0.425	1.229	15.449

表 5-3　　　　　　　　　　单变量均值检验

	变量	Corrupt = 0	Corrupt = 1	DIF	T 值
Cash	全样本	0.530	0.364	0.166***	10.57
	State = 1	0.311	0.225	0.086***	6.48
	State = 0	0.674	0.506	0.168***	6.62
	Political = 1	0.491	0.398	0.094***	3.12
	Political = 0	0.733	0.511	0.223***	8.12

注：***表示在1%的显著性水平下显著。

第四节　实证结果及讨论

一　营商环境影响企业现金持有的回归结果

式（5-1）的多元回归结果如表 5-4 所示。在回归过程中，为了控制潜在异方差和序列相关问题，对回归系数标准误按地区和时间进行 Cluster 处理，并报告经过异方差修正的 Robust t 值。第（1）列回归结果显示，自变量 Corrupt 的回归系数为-1.053（t 值为-5.66），显著性水平为1%。

第（2）列回归结果中引入了其他控制变量，自变量 Corrupt 的回归系数依然显著为负值（回归系数=-0.384，t 值为-3.80）。这表明，地区营商环境确实对企业现金持有水平产生了重要影响：企业所在地区的营商环境质量越差，企业现金持有水平越低。这一实证结果为政治攫取视角的现金藏匿假说提供了支持，即营商环境较差地区的企业更倾向于降低资产流动性，减少现金持有水平，以缓解腐败官员对企业资产的窥视与攫取风险。这也与 Caprio 等（2013）和 Smith（2016）的实证结论保持一致。

表 5-4　营商环境与企业现金持有水平

变量	因变量=Cash	
	(1)	(2)
Constant	0.519*** (7.31)	1.429*** (10.56)
Corrupt	-1.053*** (-5.66)	-0.384*** (-3.80)
State		-0.080*** (-4.88)
Size		-0.013** (-2.20)
Lev		-1.914*** (-19.19)
MB		0.086*** (9.00)
NWC		-0.664*** (-12.79)
CF		0.070 (0.71)
Capital		-0.095 (-1.03)
Div		0.091*** (7.84)
Z		-0.001*** (-6.28)

续表

变量	因变量=Cash	
	(1)	(2)
Year	Yes	Yes
Ind	Yes	Yes
$Adj\text{-}R^2$	0.169	0.427
N	6721	6721

注：***、**分别表示在1%、5%的显著性水平下显著，括号内为按地区和时间聚类并经异方差调整的 Robust t 值。

在控制变量中，产权性质（$State$）、企业规模（$Size$）、资产负债率（Lev）和股权集中度（Z）与企业现金持有水平显著负相关。这说明，与民营企业相比，国有企业现金持有水平更低；同时，企业规模越大、财务杠杆越高、股权越集中，企业现金持有水平越低。此外，净营运资产（NWC）越多的企业，现金持有水平越低。同时，企业账面市值比（MB）和股利分配（Div）与企业现金持有水平显著正相关。这表明企业收益率越高，现金持有水平越高；需要支付股利的企业也会持有更多现金。

二 企业政治资源的调节效应检验

前述实证结果表明，营商环境质量较差地区的企业更倾向于隐藏流动性资产，减少现金持有水平，以规避政治攫取风险。然而，除了现金资产藏匿，企业还可能采取多种其他途径防范腐败官员的政治攫取。企业经营者热衷于跟政府（官员）建立特殊联结，以寻求政府庇护或政治攫取豁免权。Allen 等（2005）指出，民营企业因缺乏天然的产权保护面临着较国有企业更冷酷的政府盘剥。Voss 等（2008）也强调，企业拥有的政治资源决定了其应对环境威胁的意愿与能力。政治关系合法性能够帮助企业利用资源优势游说并减轻政治攫取风险（Boubakri, et al., 2013）。这意味着在营商环境质量较差的地区，畸形的政商关系使民营企业面临更严重的政治攫取风险，因而导致其现金藏匿动机更强。相关研究也表明，民营企业现金持有水平对制度环境的反应更为敏感（Kusnadi, et al., 2015）。

但是也有研究认为，企业获得的政治资源越多，肩负着推动经济社会发展的期望也越高（Fan, et al., 2007）。国有企业在享有政治庇护和政策偏袒时,也承担了较民营企业更多的社会负担(Lin and Li, 2008)。

为了深入检验政治资源对营商环境与企业现金持有水平之间关系的调节作用,本章在式(5-1)中引入"营商环境"与"政治资源"的交互项(Corrupt×PR)并构建模型如式(5-2)所示。其中,企业"政治资源"分别通过产权性质和政治关联反映。

$$Cash = \alpha + \beta_1 Corrupt + \beta_2 PR + \beta_3 Corrupt \times PR + \beta_4 Size + \beta_5 Lev + \beta_6 MB + \beta_7 NWC + \beta_8 CF + \beta_9 Capital + \beta_{10} Div + \beta_{11} Z + Trar + Ind + \varepsilon \quad (5-2)$$

表 5-5 第(1)列结果显示,自变量"营商环境"对因变量"现金持有水平"的回归系数为 -0.714(t=-3.26),显著性水平为 1%;交互项变量 Corrupt×State 的回归系数为 0.605(t=2.12),显著性水平为 5%。这表明营商环境对现金持有水平的影响效应在不同产权性质企业中有所不同,与国有企业相比,地区营商环境对民营企业现金持有水平的影响强度更大。更进一步地,表 5-5 第(2)列显示,交互项变量 Corrupt×Politics 的回归系数为 0.959(t=1.89),显著性水平为 10%。这一结果表明政治关联也有利于缓解较差营商环境导致的民营企业现金藏匿动机。由此可见,在营商环境质量较差的地区,政治攫取行为确实呈现"亲疏有别"的选择性偏好。企业政治资源有利于帮助企业规避政治攫取风险,进而缓解其现金藏匿动机。本章也根据民营企业是否具有政治关联进行分组回归,结果如表 5-5 第(3)列和第(4)列所示,研究结论依然成立。

表 5-5　　　　　　　营商环境、政治资源与企业现金持有水平

变量	因变量=Cash			
	(1) 全体样本	(2) 民营企业	(3) 政治关联民营企业	(4) 无政治关联民营企业
Constant	1.491*** (10.82)	1.272*** (4.53)	0.782* (1.97)	1.495*** (4.41)
Corrupt	-0.714*** (-3.26)	-0.665** (-2.49)	0.094 (0.26)	-0.583** (-2.20)
State	-0.222*** (-3.13)			

续表

变量	因变量=Cash			
	(1) 全体样本	(2) 民营企业	(3) 政治关联民营企业	(4) 无政治关联民营企业
$Corrupt \times State$	0.605** (2.12)			
$Politics$		-0.318** (-2.59)		
$Corrupt \times Politics$		0.959* (1.89)		
$Size$	-0.013** (-2.06)	0.005 (0.33)	0.024 (1.15)	-0.012 (-0.62)
Lev	-1.912*** (-19.27)	-2.546*** (-17.06)	-2.267*** (-11.50)	-2.614*** (-14.92)
MB	0.085*** (9.07)	0.080*** (3.51)	0.027 (0.85)	0.096*** (3.87)
NWC	-0.665*** (-12.81)	-0.873*** (-11.83)	-0.537*** (-4.66)	-0.956*** (-10.94)
CF	0.074 (0.76)	0.104 (0.60)	0.033 (0.17)	0.155 (0.76)
$Capital$	-0.103 (-1.11)	-0.415*** (-3.19)	-0.572** (-2.45)	-0.390** (-2.34)
Div	0.091*** (7.86)	0.127*** (6.53)	0.059* (1.77)	0.136*** (5.36)
Z	-0.001*** (-6.47)	-0.001*** (-3.12)	-0.002** (-2.48)	-0.001* (-1.79)
$Year$	Yes	Yes	Yes	Yes
Ind	Yes	Yes	Yes	Yes
$Adj\text{-}R^2$	0.427	0.438	0.371	0.456
N	6721	3813	1033	2780

注：***、**、*分别表示1%、5%、10%的显著性水平下显著，括号内为按地区和时间聚类并经异方差调整的 Robust t 值。

三 低质量营商环境下现金藏匿会导致企业现金持有不足吗?

前述研究表明,在营商环境质量较差的地区,企业通过降低现金持有水平规避政治攫取风险。那么,这种现金藏匿行动是否会使企业偏离最优现金持有水平,进而导致现金持有不足?针对这一问题,本章借鉴张会丽和吴有红(2012)"超额现金持有"的计算方法,构建"企业现金持有不足"变量。具体方法为以企业所在行业的平均现金持有水平为基准,计算企业现金持有水平与行业均值的差额,若差额为负值,则代表"企业现金持有不足"(Under-cash)。表5-6显示了"企业现金持有不足"对地区营商环境的回归结果。其中,第(1)列以全样本进行回归;第(2)列则仅以"Under-cash<0"的企业样本进行回归。第(3)列进一步将"企业现金持有不足"视为哑变量(若Under-cash<0,赋值为1;否则为0),并以其作为被解释变量进行Logit回归。第(1)列和第(2)列的回归结果显示,变量"营商环境"的回归系数均为负值,且至少在5%的显著性水平下显著。这表明企业所在地区的营商环境质量越差,企业现金持有水平越高。第(3)列中变量"营商环境"的回归系数为正值,且在10%的显著性水平下显著。这也意味着企业所在地区的营商环境质量越差,企业发生现金持有不足的可能性越高。由此可见,较差营商环境下的政治攫取风险确实影响了企业现金持有决策并导致企业向下偏离最优现金持有水平。

表5-6 营商环境与企业现金持有不足

变量	因变量=Under-cash		
	(1)	(2)	(3)
Constant	0.680*** (4.77)	-0.126*** (-3.22)	-0.038 (-0.05)
Corrupt	-0.223** (-2.28)	-0.091*** (-2.87)	1.090* (1.77)
State	-0.055*** (-3.70)	-0.006* (-1.69)	0.300*** (3.79)
Size	0.0004 (0.07)	-0.001 (-0.72)	-0.089** (-2.48)
Lev	-1.899*** (-19.01)	-0.286*** (-13.52)	8.797*** (23.64)

续表

变量	因变量=Under-cash		
	(1)	(2)	(3)
MB	0.113***	0.012***	-0.357***
	(11.07)	(4.87)	(-4.35)
NWC	-0.718***	-0.051***	3.018***
	(-13.72)	(-3.76)	(15.48)
CF	0.010	-0.004	-0.875
	(0.10)	(-0.13)	(-1.42)
Capital	-0.044	0.140***	-0.520
	(-0.45)	(5.12)	(-1.19)
Div	0.083***	0.026***	-0.520***
	(7.04)	(6.25)	(-6.42)
Z	-0.001***	-0.0001**	0.002
	(-3.96)	(-2.20)	(1.17)
Year	Yes	Yes	Yes
Ind	Yes	Yes	Yes
$Adj\text{-}R^2$	0.307	0.662	—
$Pseudo\ R^2$	—	—	0.248
N	6721	4611	6721

注：***、**、*分别表示1%、5%、10%在显著性水平下显著，括号内为按地区和时间聚类并经异方差调整的 Robust t/z 值。

四 营商环境、现金藏匿与企业价值：中介效应的检验

现金持有水平对企业价值产生重要影响。那么，地区营商环境质量下降导致的企业现金持有水平是否损害了企业价值？本章利用中介效应检验方法对这一问题进行了探讨。具体而言，借鉴 Baron 和 Kenny（1986）以及温忠麟和叶宝娟（2014）的研究方法，按照图5-2所示的步骤对企业现金持有水平的中介效应进行检验。[①] 首先，根据式（5-3）检验"营商环境"对"企业价值"的影响，表5-7第（1）列的结果

[①] 在回归中，本章采用 TQ（投资机会）衡量企业价值并控制了产权性质（State）、企业规模（Size）、企业年龄（Age）、资产负债率（Lev）、盈利能力（ROA）、股权集中度（Z）、每股净资产（APS）、每股净收益（EPS）等企业特征变量和年度与行业虚拟变量。

显示系数 c 在 1% 的显著性水平下显著为负；其次，利用式（5-4）检验"营商环境"对现金持有水平的影响效应，表 5-4 的结果表明系数 a 通过显著性检验；再次，利用式（5-5）进行回归。在控制"营商环境"后，中介变量"现金持有水平"对"企业价值"的回归系数 b 显著为正，且系数 c 依然显著为负。这表明企业现金持有水平在地区营商环境质量与企业价值之间发挥了部分中介传导作用。此外，本章还分别对国有企业和民营企业样本进行现金持有水平的中介效应检验。表 5-7 第（2）列和第（3）列的结果显示：中介效应仍然成立。

$$TobinQ = \alpha + cCorrupt + Control + e \tag{5-3}$$

$$Cash = \alpha + aCorrupt + Control + e \tag{5-4}$$

$$TobinQ = \alpha + c'Corrupt + bCashControl + e \tag{5-5}$$

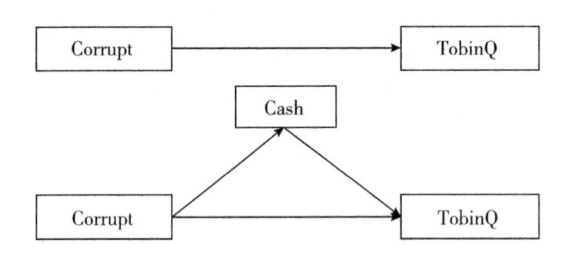

图 5-2　企业现金持有水平中介效应检验

表 5-7　营商环境、现金持有水平与企业价值：中介效应检验

变量	因变量=TQ					
	（1）全样本		（2）国有企业		（3）民营企业	
Constant	13.51*** (23.44)	12.95*** (24.00)	10.69*** (18.70)	10.12*** (17.89)	19.29*** (16.18)	18.73*** (16.93)
Corrupt	-0.892*** (-2.89)	-0.706** (-2.38)	-0.916*** (-3.17)	-0.772*** (-2.68)	-0.683* (-1.78)	-0.471 (-1.27)
Cash		0.374*** (9.12)		0.451*** (5.18)		0.373*** (8.39)
State	0.050 (1.33)	0.052 (1.39)				

续表

变量	因变量=TQ					
	（1）全样本		（2）国有企业		（3）民营企业	
Size	-0.418***	-0.406***	-0.282***	-0.273***	-0.702***	-0.688***
	(-15.64)	(-15.65)	(-10.07)	(-9.80)	(-12.78)	(-13.35)
Age	-0.102***	-0.045	-0.146***	-0.094***	-0.034	0.017
	(-3.31)	(-1.52)	(-4.30)	(-2.76)	(-0.90)	(0.46)
Lev	-1.834***	-1.537***	-1.945***	-1.729***	-1.715***	-1.332***
	(-12.56)	(-10.95)	(-11.07)	(-9.79)	(-8.47)	(-6.77)
ROA	3.114**	3.130**	5.500***	5.429***	0.606	0.650
	(2.26)	(2.31)	(3.91)	(3.78)	(0.32)	(0.35)
Z	-0.002***	-0.002***	-0.001**	-0.001**	-0.002**	-0.003**
	(-3.79)	(-4.05)	(-2.29)	(-2.08)	(-1.99)	(-2.27)
APS	-0.173***	-0.192***	-0.128***	-0.134***	-0.212***	-0.236***
	(-10.56)	(-11.34)	(-7.21)	(-7.66)	(-8.81)	(-9.40)
EPS	0.941***	0.941***	0.445***	0.417***	1.613***	1.617***
	(5.91)	(6.03)	(3.31)	(3.05)	(6.15)	(6.38)
Year	Yes	Yes	Yes	Yes	Yes	Yes
Ind	Yes	Yes	Yes	Yes	Yes	Yes
$Adj\text{-}R^2$	0.507	0.517	0.527	0.535	0.514	0.528
N	6721	6721	2908	2908	3813	3813

注：***、**、*分别表示在1%、5%、10%的显著性水平下显著，括号内为按地区和时间聚类并经异方差调整的 Robust t 值。

五 营商环境优化与企业现金持有：DID 分析

前文检验了地区营商环境对企业现金藏匿行为的影响效应及机理，发现企业所在地区的营商环境质量越差，现金持有水平越低。然而，这也可能是某些其他遗漏变量造成的。为此，本章将 2012 年年末新一届中央政府启动的高压反腐行动视为外生政策冲击，利用双重差分方法（DID）检验营商环境优化举措对不同营商环境质量地区企业现金藏匿的影响效应是否存在显著差异。首先，构建一个 Post 虚拟变量来衡量事件窗口。由于高强度反腐行动于 2012 年年末启动，故将 2013—2015 年作为事件后窗口，Post 取值为 1。为保持样本对称，将 2010—2012 年作为事件前窗口，Post 取值为 0。同时，以变量"营商环境"中位数为基准，将全体样本划分为两组：若变量数值高于样本中位数，则 Corrupt 赋值为 1，并视为实验组；否则赋值为 0，并视为控制组。

表 5-8 第（1）列结果显示，自变量 Corrupt 的回归系数显著且为负值，显著性水平为 1%。这表明与营商环境质量较好地区的企业相比，营商环境质量较差地区企业的现金持有水平更低。同时，交互项变量 Corrupt×Post 的回归系数为正，显著性水平为 1%。这意味着与营商环境质量较好地区的企业相比，反腐行动对营商环境质量较差地区企业现金持有水平的影响强度更大。由此可见，高压反腐行动确实产生了一定的威慑作用，抑制了政治攫取行为，进而缓解了企业现金藏匿行为，且这一效应在营商环境质量较差地区表现尤为明显。表 5-8 以变量"营商环境"上下四分位数为基准进行样本分组，结论依然成立。

表 5-8　　　　　营商环境优化与企业现金藏匿：DID 检验

变量	因变量=Cash	
	（1）根据"营商环境"中位数分组	（2）根据"营商环境"上下四分位数分组
Constant	1.450*** (14.76)	1.566*** (11.71)
Post	-0.313*** (-9.49)	-0.344*** (-8.81)
Corrupt	-0.049*** (-2.76)	-0.081*** (-3.57)
Corrupt×Post	0.081*** (3.78)	0.109*** (4.23)
控制变量	限于篇幅，省略报告	
Year	Yes	Yes
Ind	Yes	Yes
$Adj\text{-}R^2$	0.371	0.384
N	10424	6484

注：*** 表示在 1% 的显著性水平下显著，括号内为按地区和时间聚类并经异方差调整的 Robust t 值。

六 稳健性检验

为了增强研究结论的可靠性，本章做了以下稳健性检验。

（一）可能存在的遗漏变量

在前述回归模型中虽然已经控制了一系列企业层面的变量，但是，企业现金持有水平也可能受到宏观经济与金融环境的影响。考虑到中国各地区经济发展水平和制度情境的不均衡特征，本章在模型中加入了地区经济发展水平（GDP）、金融深化程度（$Finance$）和地区法律环境（Law）等地区层面特征变量并对研究假设再次进行检验。表 5-9 结果显示，在控制宏观经济与金融环境的影响后，结论依然成立。

表 5-9　　　　　　　　排除宏观制度环境差异的影响

变量	因变量=$Cash$		
	(1)	(2)	(3)
$Constant$	0.969*** (4.51)	1.008*** (4.73)	-0.010 (-0.02)
$Corrupt$	-0.364*** (-3.16)	-0.724*** (-3.35)	-0.481** (-1.97)
$State$	-0.085*** (-5.04)	-0.240*** (-3.48)	
$Corrupt \times State$		0.661** (2.39)	
$Politics$			-0.296*** (-3.01)
$Corrupt \times Politics$			0.907** (2.31)
$Size$	-0.019*** (-2.84)	-0.018*** (-2.74)	0.005 (0.34)
Lev	-1.905*** (-18.74)	-1.902*** (-18.85)	-2.365*** (-16.19)
MB	0.089*** (9.09)	0.088*** (9.17)	0.098*** (4.54)

续表

变量	因变量=Cash		
	(1)	(2)	(3)
NWC	-0.667*** (-12.67)	-0.668*** (-12.69)	-0.852*** (-12.06)
CF	0.066 (0.68)	0.071 (0.74)	0.091 (0.63)
Capital	-0.097 (-1.04)	-0.106 (-1.13)	-0.308** (-2.50)
Div	0.094*** (7.74)	0.094*** (7.77)	0.107*** (6.62)
Z	-0.001*** (-6.06)	-0.001*** (-6.25)	-0.001*** (-3.87)
GDP	0.058** (2.60)	0.061*** (2.79)	0.123*** (3.09)
Finance	0.053*** (3.53)	0.054*** (3.74)	0.054** (2.31)
Law	-0.005** (-2.05)	-0.006** (-2.23)	-0.009** (-2.49)
Year	Yes	Yes	Yes
Ind	Yes	Yes	Yes
Adj-R^2	0.429	0.430	0.425
N	6665	6665	4752

注：***、**分别表示在1%、5%的显著性水平下显著，括号内为按地区和时间聚类并经异方差调整的Robust t值。

(二) 可能存在的其他影响机制

1. 外部融资环境的影响

企业现金持有水平在很大程度上受到外部融资环境的制约。研究表明，当企业面临的融资环境越苛刻时，企业现金持有水平越高（Bates, et al., 2009）。因此，地区营商环境与企业现金水平持有之间的关系可能还受到融资环境的影响。为了排除这一因素的干扰，本章利用国家货币政策（Monetary）作为外部融资环境的代理变量并进行分组回归检验。选择该变量的原因是国家货币政策越宽松，企业越容易获得银行信贷融资，这将在一定程度上弱化企业的现金储备。具体做法是借鉴靳庆鲁等（2012）的定义，使用广义货币供给量的增长率衡量货币政策并以中位数为标准，将小于中位数的观测年度视为货币政策紧缩期（Monetary=0），大于中位数的观测年度视为货币政策宽松期（Monetary=1）。表5-10第（1）列的分组回归结果显示，在"货币政策紧缩期"和"货币政策宽松期"两个组别中，自变量 Corrupt 的回归系数均显著为负，且 Chow 检验结果显示回归系数不存在显著性的组间差异。这表明货币政策并没有对回归结果造成实质性影响。在考虑外部融资环境的情形下，地区营商环境与企业现金持有水平之间的关系依然成立。

2. 企业经营风险偏好的影响

企业经营风险可能同时影响解释变量与被解释变量。如果企业本身面临较高的经营风险，则可能持有更多的现金资产，而且这类企业也有可能选择到营商环境质量较差的地区开展业务。为了排除这一潜在因素对结论造成的影响，利用样本期间内企业现金流波动衡量企业经营风险并根据其中位数对样本进行分组。衡量方式是计算各个企业在样本期间内的现金流波动，若某企业现金流波动低于所有企业中位数，则定义为风险较小组（$CFrisk=0$），否则定义为风险较大组（$CFrisk=1$）。表5-10第（2）列的结果显示，在经营风险较低组和经营风险较高组，Corrupt 的回归系数均显著为负，且 Chow 检验结果显示系数大小不存在显著差异。这表明地区营商环境与企业现金持有水平之间的关系没有受到企业经营风险的干扰。

表5-10　营商环境与企业现金持有水平：排除外部融资环境和企业经营风险的影响

变量	因变量=Cash			
	(1)		(2)	
	货币政策宽松期	货币政策紧缩期	高风险企业	低风险企业
Constant	1.446*** (8.90)	1.276*** (5.89)	0.900*** (4.81)	1.843*** (11.15)
Corrupt	-0.410*** (-2.88)	-0.317*** (-2.83)	-0.372*** (-3.71)	-0.344** (-1.99)

续表

变量	因变量=Cash			
	(1)		(2)	
	货币政策宽松期	货币政策紧缩期	高风险企业	低风险企业
控制变量	限于篇幅,省略报告			
Year	Yes	Yes	Yes	Yes
Ind	Yes	Yes	Yes	Yes
$Adj-R^2$	0.445	0.379	0.373	0.484
N	4399	2322	3692	3029
Chi^2 (p)	0.27 (0.602)		0.02 (0.880)	

注:***、**分别表示在1%、5%的显著性水平下显著,括号内为按地区和时间聚类并经异方差调整的 Robust t 值。

(三) 变量的替代性衡量方式

本章也分别采用企业现金持有水平和地区营商环境的其他替代测度指标进行稳健性检验。包括采用现金及现金等价物占总资产的比重作为企业现金持有水平的替代变量;采用各省份职务犯罪立案数/各省份公职人员数作为地区营商环境质量的替代变量。在改变变量测度后,结论仍然成立。

第五节 本章小结

本章基于政治攫取和代理成本的双重理论视角,实证考察了地区营商环境对企业现金持有水平与资产配置导向的影响效应和传导路径。研究发现,上市公司所在地区的营商环境质量越差,企业现金持有水平越低。这一结果为政治攫取视角的企业现金藏匿假说提供了经验证据支持。进一步检验还表明,政治资源有利于缓解企业资产被腐败官员窥视和攫取的风险,进而降低其流动性资产藏匿动机。具体来讲,与国有企业不同,地区营商环境恶化对民营企业现金藏匿的影响强度更大;而且与政治关联民营企业相比,无政治关联民营企业现金持有水平对地区营商环境质量的敏感度更高。本章还发现,在营商环境质量较差的地区,现金藏匿行为导致企业偏离最优现金持有水平并最终损害了企业价值。

总体而言,本章结论的管理启示为:微观企业行动是对宏观制度环境的反应。探析营商环境影响企业现金资产藏匿动机及其传导机理,有利于从微观企业层面拓展对营商环境经济后果的理论认知,丰富营商环境主题的研究文献。本章结论证实了优化营商环境、加大腐败打击力度与建设廉洁政府的重要性,这也为当前我国全面优化营商环境政策提供了微观证据支持。营商环境优化有利于企业改善资金配置结构、提高效率,进而推动企业持续高质量健康发展。

第六章 地区营商环境与企业运营效率

第一节 引言

前述几章研究表明,地区营商环境对企业战略导向、资本投资取向与现金持有水平等经营决策都产生了重要影响。那么,这种影响效应最终在企业运营效率和绩效结果上如何体现?这是本章关注的核心问题。之所以选择企业运营效率作为研究切入点,原因有两个。其一,企业是实现宏观经济增长的微观基础,地区营商环境对经济增长的影响有赖于"企业行为"这一中介桥梁的实现。同时,提升企业运营效率也是实现企业高质量发展的重要目标。因此,将二者结合起来既有助于深刻揭示营商环境影响经济增长的微观传导路径,也能够厘清推动企业高质量发展的制度条件。其二,金融学理论认为,制度环境对企业决策与治理行为产生重要影响。一个国家或地区的腐败程度是反映其法律、经济、文化和政治环境的重要指标(Djankov and Shleifer,2003)。腐败程度是反映地区营商环境整体质量的重要部分。有研究也表明,腐败环境对政企关系和企业资源配置效率产生了显著性影响(Smith,2016)。因此,从这一视角研究企业效率问题也有助于深化对企业效率决定因素的理解并拓展对营商环境经济后果的理论认知。

第二节 理论分析与研究假设

营商环境质量对政企互动产生重要影响。在较差的营商环境中,地方政府官员的自由裁量权更大,他们对辖区内企业的干预行动和利益攫取受到的制度性约束较弱。现实中，各个国家政府官员利用管制威胁或税收政策等手段向企业索贿的现象普遍存在。面对较差营商环境下的官员权力寻租与不确定性风险，企业被迫采取各种策略进行自我保护。比如有研究表明，腐败环境下企业更倾向于选择非市场化策略，依赖政商关系或政企合谋等手段克服制度性障碍（Iriyama, et al., 2016；余明桂等，2010；Faccio, et al., 2006）。Smith（2016）发现，腐败程度严重地区的企业更倾向于采取减持现金、增加杠杆等财务策略，以降低政府官员对自身企业资产的窥视和侵占。

我国行政权力影响社会资源配置的色彩并未完全褪尽，在企业成本中就蕴含着如何与政府及政府官员进行交易或建立关系以获取政府庇护或优惠这一重要交易成本。特别是在营商环境质量较差的地区，政企关系更加复杂和不透明，企业往往需要投入更多精力和资源来经营与政府官员之间的关系。根据 Baumol 的理性行为模型，如果政府以质量要求或市场准入形式干预市场，则企业有动机贿赂官员并进行非法市场交易，把更多企业资源配置于非生产性领域。Cai 等（2011）的研究亦表明，中国企业的娱乐餐饮费用占企业工资总额的 20%，占销售收入的 2%—3%。这些支出除了用于建立与供应商和客户的关系，也被用于经理人的个人消费或作为公司支付政府官员"保护费"或"贿金"的手段。由此可见，营商环境对企业交易成本具有重要影响，减少政府干预、改善政府服务、加强法律保护均有利于减少企业非生产性支出（万华林和陈信元，2010）。

另外，腐败现象具有很强的社会传染性。官僚腐败很容易向经济领域渗透和蔓延并通过影响组织规则和商业关系塑造企业行为（Dass, et al., 2021）。我国国有企业管理层主要由政府行政任命并呈现"亦官亦商"的双重角色，这导致腐败行为更容易由政府官员向企业组织渗透。姜树广和陈叶烽（2016）认为，腐败破坏了公平竞争和市场效率，甚至导致企业为了生存不得不参与腐败，而且官员腐败与权力寻租也为管理层隐瞒企业真实经营情况提供了便利和借口。这意味着当地区营商环境质量越差时，企业信息不对称越严重，这将诱发更严重的管理层代理成本。Sequeira 和 Djankov（2014）明确指出，腐败是政府官员和企业代理人以股东利益为代价，分享非法交易所获租金的败德行为。Liu（2016）也发现，在官员腐败越严重的地区，企业高管的机会主义行为越多。基于此，本章提出假设6-1。

假设6-1：企业所在地区的营商环境质量越差，企业运营效率越低。

股权性质决定企业的治理行为，影响企业经营决策与管理质量。国有企业凭借资源优势和天然的政企联结，减少了政府的立项审批障碍，也极大地削弱了企业与政府官员之间的合谋动机。相反，民营企业在市场竞争中处于相对弱势地位，受到更严格的政府监管。因此，当地区营商环境质量较差时，出于生存压力或被竞争对手排挤的担忧，民营企业更加依赖政府关系并愿意以牺牲效率为代价谋求政府官员庇护。

在转型经济环境下，政治关联在民营企业中普遍存在。在营商环境质量越差的地区，政府干预和官员腐败程度越严重，企业通过建立政治关联寻求庇护的动机越强烈（Faccio, et al., 2006）。作为一种非正式制度，政治关联有利于强化企业与政府之间的情感纽带，形成地方政府窥视、侵占企业财产的"缓冲带"。因此，政治关联在一定程度上抑制了营商环境恶化对企业效率的消极影响。基于此，本章提出假设6-2和假设6-3。

假设6-2：与国有企业相比，营商环境恶化对民营企业效率损失的影响强度更大。

假设6-3：与政治关联民营企业相比，无政治关联民营企业的运营效率更容易受到营商环境的影响。

第三节　研究设计

一　计量模型

为了检验地区营商环境对企业运营效率的影响效应，本章构建了基准模型如式（6-1）所示：

$$Efficiency_{it} = \alpha + \beta_1 Corrupt_{it} + \sum Control_{it} + \varepsilon_{it} \tag{6-1}$$

式（6-1）中的因变量为"企业效率"（$Efficiency$）。借鉴相关文献，本章通过两个变量反映企业效率：一是资产利用率（AUR）；二是超额管理费用（ME）。其中，资产利用率反映了企业管理层的总体努力水平和整体经营效果（Ang, et al., 2000; Singh and Davidson,

2003；甄红线等，2015）；同时，参考 Ang 等（2000）、Singh 和 Davidson（2003）的做法，将超额管理费用定义为管理费用和销售费用之和与营业总收入的比值并经行业均值处理。式（6-1）中自变量为 Corrupt，通过衡量地区腐败程度，当地区腐败程度越低时，表明营商环境质量越好。由于腐败行为具有隐蔽性，真实数据不易获取。借鉴 Fan 和 Wong（2002）的度量方法，利用各省份被检察机关立案的腐败案件涉案金额与该省份 GDP 的比值来衡量地区腐败程度。

借鉴已有相关文献（杨继生和阳建辉，2015），在式（6-1）中引入一系列影响企业效率的控制变量，包括企业规模（Size）、资产负债率（Lev）、独立董事比重（Indr）、两职合一（Dual）、股权集中度（Fsr）、管理层持股（Share）、企业年龄（Age）。同时，Hill 等（2010）指出，企业内部人与外部人之间的信息非对称性也对企业效率具有重要影响。因此，也在模型中控制了投资机会（TQ）。此外，借鉴 Maudos 和 De Guevara（2004）的做法，通过所有者权益合计与资产总额之比衡量管理者风险厌恶度（RA）并控制其对企业效率的影响。

为了进一步考察产权性质和政治关联对营商环境与企业效率之间关系的调节效应，进一步在基准模型中引入"产权性质"（State）和"政治关联"（Politics）及其与 Corrupt 的交互项，分别构建式（6-2）和式（6-3）。其中，若企业最终控制人为国有企业时，"产权性质"变量赋值为 1，否则为 0。同时，若民营企业高管人员（含 CEO、CFO、董事长或副董事长）曾为或现任县级以上人大代表、政协委员时，则表示该企业为政治关联企业，变量 PC 赋值为 1，否则为 0。

$$Efficiency_{it} = \alpha + \beta_1 Corrupt_{it} + \beta_2 State_{it} + \beta_3 Corrupt_{it} \times State_{it} + \sum Control_{it} + \varepsilon_{it}$$
(6-2)

$$Efficiency_{it} = \alpha + \beta_1 Corrupt_{it} + \beta_2 PC_{it} + \beta_3 Corrupt_{it} \times PC_{it} + \sum Control_{it} + \varepsilon_{it}$$
(6-3)

二 样本选择

本章选取 2003—2012 年沪深 A 股存续的上市公司为研究样本并根据研究需要做如下处理：一是剔除 ST、PT 公司样本；二是剔除金融类公司样本；三是剔除部分变量缺失的观测样本；四是为消除极端值影响，对主要连续变量在 1% 和 99% 的水平上进行缩尾（Winsorize）处理。经过上述处理，最终共获得 14000 个年度公司观测值。公司层面的变量数据源于 CSMAR 数据库和 Wind 数据库；"营商环境"基础数据源于相关年份《中国检察年鉴》并经手工整理。

三 单变量分析

为了检验营商环境质量对企业运营效率的影响，本章根据地区腐败程度的样本均值将全体样本划分为两组，即营商环境较好地区和营商环境较差地区并对主要变量进行组间差异检验。表 6-1 显示，与营商环境较好地区企业相比，营商环境较差地区企业的资产利用率（AUR）显著更低、超额管理费用（ME）显著更高，企业盈利能力（ROA）也显著更差。由此可见，地区营商环境差确实对企业运行效率产生实质性影响。这为假设 6-1 提供了初步的支持性证据。

表 6-1　　　　　　　　主要变量的描述性统计

变量	营商环境较差地区		营商环境较好地区		T 值
	平均值	标准误	平均值	标准误	
AUR	0.6689	0.0098	0.7604	0.0053	7.7854***
ME	0.0273	0.0048	-0.0068	0.0018	-7.9874***
ROA	0.0490	0.0017	0.0616	0.0007	7.3431***

注：***表示在1%的显著性水平下显著。

第四节　实证结果及讨论

一　营商环境影响企业运营效率的回归结果

为了检验地区营商环境对企业效率的影响效应，首先根据式（6-1）以"资产利用率"（AUR）和"超额管理费用"（ME）为因变量，以"营商环境"（Corrupt）为自变量进行多元回归分析。表 6-2 第（1）列显示，当因变量为 AUR 时，自变量 Corrupt 的回归系数为 -3.163（t=-7.32）。由此可见，随着企业所在地区的腐败程度增加，地区营商环境质量恶化，其资产利用率显著下降。同时，表 6-2 第（4）列显示，当因变量为 ME 时，自变量 Corrupt 的回归系数为 0.687（t=4.42）。这意味着随着企业所在地区的腐败程度增加，地区营商环境质量恶化，其超额管理费用显著上升。第（1）列和第（4）列综合表明，企业所在地区的营商环境质量越差,企业运营效率越低。这为假设 6-1 提供了支持性经验证据。

表 6-2　　营商环境、产权性质与企业效率

变量	因变量=AUR			因变量=ME		
	(1)	(2)	(3)	(4)	(5)	(6)
Corrupt	-3.163*** (-7.32)	-4.059*** (-6.51)	-4.516*** (-4.87)	0.687*** (4.42)	1.382*** (6.18)	2.371*** (5.82)
State		0.064*** (4.95)			-0.005 (-0.98)	
State×Corrupt		1.531* (1.88)			-1.267*** (-4.33)	
Politics			-0.022 (-1.24)			0.012 (1.50)
Politics×Corrupt			1.402 (1.16)			-2.176*** (-4.09)
Size	0.060*** (12.83)	0.054*** (11.29)	0.071*** (8.95)	-0.032*** (-19.07)	-0.031*** (-18.00)	-0.041*** (-11.78)
Lev	1.039*** (2.69)	1.045*** (2.71)	0.690 (1.34)	-0.164 (-1.18)	-0.170 (-1.23)	0.114 (0.50)
INDR	-0.324*** (-3.68)	-0.299*** (-3.40)	-0.384*** (-2.94)	0.039 (1.24)	0.031 (0.97)	-0.003 (-0.06)
Dual	-0.026** (-2.15)	-0.028** (-2.29)	-0.026 (-1.51)	0.014*** (3.14)	0.015*** (3.40)	0.015* (1.94)
FSR	0.329*** (10.43)	0.281*** (8.78)	0.200*** (4.11)	-0.117*** (-10.29)	-0.106*** (-9.20)	-0.162*** (-7.54)
MSR	0.428*** (4.73)	0.529*** (5.77)	0.526*** (5.38)	-0.084*** (-2.59)	-0.101*** (-3.08)	-0.108** (-2.52)
Age	0.001 (0.76)	0.001 (1.02)	0.002 (0.93)	0.000 (0.07)	-0.000 (-0.15)	-0.002*** (-2.74)
TQ	0.010*** (2.90)	0.010*** (2.94)	0.022*** (4.47)	0.028*** (21.59)	0.028*** (21.67)	0.027*** (12.24)

续表

变量	因变量=AUR			因变量=ME		
	(1)	(2)	(3)	(4)	(5)	(6)
RA	0.985** (2.54)	0.980** (2.54)	0.674 (1.31)	-0.325** (-2.34)	-0.324** (-2.34)	-0.052 (-0.23)
Constant	-1.816*** (-4.52)	-1.700*** (-4.24)	-1.689*** (-3.10)	0.912*** (6.32)	0.883*** (6.13)	0.868*** (3.62)
Observations	11847	11821	5317	11839	11813	5311
Ad_R^2	0.218	0.222	0.155	0.174	0.175	0.177
F	87.71	85.31	25.99	66.59	63.75	30.20

注：***、**、*分别表示在1%、5%、10%的显著性水平下显著，括号内为异方差调整后的Robust t值；行业、年度变量均控制。

在控制变量中，企业规模越大，股权集中度越高，管理层持股比例重高，则企业资产利用率显著越高，超额管理费用越低。这跟古志辉（2015）、杜兴强等（2010）的研究结论也是一致的。同时，变量"两职合一"（DUAL）在式（6-2）中的回归系数显著为负（beta=-0.026，t=-2.15），在式（6-3）中的回归系数则显著为正（beta=0.014，t=3.14）。这意味着总经理兼任董事长加剧了管理层代理成本、降低了企业资产利用效率。

二 产权性质与政治关联的调节效应

为检验地区营商环境对企业运营效率的影响效应是否因产权性质而有所不同，本节进一步在模型中引入变量"产权性质"及其与"营商环境"的交互项。表6-2第（2）列显示，自变量"营商环境"对"资产利用率"的回归系数为-4.059(t=-6.51)，交互项变量 State×Corrupt 的回归系数为1.531(t=1.88)。这表明，在营商环境质量较差的地区，企业资产利用率更低，且营商环境恶化对企业资产利用率的破坏作用在民营企业中表现得尤为明显。与之类似，表6-2第（5）列显示，自变量"营商环境"对"超额管理费用"的回归系数为1.382(t=6.18)，交互项变量 State×Corrupt 的回归系数为-1.267(t=-4.33)。这意味着在营商环境质量较差的地区，企业超额管理费用更高，而且这一影响效应在民营企业中表现更为明显。上述结果综合表明，与国有企业相比，低质量营商环境对民营企业效率损失的影响程度更大。

更进一步，以民营企业为样本，将"政治关联"与"营商环境"交互项引入模型，以检验政治关联是否能够缓解低质量营商环境对民营企业效率损失的破坏作用。表6-2第（3）列显示自变量"营商环境"的回归系数为-4.516（t=-4.87），交互项变量（Politics×Corrupt）的回归系数为1.402（t=1.16）。这表明在民营企业样本中，低质量营商环境显著降低了民营企业资产利用率，且政治关联在一定程度上缓解了低质量营商环境对企业资产利用率的负面影响。第（6）列显示自变量"营商环境"的回归系数为2.371（t=5.82），交互项变量Politics×Corrupt的回归系数为-2.176（t=-4.09）。这说明低质量营商环境显著增加了民营企业超额管理费用，且政治关联有效缓解了低质量营商环境对民营企业超额管理费用的影响效应。以上结论为假设6-2和假设6-3提供了支持性的经验证据。

三 营商环境影响企业绩效的回归结果

前述检验表明，低质量营商环境显著增加了企业超额管理费用，降低了资产利用效率，因而对企业运营效率产生破坏作用。企业运营效率损失最终必然在经营绩效中得到反映。因此，进一步地以盈利能力（ROA）作为因变量，考察营商环境恶化导致的企业绩效后果。由表6-3可知，第（1）列中自变量Corrupt的回归系数为-0.251（t=-3.93），表明随着地区腐败程度的增加，地区营商环境质量恶化，企业经营绩效显著下降。第（2）列和第（3）列分别引入"产权性质""政治关联"与"营商环境"的交互项。结果显示，自变量"营商环境"对"盈利能力"的回归系数均显著为负（beta=-0.569，t=-6.13和beta=-0.660，t=-4.34），且第（2）列中交互项State×Corrupt的回归系数为0.589（t=4.87）。这意味着低质量营商环境对企业绩效的破坏作用在民营企业中表现尤为明显。第（3）列中交互项Politics×Corrupt的回归系数为0.332（t=1.66），这说明政治关联在一定程度上缓解了低质量营商环境引致的民营企业绩效下滑。上述结论使假设6-1、假设6-2和假设6-3得以进一步证实。

表 6-3　　营商环境对企业绩效的影响效应

变量	因变量=ROA		
	(1)	(2)	(3)
Corrupt	-0.251***	-0.569***	-0.660***
	(-3.93)	(-6.13)	(-4.34)
State		-0.014***	
		(-7.26)	
State×Corrupt		0.589***	
		(4.87)	
Politics			0.004
			(1.29)
Politics×Corrupt			0.332*
			(1.66)
Size	0.010***	0.011***	0.011***
	(16.42)	(17.31)	(9.86)
Lev	0.072	0.074	-0.021
	(1.25)	(1.28)	(-0.25)
INDR	-0.002	-0.003	0.045**
	(-0.15)	(-0.23)	(2.11)
Dual	-0.004**	-0.005**	-0.007**
	(-2.20)	(-2.53)	(-2.58)
FSR	0.036***	0.040***	0.045***
	(7.60)	(8.42)	(5.67)
MSR	0.127***	0.113***	0.102***
	(9.45)	(8.27)	(6.33)
Age	0.0007	0.0003	0.0002
	(0.45)	(0.23)	(0.94)
RA	0.154***	0.156***	0.050
	(2.65)	(2.69)	(0.58)
Constant	-0.308***	-0.318***	-0.231***
	(-5.20)	(-5.38)	(-2.63)
Observations	12118	12092	5476
Ad_R^2	0.164	0.167	0.168
F	65.31	62.93	30.08

注：***、**、*分别表示在1%、5%、10%的显著性水平下显著，括号内为异方差调整后的 Robust t 值；行业、年度变量均控制。

四 拓展性分析：市场化进程的作用

营商环境影响企业效率的基本逻辑是，在低质量营商环境下企业常常将一定资源投资于非生产性活动，以迎合政府（官员）需求，这将损害企业效率和经营绩效。研究表明，市场化进程有利于减少政府对微观经济活动的干预。因此，市场化进程可能对营商环境与企业效率之间的关系产生调节效应。市场化进程可能多方面影响企业寻租的交易成本：一是若市场化不发达，企业产权更可能受其他经济主体侵犯，企业更依赖与政府的关系，以维护自身权益；二是若市场化不发达，少数政府职能部门更可能扮演"掠夺之手"角色。为减少政府掠夺带来的潜在损失，企业必须与政府建立牢固关系。由此可见，在市场化欠发达的地区，企业经营行为更容易受到政府影响，更倾向于投资构建政商关系等非生产性领域。同时，市场化进程改善也有利于政企分开，降低政府干预程度和合谋腐败发生的可能性，激发人力资本投入、研发创新等市场化竞争战略。此外，市场化进程还直接影响企业管理层的行为规范，即市场化程度越高，经理人约束机制越有效，从而降低企业内部代理成本，提高企业效率。因此，随着地区市场化进程的改善，政商关系将变得更加透明，企业迎合政府开展非生产性投资活动的压力将大大降低。这意味着较高的市场化水平将有利于缓解低质量营商环境对企业效率损失的破坏作用。

基于此，将"市场化进程"及其与"营商环境"的交互项引入模型，检验其调节效应。由表 6-4 可知，当因变量为"资产利用率"（AUR）和"企业绩效"（ROA）时，自变量"营商环境"（$Corrupt$）的回归系数均显著且为负值，同时交互项变量 $MKT \times Corrupt$ 的回归系数则显著且为正值。这表明市场化进程有利于缓解低质量营商环境对资产利用率和企业绩效的消极作用。同时，当因变量为"超额管理费用"（ME）时，自变量"营商环境"（$Corrupt$）的回归系数显著且为正值，交互项变量 $MKT \times Corrupt$ 的回归系数则显著且为负值。这意味着低质量营商环境导致超额管理费用显著增加，市场化进程则缓解了上述效应的影响强度。

表 6-4 营商环境、市场化进程与企业效率

变量	因变量=AUR (1)	因变量=ME (2)	因变量=ROA (3)
Corrupt	-5.650*** (-4.21)	1.253*** (5.90)	-0.890*** (-4.45)
MKT	0.015*** (5.49)	0.013*** (2.97)	-0.0003 (-0.62)
MKT×Corrupt	0.015*** (5.49)	-1.116*** (-3.85)	0.098*** (3.63)
Size	0.058*** (12.47)	-0.032*** (-19.18)	0.010*** (16.33)
Lev	1.025*** (2.66)	-0.167 (-1.21)	0.071 (1.22)
INDR	-0.313*** (-3.57)	0.039 (1.22)	-0.002 (-0.17)
Dual	-0.028** (-2.32)	-0.032*** (-19.18)	-0.004** (-2.25)
FSR	0.318*** (10.09)	-0.117*** (-10.30)	0.035*** (7.55)
MSR	0.361*** (3.97)	-0.084*** (-2.59)	0.127*** (9.39)
Age	-0.000 (-0.40)	0.000 (0.01)	0.0002 (0.26)
RA	0.964** (2.50)	-0.328** (-2.36)	0.152*** (2.63)
TQ	0.010*** (2.78)	0.028*** (21.60)	—
Constant	-1.840*** (-4.58)	0.910*** (6.30)	-0.303*** (-5.10)
Observations	11843	11839	12118
Ad_R^2	0.218	0.174	0.165
F	83.44	63.38	62.38

注：***、**分别表示在1%、5%的显著性水平下显著，括号内为异方差调整后的Robust t值；行业、年度变量均控制。

五 稳健性检验

(一) 内生性问题处理

内生性是本章实证检验面临的一个重要挑战。比如,可能存在某些遗漏变量共同影响地区营商环境和企业运营效率。为了缓解潜在的内生性问题,本节利用工具变量(Ⅳ)法进行处理。研究表明,官员交流有助于破除官员"利益型关系网络"(陈刚和李树,2012),而不同来源的交流官员禀赋有差异,比如北京官员能够凭借与中央的密切联系,加强中央与地方之间的信息交流,为地方争取更多资源(杨海生等,2010);他们在任职属地并无盘根错节的利益关系,这都有利于增强他们打击腐败的力度,进而降低腐败程度,优化地区营商环境。同时,交流官员来源($Change$)并不对企业效率产生直接影响。因此,选取交流官员来源作为营商环境的工具变量并对模型进行两阶段最小二乘回归(2SLS)。

如表6-5所示,一阶回归中自变量$Change$的回归系数显著且为负值($beta=-0.005$,$t=-23.25$),这表明来源于中央或有中央背景的官员异地交流确实有利于降低地区腐败程度。二阶回归中自变量"营商环境"对"资产利用率"和"盈利能力"的回归系数均显著为负($beta=-16.147$,$t=-7.55$和$beta=-1.538$,$t=-5.33$);相反,自变量"营商环境"对"超额管理费用"的回归系数则显著为正($beta=3.873$,$t=5.15$)。由此可见,低质量营商环境确实损害了企业运营效率。此外,本章利用交流官员来源($Change$)和其他重要变量对地区腐败进行拟合,并用拟合的地区腐败值替代营商环境质量对主效应模型进行回归。该拟合值在一定程度上消除了扰动项对实证结果的影响。经过上述处理,结论仍然成立。

本章还采用统计数据"文化艺术场馆数量"(YS)作为工具变量进行内生性检验。原因在于腐败现象的文化传染效应是宏观腐败环境影响微观企业运营效率的重要传导路径(陈刚和李树,2012)。现有文献对腐败问题的讨论规避了道德文化的思路,并不能很好地解释实际问题,而艺术文化氛围和精神文明建设有利于缓解腐败文化的传播和蔓延,降低社会逐利倾向。基于此,本章以各地区的文化艺术场馆数量作为工具变量并对模型进行两阶段回归,结论依然保持不变(见表6-5)。

表 6-5　　　营商环境与企业运营效率：2LSL 回归结果

变量	一阶回归	二阶回归			一阶回归	二阶回归		
	Corrupt	AUR	ME	ROA	Corrupt	AUR	ME	ROA
Change	-0.005*** (-23.25)							
YS					-0.074*** (-29.17)			
Corrupt		-16.147*** (-7.55)	3.873*** (5.15)	-1.538*** (-5.33)		-11.164*** (-6.61)	2.600*** (4.32)	-0.805*** (-3.53)
Size	-0.001*** (-7.20)	0.052*** (10.35)	-0.030*** (-17.03)	0.021*** (31.43)	-0.000*** (-6.78)	0.055*** (11.37)	-0.031*** (-17.91)	0.022*** (33.15)
Lev	0.011 (1.40)	1.138*** (2.84)	-0.190 (1.34)	0.168*** (3.10)	0.000 (1.08)	0.011*** (2.73)	-0.002 (-1.28)	0.002*** (2.97)
INDR	0.000 (-0.15)	-0.321*** (-3.53)	0.039 (1.22)	-0.026** (-2.08)	-0.001 (-0.72)	-0.321*** (-3.60)	0.039 (1.24)	-0.024** (-2.03)
Dual	-0.001** (-2.39)	-0.033*** (-2.60)	0.015*** (3.44)	-0.006*** (-3.70)	-0.004 (-1.46)	-0.030** (-2.43)	0.015*** (3.33)	-0.006*** (-3.54)
FSR	-0.004*** (-6.45)	0.271*** (7.97)	-0.102*** (-8.57)	0.019*** (4.12)	-0.004*** (-6.07)	0.291*** (8.90)	-0.108*** (-9.27)	0.022*** (4.91)
MSR	-0.000*** (-7.05)	0.210** (2.10)	-0.030 (-0.87)	0.083*** (6.15)	-0.011*** (-6.01)	0.286*** (2.99)	-0.052 (-1.53)	0.094*** (7.25)
Age	-0.000*** (-5.42)	-0.002 (-1.44)	0.001 (1.54)	-0.000 (-1.11)	-0.000*** (-6.48)	-0.001 (-0.71)	0.000 (0.99)	-0.000 (-0.29)
TQ	-0.000 (-1.46)	0.009** (2.49)	0.028*** (21.48)	0.015*** (31.23)	-0.000*** (-2.50)	0.011*** (3.02)	0.028*** (21.61)	0.016*** (32.42)
RA	0.008 (1.00)	1.038** (2.59)	-0.340** (-2.40)	0.261*** (4.83)	0.006 (0.72)	0.988** (2.52)	-0.334** (-2.39)	0.253*** (4.77)
Constant	0.025*** (2.98)	-1.469*** (-3.50)	0.829*** (5.61)	-0.632*** (-11.20)	0.028*** (3.34)	-1.575*** (-3.85)	0.863*** (5.92)	-0.649*** (-11.74)
Observations	11838	11838	11838	11838	11838	11838	11838	11838
Ad_R^2	0.169	0.161	0.147	0.246	0.189	0.195	0.163	0.270

注：***、**分别表示在1%、5%的显著性水平下显著，括号内为异方差调整后的 Robust t 值；行业、年度变量均控制。

(二) 改变变量测度

借鉴 Dass 等（2021）的做法，本章首先以各地区 2003—2012 年度腐败指数为基础，计算各地区十年中的平均腐败程度以度量地区营商环境水平；其次，依据平均指数进行排名，利用排名指数反映地区营商环境质量；最后，在此基础上，利用替代变量对模型进行稳健性检验，如表 6-6 所示。可以发现，在改变变量 Corrupt 测度后，主要结论依然成立。

表 6-6　替换变量测度的稳健性检验

变量	因变量=AUR (1)	因变量=ME (2)	因变量=ROA (3)
Corrupt	-0.005*** (-9.30)	0.001*** (4.73)	-0.000** (-2.19)
Size	0.059*** (12.59)	-0.032*** (-18.97)	0.022*** (34.51)
Lev	1.043*** (2.70)	-0.164 (-1.18)	0.157*** (2.97)
INDR	-0.326*** (-3.72)	0.040 (1.25)	-0.026** (-2.15)
Dual	-0.027** (-2.17)	0.014*** (3.14)	-0.006*** (-3.35)
FSR	0.321*** (10.20)	-0.116*** (-10.21)	0.025*** (5.80)
MSR	0.382*** (4.20)	-0.078** (-2.38)	0.106*** (8.50)
Age	0.000 (0.32)	0.000 (0.24)	0.000 (0.59)
RA	0.981** (2.54)	-0.324** (-2.33)	0.255*** (4.81)
TQ	0.009*** (2.68)	0.028*** (21.69)	—

续表

变量	因变量=AUR	因变量=ME	因变量=ROA
	(1)	(2)	(3)
Constant	-1.759*** (-4.38)	0.905*** (6.27)	-0.671*** (-12.19)
Observations	11847	11839	11848
Ad_R^2	0.220	0.174	0.276
F	88.81	66.68	120.0

注：***、**分别表示在1%、5%的显著性水平下显著，括号内为异方差调整后的Robust t值；行业、年度变量均控制。

第五节 本章小结

本章从政企关系视角考察了地区营商环境对企业运营效率的影响效应及机理。研究发现，低质量营商环境存在的腐败扭曲了政企关系，进而导致企业资源错配和效率损失。具体来讲，当企业所在地区的营商环境质量越差时，其超额管理费用显著增加，资产利用率显著下降。同时，相较于国有企业，低质量营商环境对民营企业效率损失的影响强度更大；与政治关联民营企业相比，无政治关联民营企业的运营效率更容易受到低质量营商环境的破坏。此外，市场化进程有利于缓解低质量营商环境对企业效率的消极影响。

本章从政企关系视角深化了对企业资源配置和运营效率决定因素的理解，也从微观企业层面拓展了对营商环境经济后果的理论认知，丰富了营商环境主题的研究文献。研究表明，优化营商环境有利于降低企业非生产性支出，提高企业运营效率。因此，打击官员腐败、净化政商生态是优化企业资源配置、提升企业运营效率的重要制度保障。

第七章 营商环境、竞争压力与企业社会责任

第一节 引言

随着社会不断发展，人们逐渐意识到企业与社会发展的各方面都息息相关，企业不仅要努力实现自身利润最大化，还需承担必要的社会责任。特别是随着人类文明、社会认知和信息环境的改善，政府机构、媒体舆论和社会公众对企业积极履行社会责任的呼声日益强烈。近年来我国企业经营者对社会责任的关注和资源投入都大幅增加，企业 CSR 质量得到了明显提高。

作为一个经济组织，企业要形成一个包括经济责任、法律责任、道德责任和慈善责任的企业社会责任金字塔模型，其中，经济责任是企业的根本社会责任。企业积极履行社会责任不仅可以有效回应社会诉求，也是提升企业声誉和品牌价值的重要途径。学界已从多个角度考察了企业履行社会责任的潜在动因，主要包括四个方面：一是利他动机，企业社会责任行动是对自身固有伦理价值的尊崇，它是企业不求回报、体现良好"公民"形象的利他行为；二是战略动机，企业履行社会责任有助于提升企业战略地位，获得声誉资本等战略性资源并最终提高企业绩效；三是政治动机，企业可能将承担社会责任视为一种手段，以获取政府好感和信任，建立或维持政治关系并获得额外好处；四是管理层自利动机，即企业高管试图通过承担社会责任来提升自己的社会形象和地位等。

战略动机和政治动机都认为，现实中有些企业并非出于纯粹的伦理价值履行社会责任，而是将社会责任行动作为实现自身经济价值的战略手段和政治工具。转型过程中我国企业呈现典型的"经济型治理"与

"行政型治理"并存特征,行政力量对微观企业决策的影响依然存在。企业发展所需的融资便利、行业准入、税收减免、政府补贴等诸多资源仍受到行政力量的影响。故而企业履行社会责任的政治动机可能更强,并借由积极履行社会责任拉近与政府的距离,以获得关系资本并在资源分配环节中占据优势地位。部分学者探讨了政治关联与企业社会责任间的关系,将企业社会责任投资视为搭建政治关联的重要方式(Wang and Qian,2011;李姝和谢晓嫣,2014)。换一个角度来讲,地方政府受到经济发展和社会治理目标的影响,也有强烈的动机引导企业在就业机会、慈善捐赠、环境治理等公共治理和社会责任领域开展投资。

那么,营商环境质量是否对政企互动关系和企业社会责任履行产生实质性影响?这是本章试图回答的关键科学问题。特别强调的是,为优化我国营商环境、减少政企勾搭与不良互动,中共中央组织部2013年专门发布了第18号文件,即《关于进一步规范党政领导干部在企业兼职(任职)问题的意见》(以下简称《意见》)。《意见》出台后不满2个月,便有超过60位上市公司独立董事宣布辞职,这些独立董事曾经都是各级党政领导干部,能够利用其个体人脉网络资源帮助企业建立政治关联。《意见》出台作为一个外生政策冲击造成企业聘任官员型独董形成的政企关系断裂,进而可能给企业决策(尤其是政治动机驱动的社会责任履行)造成影响。因此,这为检验营商环境优化对企业社会责任战略的影响效应提供了一个动态视角和独特场景。

第二节 理论分析与研究假设

关系资本理论认为,在制度尚不完善的国家或地区,关系网络对资源配置产生重要影响。因此,企业有动机强化政企关系以获得关系资本,从而在资源分配环节中占据优势地位。在经济转型期间,我国市场化建设尚不完备,企业发展所需的行业准入、金融资源获取、财政补贴、税收优惠等关键性资源仍受到一定程度的行政干预。基于关系资本理论,企业与政府建立友好关系可以为企业获取这些关键性资源提供便利(Houston, et al., 2014;田利辉和张伟,2013),其中不可忽视的重要方式就是建立政治关联以获得关系资本。政治关联可能采取不同的形式，分为正式关联与非正式关联，其中正式关联往往是可观测的，如企业董事会成员曾任或现任政府机关官员、各级人大代表或政协委员等。而非正式关联一般难以观测，如企业高管的密友或亲属是政府官员，这些非正式关联不易追踪（Hao, et al., 2020）。

在我国，正式关联在政治关联中占据较大比例。由于正式关联意味着企业内某些高管曾经具有从政背景，企业高管薪酬待遇往往与经营业绩紧密挂钩，所以为了保障自身薪酬待遇与声誉口碑，正式关联下的企业高管会尽职尽责地利用从政经历构建的社会关系网络帮助企业发展。但是非正式关联并没有契约约束，他们帮助企业可能是出于个人私利，不一定会尽心尽力为企业发展作出贡献。已有大量研究证实，政治关联能够帮助企业获得政府补贴（Hao, et al., 2020）、信贷资源（于蔚等，2012）、降低政治不确定性（徐业坤等，2013）等。Boland 和 Godsell（2021）更是指出，当政府官员对合同拥有更大自由裁量权时，他们往往将更多数量、更低风险的合同授予具有政治关联的企业。因此，政府关系资本往往具有战略性地位，能够大幅提升企业竞争力，企业会消耗大量资源建立政治关联以获得政府关系资本。

中国拥有自上而下的政治结构，中央政府主要负责方针制定与战略决策，地方政府则负责政策的推进实施（Allen, et al., 2005; Calomiris, et al., 2010）。地方政府官员由上级政府直接任命，只有当地方政府官员的绩效评估比同级别其他同行更高时，他们实现政治晋升的可能性才更大。为了实现政治生涯晋升，以追求人民幸福生活为使命的地方政府官员不仅要推动当地经济发展，还要积极承担社会性任务。由于所承担的社会性任务繁重，地方政府常常存在财政收入不足的窘境。所以，当地方政府无法为公共服务提供充足资金时，会向企业寻求额外帮助。例如，在新冠疫情期间，黄冈市建筑企业积极承担社会责任，向所在地市级慈善协会捐赠 501.85 万元，以帮助政府做好新冠疫情防控工作。2021 年临汾市政府举行防汛救灾捐款仪式，山西省省内企业慷慨解囊，协助政府救灾救难，爱心企业及个人合力捐款捐物达 3100 万元。因此，地方政府官员为了获得更好的经济发展和社会治理绩效，为政治晋升提供业绩支撑，有动机将部分绩效压力转移给当地企业，借助企业力量完成社会性任务（Lin, et al., 2015; Inoue, 2019; Xiang, et al., 2021）。

总而言之，地方政府在享有社会资源分配权力的同时，也承担着促进经济发展和维护社会稳定的治理职能，如救济弱势群体、提供公共服务等。企业为了牢固政治关联会在一定程度上迎合政府，积极进行社会责任投资，政府则更倾向于将资源分配给能为自己创造更好政治绩效的企业（李姝和谢晓嫣，2014；Bertrand, et al.，2020）。以Wang和Qian（2011）为代表的研究均支持企业通过履行社会责任稳固政治关联，利用这层关系资本为自己争取政府补贴、信贷资源优惠政策等。政府与企业两种不同类型的力量相互依赖，共同促进了我国社会责任的发展（Li and Lu，2020）。

已有研究观察中国上市公司的董事会构成，发现我国上市公司更愿意聘任具有政府背景的独立董事。这些独立董事往往曾在政府机关、事业单位等体制内担任过重要职位（邓晓飞等，2016；龙小宁等，2016）。资源依赖理论表明，董事会将主要充当内部稀缺资源的提供者（Pugliese, et al.，2014）。具有政府背景的独立董事因其丰富的政治关系资本深受企业青睐，企业通过聘用这类董事更容易搭建政府—企业的沟通桥梁并获得政策优待（邵新建等，2016；罗进辉等，2017；Hao, et al.，2020）。政治关联让企业与政府之间的距离拉近，但企业想要稳固政治关系资本还需要积极帮助政府分担施政绩效压力，主动承担社会责任。这意味着当企业内存在官员背景独立董事时，企业可能会从事更多的社会责任投资。

作为反腐倡廉的重要举措之一，《意见》的出台体现了中国共产党从严管理干部的决心，它不仅规定了现职和不担任现职但未办理退（离）休手续的党政领导干部不得在企业兼职（任职），还明确了辞去公职或者退（离）休后三年内的党政领导干部若想要到企业兼职（任职），必须经过所在单位的严格把关且不得领取报酬及其他利益。此外，在企业内兼职（任职）的原党政领导干部还必须每年向有关单位递交书面履职报告。《意见》扩大了党政领导干部限制层级，拓宽了企业兼职（任职）职位限制范围，明确了兼职任期等细节规定，增加了履职情况监管环节。

《意见》对部分党政领导干部利用职务之便在企业内兼职（任职）谋取私利的寻租行为形成有效遏制。《意见》出台后不到两个月，便有超过60位独立董事宣布辞职，由此可见，我国上市公司聘用党政领导干部担任独立董事的现象比较普遍。这些官员董事了解政府系统的运转规范,从而能够在与政府打交道的过程中为企业提供可靠建议,降低企业经营风险。同时,企业更容易通过官员独董的人脉关系接触政府人员,为企业获取政府采购合同、政府补贴等资源提供便利。此外,官员独董还向资本市场传递企业政治关系资本雄厚的信号(朱凯等,2016;叶青等,2016)。

《意见》短时间内引发大规模官员独立董事"辞职潮",导致由此构建的政企关系断裂。企业丧失政治关联是一把"双刃剑"。一方面,政治关联丧失导致企业不再拥有关系资本所带来的独特优势。Xu(2018)根据政府要求官员辞去上市公司董事职务这一特殊事件,提出发生官员独立董事辞职现象的公司价值平均下降约4%。此外,受影响公司还减少了投资,并且在经营业绩上表现不佳。Wei 等(2020)利用《意见》作为外生冲击,发现政治关系破裂增加了中国上市公司的劳动力成本以及员工流动率,但劳动结构的变化未使劳动生产率得到提高。另一方面,政治关联丧失也可能使企业免遭政府"掠夺之手",能够更加专注培育和提升内生增长能力。Qin 和 Zhang(2019)以《意见》为准自然实验,探索政治关系与企业创新之间的因果关系。研究发现,为弥补政治关系丧失所导致的企业竞争力削弱,发生官员独立辞职的企业更倾向于增加研发投资并雇用更多高级工程师担任独立董事,显著提高了企业创新产出。

基于上述分析,本章认为官员独立董事辞职造成政企关系断裂,政企交往更加秉承"亲""清"原则,营商环境质量得到明显提高。这也导致政府与企业之间扭曲的资源交换纽带被切断,企业不必为了维持政治关联和迎合地方政府而承担过多的社会性负担。这意味着企业基于政治动机的社会责任履行程度会明显下降。

基于此,本章提出假设 7-1。

假设 7-1:其他条件不变时,营商环境优化后企业政治动机驱动的社会责任履行明显下降。

市场化水平是反映地区制度环境的重要方面。当地区市场化水平越低时,政府行政力量对资源配置的自由裁量权和干预程度越大。同时,市场化水平低也导致制度规则不透明,公正公平性受到干扰。此时,关系网络与政治联结对企业获取资源和形成竞争有利地位的积极作用更加明显。因此，企业更加依赖关系网络。这也使企业出于政治动机迎合地方政府官员、积极履行社会责任的动力更足。随着《意见》的出台和政企互动规范的建立，官员独立董事纷纷辞职，这也导致扭曲的政企关系断裂，企业出于迎合政府实施的社会责任活动急剧下降。基于以上分析，本章提出假设7-2。

假设7-2：在市场化水平较低的地区，营商环境优化后企业政治动机驱动的社会责任下降更明显。

除了应对宏观制度环境带来的压力，企业还需要在行业内力争上游以获得更多盈利。现有研究认为，行业竞争压力会影响企业社会责任战略的实施（周浩和汤丽荣，2015），企业投资社会责任需要权衡收益与成本。一方面，履行社会责任能够帮助企业树立良好口碑，优化与员工、消费者等利益相关者的关系，从而构建市场竞争优势；但另一方面，实施社会责任战略会耗费企业内部大量资源，企业可能无法集中精力发展自身生产，增加经营成本，使企业在市场中竞争能力下降。一部分学者指出，当行业竞争压力紧迫时，企业不会过多投资社会责任战略。企业社会责任消耗大量内部资源，使企业经营成本增加、利润下降（Vance，1975），可能导致企业行业内竞争实力下降，市场份额被其他竞争企业占据，从而不利于企业生存发展。故企业的生存动机驱使他们必须优先在行业竞争中保持经营发展实力（Duanmu，et al.，2018）。另一部分学者则认为，在竞争激烈的行业中，企业更需铸造独特的竞争价值，他们往往更加关注自身在市场中的口碑，努力与利益相关者形成友好关系，从而有助于企业形成差异化竞争优势（徐光华等，2007；邵剑兵等，2016）。因此，行业竞争压力对企业实施社会责任战略的影响存在租金耗散效应与逃脱竞争效应。

《意见》要求官员独立董事辞去职务，企业政企关系断裂，因而不必出于政治关联压力而承担社会责任。然而，这种影响关系可能受到企业所面临的行业竞争压力的调节作用影响。一方面，若企业身处竞争激烈的行业中，企业为保障自身利润空间不受其他竞争者挤压，可能不愿意过多投资社会责任。政治关联断裂后，企业将更加专注于内生增长能力培育，因而投资社会责任的动机更弱。另一方面，面对激烈的行业竞争，特别是政企关联断裂导致原有竞争优势丧失，企业可能更加依赖通过企业社会责任行动来赢得政府、投资者、社会公众等利益相关者的好感,以增强竞争优势(易开刚,2008;何杰和曾朝夕,2010)。基于以上分析,提出竞争性假设7-3和假设7-4。

假设7-3:其他条件不变时,高行业竞争压力下营商环境优化对企业社会责任的负向作用表现更明显。

假设7-4:其他条件不变时,低行业竞争压力下营商环境优化对企业社会责任的负向作用表现更明显。

第三节 研究设计

一 计量模型

为验证营商环境优化对企业社会责任履行的影响,本章以《意见》为准自然实验,考察官员独董辞职事件导致的政企关系断裂和营商环境优化对企业社会责任履行的影响。参考 Wei(2020)等文献,本章构建了双重差分(DID)回归模型,即:

$$CSR_{it} = \alpha + \beta_1 Official_{it} + \beta_2 Official_{it} \times Post_{it} + \beta_3 Post_{it} + \sum Control_{it} + \varepsilon_{it} \quad (7-1)$$

式(7-1)中的被解释变量 CSR 为企业社会责任水平,解释变量 $Official \times Post$ 代表因《意见》出台发生上市公司官员独立董事辞职事件导致的政企关系断裂和营商环境优化。本章采用赋值法度量官员独立董事辞职变量,将研究期间(2012—2015年)上市公司独立董事是否因《意见》出台辞职分为两种状态,即因《意见》出台辞职和未因《意见》出台辞职。如果上市公司发生因《意见》出台引发了官员独立董事辞职,$Official$ 赋值为1;否则赋值为0。若样本观测年度为2014年和2015年,$Post$ 取值为1,否则为0。

参考现有研究,在模型中加入以下控制变量:净资产收益率(ROE)、资产负债率(Lev)、销售增长率($Growth$)、现金持有水平($Cash$)、股权集中度($CR1$)、投资机会(TQ)、两职合一($Dual$)。此外,本章还控制了年度固定效应($Year\ Effect$)和公司个体固定效应($Firm\ Effect$)的影响。

表 7-1　　　　　　　　　变量定义

分类	变量名称	符号	定义
被解释变量	企业社会责任水平	CSR	样本企业当年社会责任报告评级总得分指标的自然对数
解释变量	营商环境优化	Official×Post	若样本企业独立董事因《意见》出台辞职，赋值为 1；否则为 0；若样本观测区间为 2014—2015 年 Post 取 1，否则取 0
其他变量	政府补贴	Fin	样本企业滞后一期政府补贴金额的自然对数
其他变量	地区市场化水平	MKT	王小鲁、樊纲的"市场化指数得分"
其他变量	行业竞争程度	HHI	样本企业当年的赫芬达尔-赫希曼指数
其他变量	净资产收益率	ROE	样本企业当年净利润与总资产的比值
其他变量	资产负债率	Lev	样本企业当年总负债与总资产的比值
其他变量	销售增长率	Growth	样本企业当年总资产增长率
其他变量	现金持有水平	Cash	样本企业当年经营活动现金流量净额与总资产的比值
其他变量	股权集中度	CR1	样本企业当年第一大股东持股数量与总股数的比值
其他变量	投资机会	TQ	样本企业当年市场价值与重置成本的比值，以衡量企业价值
其他变量	两职合一	Dual	若样本企业董事长与 CEO 两职合一，则赋值为 1；反之则为 0

二　样本选择

为了检验营商环境优化对企业社会责任的影响，本章以《意见》发布时间的前后两年（2012—2015 年）为研究区间。由于《意见》颁布时间为 2013 年 10 月 19 日，几乎所有受影响的官员独立董事都在 2014 年开始辞职，所以本章将 2012 年和 2013 年划分为政策发生前期，将 2014 年和 2015 年划分为政策发生后期。此外，参考相关研究的数据处理方法，剔除了金融类上市公司、ST 类上市公司以及关键研究变量存在缺失值的企业。

三　描述性统计

表 7-2 报告了主要变量的描述性统计。结果显示，在 2275 个观测样本中，企业社会责任水平（CSR）的平均值为 3.624，标准差为 0.275。这说明 2012—2015 年样本期间，企业社会责任报告评级总得分不高，不同公司对企业社会责任的投资也存在较大差异。上市公司官员独立董事辞职（Official）的平均值为 0.475，标准差为 0.500，表明有

47.5%的上市公司发生了独立董事因《意见》出台而辞职的事件。

表 7-2　　　　　　　　主要变量的描述性统计

变量	观测值	平均值	标准差	最小值	中位数	最大值
CSR	2275	3.624	0.275	3.001	3.586	4.389
Official	2275	0.475	0.500	0.000	0.000	1.000
ROE	2275	0.067	0.125	-0.664	0.078	0.294
Lev	2275	0.496	0.205	0.069	0.510	0.887
Growth	2275	0.050	0.043	0.000	0.039	0.203
Cash	2275	0.051	0.065	-0.147	0.050	0.222
CR1	2275	0.389	0.161	0.081	0.390	0.771
TQ	2275	1.876	1.158	0.871	1.473	7.780
Dual	2275	0.173	0.378	0.000	0.000	1.000

表 7-3 反映了主要变量的皮尔逊（Pearson）相关系数。可以发现，官员独立董事辞职（*Official*）与企业社会责任水平（*CSR*）的相关系数为 0.054，它们之间不存在显著的相关关系，说明官员独立董事辞职与否和企业社会责任战略实施结果无关。企业社会责任水平（*CSR*）与资产负债率（*Lev*）、销售增长率（*Growth*）、股权集中度（*CR1*）等控制变量显著相关，故而控制公司经营层面变量是有必要的。此外，官员独立董事辞职（*Official*）与净资产收益率（*ROE*）、资产负债率（*Lev*）、销售增长率（*Growth*）、股权集中度（*CR1*）等公司控制变量不相关，进一步地说明了官员独立董事离职不是因为企业经营管理活动出现了问题，而是因为《意见》出台对党政干部在企业任职（兼职）的严格管理。除此之外，关键变量之间的相关系数都低于 0.5，这表明各关键变量之间不存在明显的多重共线性问题。

表 7-3　　　　　　　　主要变量相关性分析

	CSR	*Official*	*ROE*	*Lev*	*Growth*	*Cash*	*CR1*	*TobinQ*	*Dual*
CSR	1								
Official	0.054	1							

续表

	CSR	Official	ROE	Lev	Growth	Cash	CR1	TobinQ	Dual
ROE	0.026	0.071	1						
Lev	0.125***	0.005	-0.218***	1					
Growth	0.052**	0.002	0.078***	-0.127***	1				
Cash	0.095***	0.015	0.302***	-0.243***	0.226***	1			
CR1	0.149***	-0.050	0.039*	0.092***	-0.007	0.084***	1		
TQ	-0.077***	0.034	0.095***	-0.440***	-0.025	0.148***	-0.138***	1	
Dual	-0.041*	-0.040	0.017	-0.077***	0.056***	-0.005	-0.141***	0.094***	1

注：***、**、*分别表示在1%、5%、10%的显著性水平下显著。

第四节 实证结果及讨论

一 营商环境优化影响企业社会责任的回归结果

为了检验《意见》出台带来的政策效应，本章对式（7-1）进行DID回归检验，考察官员独立董事辞职对企业社会责任水平的影响。表7-4反映了主效应回归结果。第（1）列至第（4）列对应的被解释变量均为企业社会责任水平（*CSR*）。首先，第（1）列直接用解释变量 *Official×Post* 与被解释变量企业社会责任水平（*CSR*）进行回归，可以发现回归系数为-0.117，在5%的显著性水平下显著。其次，第（2）列控制了固定效应、年度效应，可得到回归系数为-0.092，在10%的显著性水平下显著。再次，第（3）列加入了控制变量，回归系数为-0.113，在5%的显著性水平下显著。最后，第（4）列在加入控制变量的基础上，进一步控制了固定效应和年度效应，结果显示回归系数为-0.093，在10%的显著性水平下显著。第（1）列至第（4）列的回归结果综合表明，在其他条件不变时，*Official×Post* 的回归系数均显著为负。这表明官员独立董事辞职导致政治关联丧失，企业没有动机继续承受政府所转移的社会性负担压力，因而政治动机驱动的社会责任履行水平显著下降，假设7-1得到验证。

表 7-4　　营商环境优化与企业社会责任

变量	被解释变量：CSR			
	（1）	（2）	（3）	（4）
Official×Post	-0.117**	-0.092*	-0.113**	-0.093*
	(-2.07)	(-1.72)	(-1.98)	(-1.73)
Official	0.107*	0.074	0.104*	0.075
	(1.93)	(1.41)	(1.86)	(1.42)
Post	0.107***	0.176***	0.106***	0.181***
	(21.44)	(26.71)	(19.17)	(23.68)
ROE			0.005	0.029
			(0.19)	(1.00)
Lev			0.054	-0.023
			(1.60)	(-0.52)
Growth			-0.091	0.038
			(-0.92)	(0.38)
Cash			-0.002	-0.105*
			(-0.04)	(-1.84)
CR1			0.088*	-0.060
			(1.94)	(-0.94)
TQ			0.002	-0.007
			(0.46)	(-1.59)
Dual			-0.011	0.002
			(-0.88)	(0.17)
Constant	3.559***	3.537***	3.502***	3.583***
	(354.68)	(776.17)	(125.58)	(108.14)
Firm Effect	No	Yes	No	Yes
Year Effect	No	Yes	No	Yes
Observations	2275	2275	2275	2275
R-squared	0.242	0.332	0.239	0.336

注：***、**、*分别表示在1%、5%、10%的显著性水平下显著，第（1）列和第（3）列括号内数字为 z 值，第（2）列和第（4）列括号内数字为 t 值。

二 地区市场化水平的调节效应

为了检验地区市场化水平对营商环境优化在企业社会责任影响中的调节作用,本章按照地区市场化水平均值将样本分为"高市场化水平组"($MKT=1$)和"低市场化水平组"($MKT=0$),并对基准式(7-1)进行回归,回归结果如表7-5所示。

表7-5 营商环境优化与企业社会责任:市场化水平的调节效应

变量	被解释变量:CSR		
	(1)全样本	(2)$MKT=1$	(3)$MKT=0$
$Official\times Post$	-0.093*	0.067	-0.191***
	(-1.73)	(0.83)	(-2.70)
$Official$	0.075	-0.093	0.185***
	(1.42)	(-1.16)	(2.67)
$Post$	0.181***	0.192***	0.172***
	(23.68)	(17.87)	(14.56)
ROE	0.029	-0.032	0.020
	(1.00)	(-0.57)	(0.55)
Lev	-0.023	0.054	-0.077
	(-0.52)	(0.84)	(-1.15)
$Growth$	0.038	-0.075	0.052
	(0.38)	(-0.49)	(0.37)
$Cash$	-0.105*	-0.099	-0.127
	(-1.84)	(-1.23)	(-1.46)
$CR1$	-0.060	-0.082	-0.078
	(-0.94)	(-0.80)	(-0.83)
TQ	-0.007	-0.003	-0.014**
	(-1.59)	(-0.48)	(-2.14)
$Dual$	0.002	-0.006	0.006
	(0.17)	(-0.29)	(0.34)
$Constant$	3.583***	3.594***	3.592***
	(108.14)	(71.67)	(72.05)
$Firm\ Effect$	Yes	Yes	Yes

续表

变量	被解释变量：CSR		
	（1）全样本	（2）$MKT=1$	（3）$MKT=0$
Year Effect	Yes	Yes	Yes
Observations	2275	1147	1128
R-squared	0.336	0.391	0.291

注：***、**、*分别表示在1%、5%、10%的显著性水平下显著，括号内数字为t值。

表7-5第（1）列为全样本回归结果，第（2）列和第（3）列为根据地区市场化水平均值分组后的分组回归结果。第（2）列显示，在"高市场化水平组"（$MKT=1$）中，变量 Official×Post 的回归系数为0.067，但不显著；而第（3）列表明，在"低市场化水平组"（$MKT=0$）中，变量 Official×Post 的回归系数为-0.191，且在1%的显著性水平下显著。这意味着相较于高市场化水平组的企业，营商环境优化对政治动机驱动企业社会责任行动的抑制作用在低市场化水平组企业中表现得更强，假设7-2得到了实证结果的支持。

三 行业竞争压力的调节效应

为了检验行业竞争压力对营商环境优化与企业社会责任之间关系的调节作用，本章使用赫芬达尔-赫希曼指数（HHI指数）度量行业竞争程度，并按照行业竞争程度均值将样本分为"高行业竞争压力组"（$HHI=0$）和"低行业竞争压力组"（$HHI=1$）。在此基础上，对基准模型（7.1）进行回归分析，回归结果如表7-6所示。

表7-6　营商环境优化与企业社会责任：行业竞争压力的调节效应

变量	被解释变量：CSR		
	（1）全样本	（2）$HHI=0$	（3）$HHI=1$
Official×Post	-0.093*	-0.243**	-0.083
	(-1.73)	(-2.48)	(-1.23)
Official	0.075	0.221**	0.063
	(1.42)	(2.29)	(0.96)
Post	0.181***	0.184***	0.184***
	(23.68)	(14.41)	(17.71)

续表

变量	被解释变量：CSR		
	(1) 全样本	(2) HHI=0	(3) HHI=1
ROE	0.029	-0.014	0.048
	(1.00)	(-0.29)	(1.28)
Lev	-0.023	-0.186**	0.098*
	(-0.52)	(-2.30)	(1.68)
Growth	0.038	-0.035	0.061
	(0.38)	(-0.19)	(0.47)
Cash	-0.105*	-0.052	-0.141*
	(-1.84)	(-0.56)	(-1.85)
CR1	-0.060	0.021	0.141
	(-0.94)	(0.15)	(1.17)
TQ	-0.007	0.001	-0.012**
	(-1.59)	(0.08)	(-2.17)
Dual	0.002	0.007	-0.002
	(0.17)	(0.32)	(-0.10)
Constant	3.583***	3.650***	3.452***
	(108.14)	(40.85)	(77.36)
Firm Effect	Yes	Yes	Yes
Year Effect	Yes	Yes	Yes
Observations	2275	962	1313
R-squared	0.336	0.339	0.336

注：***、**、*分别表示在1%、5%、10%的显著性水平下显著，括号内数字为t值。

表7-6第（1）列为全样本回归结果，第（2）列和第（3）列为依据行业竞争程度平均值分组后的分组回归结果。第（2）列显示，在"高行业竞争压力组"（HHI=0）中，变量Official×Post的回归系数为-0.243，且在5%的显著性水平下显著；第（3）列则表明，在"低行业竞争压力组"（HHI=1）中，变量Official×Post的回归系数为-0.083，但并不显著。这一结果显示，相较于低行业竞争压力企业，营商环境优化对政治动机驱动企业社会责任行动的抑制作用在高行业竞争压力企业中表现得更强，假设7-3得到了实证结果的支持。

四 拓展性检验：营商环境优化与政府补贴

前述理论和实证研究表明，外部政策冲击和官员独董辞职导致营商环境优化，这也使企业出于政治动机履行社会责任的动力显著下降。那么，官员独董辞职导致政企关系断裂是否对企业获得政府补贴产生影响呢？

一般来说，企业积极开展社会责任投资以协助政府分摊社会性任务，基于互惠原则政府会更倾向于将政府补贴分配给为自己分担社会责任压力的企业。官员独立董事辞职导致企业政治关联断裂，企业与政府之间的资源交换关系也被切断，这可能对企业获取政府补贴造成障碍。表 7-7 反映了以政府补贴金额自然对数值为因变量，采用双重差分（DID）回归模型分析的结果。第（1）列显示，企业社会责任水平（CSR）与政府补贴（Fin）显著正相关，这说明了企业积极承担社会责任确实能够提高未来获得政府补贴的额度。第（2）列回归结果显示，变量 $Official \times Post$ 的回归系数在 10% 的显著性水平下显著为负。这意味着官员独立董事辞职后，政府与企业之间的政治关联断裂，导致资源交换关系被切断。因此，企业不必为了政治动机和维系扭曲的政企关系而继续承担过多的社会责任，但与此同时，政府也不再在政府补贴中向这类企业倾斜。这一结果也表明，净化政企关系和营商环境有利于实现政府中性地位，真正体现市场竞争中的公正公平。

表 7-7　　　　　营商环境优化与政府补贴

变量	被解释变量：Fin	
	（1）	（2）
CSR	0.479***	
	(2.77)	
$Official \times Post$		-0.759*
		(-1.79)
$Official$		0.805*
		(1.93)
$Post$		0.161***
		(3.83)
ROE	-0.462**	-0.367
	(-2.03)	(-1.60)

续表

变量	被解释变量：*Fin*	
	（1）	（2）
Lev	1.046***	1.041***
	(2.95)	(2.94)
Growth	-1.418*	-1.054
	(-1.78)	(-1.31)
Cash	-0.075	-0.130
	(-0.16)	(-0.28)
CR1	0.488	0.544
	(0.95)	(1.06)
TQ	0.052*	0.022
	(1.68)	(0.67)
Dual	-0.024	-0.027
	(-0.23)	(-0.27)
Constant	15.388***	17.047***
	(22.32)	(64.80)
Firm Effect	Yes	Yes
Year Effect	Yes	Yes
Observations	2228	2275
R-squared	0.025	0.033

注：***、**、*分别表示在1%、5%、10%的显著性水平下显著，括号内数字为t值。

五 稳健性检验

（一）内生性问题处理

前述模型设定与实证检验可能存在样本自选择问题，进而给实证结论造成干扰。比如，具有从政经历的企业家在选择企业入职时，更愿意选择经营状况和市场声誉较好的企业，而这类企业往往履行社会责任也更积极。这导致本章样本分布并不完全符合随机性，存在样本自选择问题。因此，本章采用倾向得分匹配法（PSM）进一步缓解内生性问题。表7-8报告了PSM样本回归结果。实证结果显示，变量*Official×Post*的回归系数依然显著为负，与前文实证结果保持一致。这表明在缓解内生性问题后，研究结论依然成立。

表 7-8　营商环境优化与企业社会责任：PSM 样本回归结果

变量	被解释变量：CSR	
	(1)	(2)
Official×Post	-0.092*	-0.093*
	(-1.72)	(-1.73)
Official	0.074	0.075
	(1.41)	(1.42)
Post	0.175***	0.181***
	(26.55)	(23.38)
ROE		0.029
		1.00
Lev		-0.023
		(-0.52)
Growth		0.038
		(0.38)
Cash		-0.105*
		(-1.84)
CR1		-0.060
		(-0.94)
TQ		-0.007
		(-1.59)
Dual		0.002
		(0.17)
Constant	3.537***	3.583***
	(775.13)	(108.14)
Firm Effect	Yes	Yes
Year Effect	Yes	Yes
Observations	682	682
R-squared	0.332	0.336

注：***、*分别表示在1%、10%的显著性水平下显著，括号内数字为t值。

（二）替换被解释变量

本章在度量企业社会责任水平时采用企业社会责任评级得分的自然对数值衡量。为了避免取对数对实证结果产生的影响，本章进一步采用企业对应年度社会责任评级得分数值直接衡量企业社会责任水平。表7-9所示的回归结果表明,变量 Official×Post 的回归系数仍旧显著为负。因此,替换被解释变量后,实证结论依然保持稳健。

表7-9　　营商环境优化与企业社会责任:替换被解释变量

变量	被解释变量:CSR	
	(1)	(2)
Official×Post	−4.051*	−3.985*
	(−1.85)	(−1.82)
Official	3.702*	3.595*
	(1.71)	(1.66)
Post	3.874***	3.637***
	(19.99)	(16.99)
ROE		−0.493
		(−0.42)
Lev		−1.916
		(−1.06)
Growth		−5.758
		(−1.40)
Cash		−2.780
		(−1.18)
CR1		−4.394*
		(−1.67)
TQ		0.263
		(1.60)
Dual		0.068
		(0.13)
Constant	37.009***	39.754***
	(287.10)	(29.48)
Firm Effect	Yes	Yes
Year Effect	Yes	Yes
Observations	2275	2275
R-squared	0.217	0.222

注:***、*分别表示在1%、10%的显著性水平下显著,括号内数字为t值。

(三) 替换解释变量

《意见》严格管理党政干部在企业任职（兼职）问题，这一政策不仅导致曾在政府机关单位就职的上市公司独立董事辞职，还有部分在高校等事业单位担任处级以上职位的独立董事辞职。为了进一步验证真正具有政府机关单位从业经历的官员独立董事辞职导致的企业社会责任下降，本章仅将发生政府机关就职经历的独立董事辞职（official）的变量赋值为1。表7-10所示的回归结果表明，变量 Official×Post 的回归系数仍旧显著为负。替换解释变量后，实证结论依然保持稳健。

表7-10 营商环境优化与企业社会责任：替换解释变量

变量	被解释变量：CSR	
	(1)	(2)
Official×Post	-0.180**	-0.178**
	(-2.11)	(-2.08)
Official	0.163*	0.161*
	(1.93)	(1.90)
Post	0.175***	0.181***
	(26.46)	(23.56)
ROE		0.028
		(0.95)
Lev		-0.025
		(-0.56)
Growth		0.034
		(0.34)
Cash		-0.101*
		(-1.76)
CR1		-0.058
		(-0.90)
TQ		-0.007
		(-1.60)
Dual		0.001
		(0.12)

续表

变量	被解释变量：CSR	
	(1)	(2)
Constant	3.537***	3.584***
	(775.11)	(108.16)
Firm Effect	Yes	Yes
Year Effect	Yes	Yes
Observations	2275	2275
R-squared	0.332	0.336

注：***、**、*分别表示在1%、5%、10%的显著性水平下显著，括号内数字为t值。

第五节 本章小结

本章运用《意见》对官员兼职监管强化这一外生政策冲击为准自然实验，实证检验了官员独立董事辞职导致的政企关系断裂给企业社会责任造成的影响。研究发现，首先，限制官员在企业单位兼职有利于营造公正公平的营商环境，这导致部分企业由官员独董构建的政企关系断裂，企业因维系上述关系和迎合政府官员等政治动机履行社会责任的动力显著弱化，因而社会责任水平整体降低。其次，在市场化水平较低的地区，公平竞争环境面临更大挑战，政企关系对企业经营行为的影响强度更大。因此，中央政府限制官员兼职带来的营商环境优化对企业功利性社会责任履行的抑制作用更加明显。最后，当行业竞争度较高时，竞争压力倒逼企业通过构建政企关联和策略性社会责任行动来寻求不对等竞争地位。因此，中央政府限制官员兼职带来的营商环境优化对此类企业功利性社会责任履行的抑制作用更加明显。

本章从微观企业层面拓展了对营商环境经济后果的理论认知，丰富了营商环境领域的研究文献；同时，它也从政企关系视角深化了企业社会责任政治动因的理解。本章的实践启示体现在两个方面。一方面，要大力营造良好的营商环境，实现市场主体公平竞争，缓解政企关联等非市场力量对资源配置和竞争效率的影响；另一方面，企业家也要回归初心，切实从伦理价值和道德责任角度深化对企业社会责任的认知，而勿将履行社会责任行动作为非市场化策略的竞争工具。

第八章　营商环境质量与企业高质量发展水平

第一节　引言

中国特色社会主义迈入新时代的鲜明特征是经济从高速增长阶段转向高质量发展阶段。实现经济高质量发展，不仅需要顶层设计，更需要微观基础。企业是实施经济增长与高质量发展的重要微观主体。改革开放40多年以来，我国企业经历了生根、发芽到壮大的过程，国有企业和民营企业的技术能力及经营管理能力有了较大的提升，内资企业竞争力不断追赶甚至超越外资企业。然而，随着经济结构调整的深入和国际国内经济环境变化，民营经济发展仍面临诸多障碍和挑战，如市场需求不旺、生产要素成本上升过快、融资难和融资贵、税费负担重、制度性交易成本高、转型升级困难重重等。2018年和2019年中央经济工作会议分别提出，"要增强微观主体活力，发挥企业和企业家主观能动性，建立公平开放透明的市场规则和法治化营商环境，促进正向激励和优胜劣汰，发展更多优质企业"；"新时代抓发展，必须更加突出发展理念，坚定不移贯彻创新、协调、绿色、开放、共享的新发展理念，推动高质量发展"。在上述政策目标的引导下，如何借助营商环境质量的提高促进企业积极变革，形成具有竞争力的、可持续的和世界一流的高质量企业，在当下具有重要的理论和实践价值。

现有研究从制度供给视角讨论了政府补贴、减税降费、产业政策、环境管制等单一政策因素对企业高质量发展的影响作用，却鲜有关注企业面临的综合性营商环境质量对企业高质量发展水平的影响作用及其内在机理。营商环境是政府制度供给的重要内容。自党的十八届五中全会提出"完善法治化、国际化、便利化的营商环境"的要求以来，《中共

中央 国务院关于营造更好发展环境支持民营企业改革发展的意见》和《优化营商环境条例》等文件相继出台，各地方政府也采取了诸多优化营商环境的改革举措。

制度理论认为，微观企业行为都嵌入于其所在的宏观制度环境之中并受到外部制度环境的制约，制度环境定义了企业开展商业活动的基本准则。良好的营商环境可以促进生产性私人投资和增加创业活动，降低政策不确定性对企业经营活力的负向影响，降低制度性交易成本，因而对促进企业绩效提升和发展质量具有重要作用。基于此，本章从制度理论视角考察地区营商环境质量对微观企业高质量发展水平的影响效应及其异质性。重点回答两个科学问题：一是地区营商环境对企业高质量发展有何影响？二是地区营商环境对企业高质量发展的影响效应是否因产权性质、产业政策和行业属性差异而有所不同？

本章面对的重要难题是，如何刻画和度量企业高质量发展水平。指标的准确刻画和度量是分析变量关系的重要基础。企业高质量发展是一个融合了经济价值创造和社会价值创造的综合性概念，因而构建科学合理的评价体系具有一定的难度，黄速建等（2018）的研究是目前为数不多从微观企业层面解读高质量发展内涵的学术成果。本章基于他们对企业高质量发展的内涵解读，首次采用主成分分析法构建我国制造业上市公司高质量发展综合指数，以解决企业高质量发展水平定量测度的难题。

第二节 理论分析与研究假说

一 营商环境对企业高质量发展的影响

目前，针对高质量发展主题的研究主要集中在宏观层面的经济高质量发展，鲜有文献考察微观层面的企业高质量发展问题。全要素生产率反映了企业技术进步程度和投入产出效率，与企业高质量发展密切相关（刘志彪和凌永辉，2020），为开展企业高质量发展研究提供了支撑。黄速建等（2018）将企业高质量发展定义为：企业追求高水平、高层次、高效率的经济价值和社会价值创造以及塑造卓越的企业持续成长和持续价值创造素质能力的目标状态或发展范式。

制度基础观认为，制度环境制约并影响企业战略选择和资源配置。

企业为了获得"合法性",其行为通常遵循制度的约束。当制度发生变迁,企业行为也会随之调整。实施高质量发展是企业重要的战略决策,自然也会受到制度环境的影响。营商环境反映了一个国家或地区的企业等市场主体经济活动中所涉及的体制机制因素和条件。作为重要的制度情境维度,良好的营商环境意味着更低的政策性资源依赖以及更规范的地方政府税收征管(于文超和梁平汉,2019),资金、劳动力、土地、技术等要素自由流动,资源配置效率更高,法治环境更优,知识产权保护加强等有利于提高企业创新投资的动机和能力,为企业实现高质量发展奠定良好的制度基础。具体而言,营商环境优化对企业高质量发展的促进作用可能体现在以下三个方面。

第一,在企业面对的外部营商环境中,政府是最重要的制度供给主体,对监管政策和稀缺资源的控制具有重要影响(许和连和王海成,2018)。政商关系代表政府与企业的相处方式,是营商环境的重要组成部分。随着政商关系的转变,企业行为决策也会随之改变。亲清新型政商关系建设有助于企业增强信心,减少寻租成本,进而激励其践行高质量发展路径。2016 年,习近平总书记首次提出"亲"和"清"的新型政商关系。其中,"亲"型关系意味着政府能够主动为企业提供良好的公共服务,帮助企业解决实际困难;"清"型关系意味着政府在为企业发展提供帮助的过程中,应该清白纯洁,不搞权钱交易。由此看来,新型政商关系对企业高质量发展的影响主要体现在两个方面。一方面,通过"亲"型关系,政府能够及时了解企业在发展过程中面临的诸如人才匮乏、融资约束等难题,进而实施有效的帮扶支持;同时,更"亲"的政府可以为企业带去有利的政策信息,有助于企业及时调整经营决策,提高创新效率和生产效率。有了政府作为后盾,企业革除以往低效率发展模式的信心增加,转而实施高质量发展的动机更加强烈。另一方面,"清"型政商关系有利于同时克服政府失灵和市场失灵,政府监督检查功能得到强化,企业围绕行政审批的寻租行为以及由此产生的非法交易就能有所减少,市场竞争公平性得到提高,企业将有更多精力和资源投入主营业务之中。

第二,政府财力代表地区公共物品供给的数量和质量。殷实的政府财力是提高营商环境质量的重要基础,有助于减轻企业税费负担、增强地区资源实力,为企业实施高质量发展提供必要的要素保障。建立社会主义市场经济是由政府主导的改革。1994年分税制财政体制改革为我国建立符合社会主义市场经济基本要求的政府间财政关系制度框架奠定了基础，但同时也带来了地方政府财政赤字规模逐渐扩张的不利局面，由此产生的财政压力会扭曲地方政府行为。企业高质量发展由于具有周期长、投资高、风险大等特点，各地区囿于财政压力下的政府行为可能不利于辖区内企业的高质量发展。具体而言，我国不同地区的税收征管强度和税收执法力度存在明显差异。在财政压力较大的地区，地方政府会加强税收征管（于文超和梁平汉，2019），企业为了维护政企关系也会主动减少避税行为以帮助政府渡过难关。税收征管活动产生的"征税效应"会加剧企业的融资约束，给企业变革造成阻碍，降低企业实施高质量发展战略的意愿和速度。此外，政府在较大的财政压力之下，对地区投资环境的改善和稀缺性资源的吸引力度减弱，企业获得要素资源相对困难，进而给企业高质量发展带来负面作用。

第三，法治建设是体现营商环境质量的重要维度，它反映了当前一国已颁布的各类法律法规的完善度以及执法力度的总体情况，是国家经济持续增长的重要制度前提（Allen, et al., 2005）。法治建设能够更好地维护创新者的合法权益，优化资源配置效率，督促企业遵守商业道德，进而帮助企业健康发展。进入高质量发展阶段，在创新驱动型经济增长模式下，企业迫切需要一个知识产权保护良好、市场竞争更为公平以及要素流动更为自由的制度环境。良好的法治环境在此起到了重要的保护作用。首先，在较好的法治环境中，知识产权保护程度高，创新者的合法权益能够得到有效维护，企业创新活动面临的不确定性大大降低，这都有利于企业增强自主创新的信心。其次，良好的法治环境也能够使资金更多地流向集约型产业，减轻政府干预对资金配置的扭曲作用（李广子和刘力，2020），保障企业依法享有平等使用各类生产要素和公共服务的权利，为企业提高生产效率、实现高质量发展提供必要的资源基础。最后，法治环境还是一股重要的外部监管力量，能够监督企业遵守法律法规，恪守社会公德和商业道德，引导其积极履行利益相关者权益保护的法定义务，减少机会主义行为。

综合以上分析，本章提出如下假设8-1。

假设8-1：营商环境优化对促进微观企业高质量发展具有积极作用。

二 营商环境与企业高质量发展：产权性质的调节作用

相同的制度环境对不同行业和不同产权性质企业的影响程度可能存在差异。不同企业在面对相同的制度变迁也会采取不同的战略调整路径。营商环境优化意味着更加公平和更高质量的制度供给，对制度环境敏感的企业可能借助这一机会积极实施变革。已有研究表明，国有企业的先天政策优势会使私营企业对制度环境更加敏感（何轩等，2014）。此外，在大力推进重点产业建设的影响下，各类支柱性产业蓬勃发展，配套的制度体系相对健全，同时，非重点产业更需要制度环境改善。高新技术企业对创新活动具有高度的依赖性，而外部制度环境改善能够帮助企业维持核心竞争优势，进而显著提升企业绩效。因此，本章在产权性质、重点产业政策和行业属性异质性的条件下，分别考察营商环境优化对企业高质量发展的促进作用是否一致。

改革开放以来，多种所有制企业并存的制度环境不断向公平竞争的方向演变，但由于国有企业类型丰富，实现实质上的公平仍有难度。优化营商环境对国有企业质量提升的积极作用可能小于非国有企业。具体而言，国有企业作为国民经济的重要支柱，实际控股股东为政府。相对于民营企业，国有企业具有"亲近"政府的天然优势。除此之外，国有企业规模一般较大，并且承担了维护社会稳定的特殊使命，其面对的融资约束、劳动力成本约束和市场环境约束较小，因此，营商环境的优化对提升国有企业高质量发展水平的作用可能并不明显。相比之下，民营企业在这些方面存在明显劣势。政府干预增加了企业利益被侵占的风险，私营企业家产权收益也难以得到完全保护，会大大降低他们长期持续经营的"恒心"（闫伟宸等，2020），以"简政放权"和"减少政府行政干预"为导向的营商环境改革将有利于缓解私营企业面临的上述担忧。同时，营商环境优化还能够在一定程度上帮助他们解决"市场冰山""融资高山"和"转型火山"等难题，进而助力企业高质量发展。

假设8-2：营商环境优化对企业高质量发展的促进作用在非国有企业中表现更突出。

三 营商环境与企业高质量发展：行业属性的调节作用

高新技术企业需要通过创新活动来维持核心竞争力。相比于非高新技术企业，高新技术企业对优质资源的依赖性更强。因此，优化营商环境将更有利于高新技术企业的高质量发展。首先，随着政商关系的改善，市场为企业提供创新资源的能力加强,企业寻租成本也进一步减少,高新技术企业有更多的资源去扩大创新范围。其次,财力雄厚的地方政府为鼓励企业高质量发展,可以出台更大力度的直接补贴和税收优惠政策并提供更多稀缺资源,这对于从事不确定性较高的研发活动的高新技术企业而言是重要的助力和保障。基于此,提升政府财力将更显著地推动高新技术企业的高质量发展。最后,相对于非高新技术企业,高新技术企业更需要良好的知识产权保护来维持企业的核心竞争优势,因而法治环境的优化对于促进高新技术企业的高质量发展水平应该具有更加重要的作用。

假设8-3:营商环境优化对企业高质量发展的促进作用在高新技术企业中更突出。

四 营商环境与企业高质量发展:产业政策的调节作用

重点产业政策是政府进行资源配置的有力措施,能够促进企业风险承担,优化生产率(闫伟宸等,2020)。受到产业政策重点支持的企业享有区别于非重点企业的税收、资金和人力等方面的政策福利,这对相关企业转变发展范式、维持长期投资导向具有重要的引导和支持作用,因此,重点产业政策能够缓解恶劣的营商环境对企业实施高质量发展的负面效应。在此基础之上,营商环境优化也有利于充分发挥重点产业政策的作用,使其更好地推动企业创新,进而促进企业高质量发展。相对而言,未得到产业政策支持的企业更加需要良好的营商环境来破解融资约束、创新动力不足、市场竞争不公平等难题,因此,优化营商环境对于非重点产业的企业实施高质量发展具有重要意义。

假设8-4:营商环境优化对企业高质量发展的促进作用在非重点产业中更突出。

第三节 研究设计

一 计量模型

为了检验营商环境对企业高质量发展水平的影响,本章构建了模型如式(8-1)所示。其中,$Quality$ 为本章测算得到的企业高质量发展水平指数。$Corrupt$ 为企业所在地区的营商环境,分别采用政商关系($Relation$)、地方政府财力($Deficit$)、法治环境(Law)三个指标反映:

$$Quality_t = \alpha + \beta_1 Corrupt_t + \beta_2 Control_t + \varepsilon \tag{8-1}$$

第一，被解释变量：企业高质量发展水平（Quality）。在宏观层面，经济高质量发展的核算统计相较于经济增长速度要困难得多，因为发展质量本质上是一个综合性概念，具有多维性特征。微观企业层面的高质量发展核算同样如此，依据其社会价值驱动、资源能力突出、产品服务一流、透明开放运营、管理机制有效、综合绩效卓越、社会声誉良好等明显特征，本章运用主成分分析法，从创新能力、社会责任和经济绩效三个维度综合测度企业高质量发展水平。具体而言，创新能力使用研发投入占营业收入的比重来衡量，因为企业 R&D 经费投入能够较精准地测量企业当年的创新努力程度。企业是社会的一部分，其功能不单是为社会提供商品和服务，还要与利益相关者实现高质量的互动。和讯网开发的上市公司社会责任报告从股东责任、员工责任、供应商、客户和消费者权益责任、环境责任和社会责任五个方面全面考察了企业的社会责任承担情况，是目前社会责任研究领域使用较为广泛的数据之一，因此，本章使用和讯网上市公司社会责任评分来衡量企业在社会价值创造方面的表现。在经济绩效方面，企业拥有较高的市场地位和优异的成长性、盈利性、效率性指标，才有利于保持运营的健康性和健壮性，因此，本章使用盈利能力（ROA）、净资产收益率（ROE）、毛利润率（GP）反映企业盈利能力，使用总资产周转率（ATO）反映企业经营能力，使用投资机会（TQ）反映企业市场价值，使用总资产增长率（Tagr）反映企业成长能力。以上变量构成的企业高质量发展评价指标体系如表 8-1 所示。

表 8-1　　　　　　　　企业高质量发展评价指标体系

总指标	一级指标	二级指标	对应变量名
企业高质量发展	创新能力	研发投入占营业收入的总比重	R&D
	企业社会责任水平	和讯网上市企业社会责任评分	CSR
	盈利能力	总资产收益率	ROA
		净资产收益率	ROE
		毛利率	GP
	经营能力	总资产周转率	ATO
	市场价值	投资机会	Tobingq
	成长能力	总资产增长率	TAGR

本章使用主成分分析法对企业的高质量发展指数进行测算。现有研究在进行多变量构成的综合指数测算时，多使用熵值法、层次分析法、相对指数法和因子分析法等测度方式，主成分分析法相对于这些测度方式的优点是它能够综合指标各个维度的量化结果，其形成的权重结构可以充分反映制造业企业高质量发展指标各维度指标对于形成总指数的贡献大小。因此，本章选择主成分分析法来确定各主成分的权重，进而合成企业高质量发展指数。企业高质量发展指数（Quality）涉及 8 个二级指标，因而构成的 8 维随机向量为 $X=(R\&D, CSR, ROA, ROE, GP, ATO, Tobingq, TAGR)$，各变量经过线性变换可以组合形成新的综合变量，用 F_1，F_2，$\cdots$，F_8 表示：

$$F_1 = \beta_{11}R\&D + \beta_{12}CSR + \beta_{13}ROA \cdots + \beta_{18}TAGR$$
$$F_2 = \beta_{21}R\&D + \beta_{22}CSR + \beta_{23}ROA \cdots + \beta_{28}TAGR$$
$$\cdots$$
$$F_8 = \beta_{81}R\&D + \beta_{82}CSR + \beta_{83}ROA \cdots + \beta_{88}TAGR$$

F_1—F_8 分别为 Quality 的第 1—8 个主成分，并且它们对 Quality 的贡献度依次降低。本章使用 Stata15.0 软件对上述过程进行测算以及 KMO 检验。在此之前，本章对各变量进行了无量纲化处理，以避免变量因量纲上的差异而影响 Quality 指数的测算结果。KMO 检验的结果为 0.629，表明选取的二级指标适合做主成分分析。在综合考虑特征值根和累计贡献率的基础上，本章选择了前 3 个主成分作为构成最终 Quality 的主要子变量，从表 8-2 可以看出，3 个主成分可以解释 67.12% 的企业高质量发展水平。

表 8-2　　　　　　　　协方差矩阵特征根和累计贡献率

主成分	特征值	方差贡献率	累计贡献率
$F1$	2.527	0.3158	0.3158
$F2$	1.764	0.2205	0.5363
$F3$	1.079	0.1349	0.6712

本章使用式（8-1）测算得到样本企业的原始高质量发展指数（Quality），即：

$$Quality_t = (0.316F_1 + 0.221F_2 + 0.135F_3) \div 0.671 \qquad (8-2)$$

第二，解释变量：营商环境 $Corrupt$。政府在营商环境建设中扮演重要角色，在中国经济转型的情境之下，政务环境对于政府与企业家的重要程度远高于发达国家。政府财力是保障职责履行的重要经济基础，对企业面临的要素环境具有决定性作用。法治环境不仅是营商环境的重要组成部分，对于规范政府行为具有重要作用。基于此，本章选择亲清新型政商关系指数、地方政府财力、法治环境三个指标刻画各地区的营商环境水平。具体来讲，政商关系采用聂辉华等在《中国城市政商关系排行榜（2017）》中各省份的政商关系评价总指数来测度；地方政府财政压力借鉴祝继高等（2020）的方法，使用"（一般公共预算支出－一般公共预算收入）/一般公共预算收入"来度量各地区的财政压力（$Deficit$）；地区法律环境（Law）使用《中国分省份市场化指数报告（2016）》中"市场中介组织发育和法律环境"分指标来测度。

第三，调节变量：本章还涉及企业异质性因素的调节作用检验，这里均使用哑变量来测度，样本企业为国有企业赋值为1，否则为0；为高新技术企业赋值为1，否则为0；属于"十一五"规划至"十三五"规划中提到的重点支持产业赋值为1，否则为0。$Control$ 代表控制变量，CEO 作为企业经营管理的一把手，其个人特征对企业经营决策有重要的影响，因此，本章从 CEO 特征层面控制两职合一（$Dual$）、年龄（Age）、性别（$Male$）；从公司层面控制前十大股东股权集中度（$Top10$）、企业规模（$Size$）和资产负债率（Lev）。

二 样本选择

制造业是实体经济的主体，推动制造业高质量发展是实现经济高质量发展的重中之重。随着我国制造业低成本竞争优势的逐渐消失，国际分工处于中低端位置、大而不强等问题逐渐凸显，制造业亟须调整发展范式，加快形成以创新为核心的新竞争优势，因而也成为践行高质量发展的主战场。基于此，本章选取 2010—2017 年沪深 A 股制造业上市公司作为研究对象。数据主要来源于 CSMAR 数据库、CNRDS 数据库、《中国统计年鉴》、和讯网上市企业社会责任评分和《中国城市政商关系排行榜（2017）》。为确保数据完整性与准确性，本章对缺失值较多的变量，对照公司年报进行了补充。根据研究需要，本章使用 Stata15.0 软件对补充后仍然存在缺失值的样本进行了剔除，同时对连续变量进行上下 1% 水平的缩尾处理，最终得到 8511 个观测值。另外，在回归模型中对标准误进行了企业层面的聚类调整以减少偏差。

三 描述性统计

表 8-3 列出了主要变量的描述性统计结果。其中 Panel A 部分是用于合成企业高质量指数二级指标的描述性统计结果。R&D 为研发投入占营业收入的比重，平均值为 3.799，高于中位数 3.410，表明研发投入在平均值水平以下的上市公司数量相对较多。CSR 平均值为 25.391，大于中位数 21.890，说明有较多企业 CSR 得分仍然不高。ROA 平均值为 0.049，最大值为 0.124，最小值为 0.000；ROE 平均值为 0.074，最大值为 0.186，最小值为 0.000。从这两个指标可以看出，制造业上市公司的盈利能力差距较大。样本企业毛利率最大值为 0.600，表明部分制造业上市公司产品具有较高的附加值。ATO 平均值为 0.618，最大值为 1.239，符合上市公司总资产周转率的实际情况。TQ 最小值大于 1，表明制造业具有较高的市场价值。TAGR 平均值为 25.721，大于中位数 12.834，说明拥有较高成长能力的企业占比并不高。

Panel B 部分是检验企业高质量发展影响因素所需的主要变量。Quality 为测算得到的企业高质量发展指数，平均值为 0.016，标准差为 0.667，中位数为 -0.084。表明仍有相对较多的企业高质量发展水平位于均值以下。Relation 为《中国城市政商关系排行榜（2017）》中 2017 年各省份政商关系指数，包含 1571 个样本，平均值为 51.386，标准差为 17.533。Deficit 为 2010—2017 年各地方政府财政压力，样本量为 8511 个，平均值为 0.672，标准差为 0.749，表明我国各地方政府普遍存在财政赤字的情况；Law 为《中国分省份市场化指数报告（2016）》中 2010—2014 年的"市场中介组织发育和法律制度环境评分"分指标，样本量为 4589 个，平均值为 8.294，标准差为 4.561。Ownership 为产权性质，平均值为 0.255，标准差为 0.436；High-tech 表明企业所属行业是否为高新技术行业，平均值为 0.197，表明样本企业中仅有一小部分企业为高新技术企业。Policy 代表企业受到产业政策支持情况，平均值为 0.385，表明受到产业政策支持的企业数量要多于高新技术企业数量，也多于国有企业数量。

表 8-3　　　　　　　　　主要变量的描述性统计结果

变量名	样本量（个）	平均值	标准差	中位数	最小值	最大值
Panel A						
R&D	8511	3.799	3.603	3.410	0.000	9.900
CSR	8511	25.391	15.193	21.890	8.080	63.640
ROA	8511	0.049	0.042	0.045	0.000	0.124
ROE	8511	0.074	0.068	0.071	0.000	0.186
GP	8511	0.289	0.152	0.262	0.083	0.600
ATO	8511	0.618	0.325	0.547	0.236	1.239
TQ	8511	2.111	1.109	1.749	1.168	3.685
TAGR	8511	25.721	38.439	12.834	-6.302	106.733
Panel B						
Quality	8511	0.016	0.667	-0.084	-0.827	1.256
Relation	1571	51.386	17.553	48.120	30.380	96.270
Deficit	8511	0.672	0.749	0.360	0.130	1.730
Law	4589	8.294	4.561	7.540	2.060	16.120
Ownership	8511	0.255	0.436	0.000	0.000	1.000
High-tech	8511	0.197	0.398	0.000	0.000	1.000
Policy	8511	0.385	0.487	0.000	0.000	1.000
Dual	8511	0.327	0.469	0.000	0.000	1.000
Age	8511	49.171	6.689	49.000	38.000	60.000
Male	8511	0.941	0.235	1.000	0.000	1.000
Top10	8511	0.166	0.111	0.143	0.035	0.381
Size	8511	15.539	0.864	15.475	14.235	17.099
Lev	8511	0.367	0.192	0.351	0.086	0.696

本章样本企业来自中国的 30 个省份，由于西藏的样本企业数量较少，本章予以剔除。高质量指数的正负号并没有实际的经济意义，仅代表程度高低。表 8-4 为 2010 年和 2017 年 30 个省份制造业企业高质量发展水平情况。可以看到，各省份的制造业企业高质量发展水平呈现出由东向西逐渐降低的特征，但是近年来西部地区省份的制造业企业高质量发展水平相对有所提升。具体而言，东部地区整体靠前，其中浙江和广东两个制造大省在 2010 年和 2017 年均稳居全国第一名和第二名。西

部地区整体较为靠后,但重庆和四川排名有较大幅度提升。近年来,以笔电为代表的电子制造业的崛起,带动了重庆电子制造业由中低端向中高端转型,汽车产业也积极向智能化和新能源方向转型。2017年,重庆战略性新兴制造业对工业增长贡献率达到了37.5%,由此促使重庆制造业企业高质量发展水平表现出明显的上升趋势。四川在大力推进"先进制造强省"的背景下,制造业企业的发展质量也显著提升。其他西部地区省份制造业企业的高质量发展水平仍然相对较低。中部地区和东北部地区制造业企业2017年的高质量发展水平在全国的排名情况较2010年没有太大变化。

表8-4　　2010年和2017年全国30个省份制造业企业高质量发展水平情况

排名	省份	2010年	2017年	排名变动	排名	省份	2010年	2017年	排名变动
1	浙江	0.614	0.205	0	16	天津	0.376	-0.109	-5
2	广东	0.570	0.178	0	17	内蒙古	0.310	-0.121	-2
3	福建	0.328	0.134	11	18	河北	0.424	-0.137	-12
4	湖南	0.332	0.116	9	19	河南	0.414	-0.146	-11
5	上海	0.275	0.095	11	20	吉林	0.238	-0.181	-1
6	重庆	0.336	0.093	6	21	广西	0.248	-0.188	-3
7	江苏	0.521	0.076	-2	22	新疆	0.159	-0.192	-1
8	山东	0.552	0.067	-5	23	陕西	0.053	-0.193	2
9	江西	0.541	0.060	-5	24	贵州	0.115	-0.250	-1
10	安徽	0.393	0.053	-1	25	山西	-0.114	-0.265	2
11	四川	0.268	-0.006	6	26	黑龙江	-0.147	-0.293	3
12	云南	0.203	-0.007	8	27	海南	-0.442	-0.314	3
13	北京	0.414	-0.017	-6	28	甘肃	0.075	-0.321	-4
14	辽宁	0.378	-0.025	-4	29	青海	-0.094	-0.461	-3
15	湖北	0.140	-0.040	7	30	宁夏	-0.130	-0.500	-2

注:排名变动是2017年相对于2010年的变动情况。

我国制造业企业高质量发展的平均水平在2010—2017年呈现出先

下降后上升的趋势特征。从图8-1中可以看到,在受到国际金融危机的冲击和经济持续低迷的影响下,2010—2012年,我国制造业企业发展质量显著下降。为了应对经济下行压力下企业生产成本上升和创新能力不足等问题,2013年《政府工作报告》指出"要大力推进转变经济发展方式,加快产业结构调整"。2015年国务院印发《中国制造2025》,提出了建设"制造强国"的战略目标。2017年党的十九大报告指出:"必须坚定不移贯彻创新、协调、绿色、开放和共享的发展理念……推动新型工业化、信息化、城镇化、农业现代化同步发展"。在政府的指引之下,制造业发展进入以创新为主要驱动力的高质量发展阶段。2015年后,我国制造业企业高质量发展水平呈现显著上升趋势。此外,第二产业对GDP增长的拉动比重,这一指数可以在一定程度上反映制造业企业的发展速度。对比发展质量与发展速度的波动趋势可以看到,2015年后制造业对GDP的拉动比例虽仍在下降,但发展质量表现出明显上升的趋势,表明我国采取的系列针对性优化措施对调整制造业结构布局、转变发展方式、提升制造业企业的质量水平产生了显著效果。

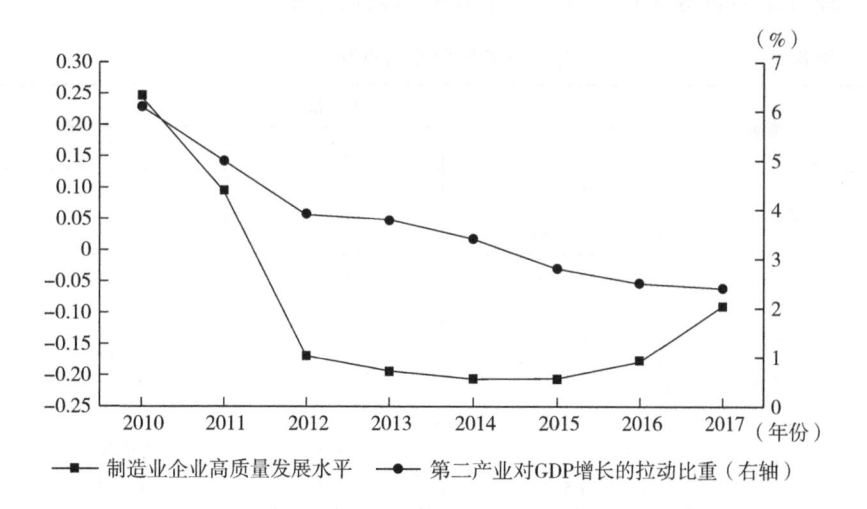

图8-1 发展质量与发展速度

第四节 实证结果及讨论

一 营商环境与企业高质量发展

如表8-5所示,第(1)列是政商关系对企业高质量发展的影响结果,可以看到其回归系数显著为正,表明政商关系对企业高质量发展水平具有显著正向的影响作用,即良好的政商关系有利于促进企业高质量发展。政府通过亲清新型政商关系为企业排忧解难,营造公平的市场竞争环境,进而提升企业质量水平。第(2)列 Deficit 的回归系数为-0.071,在1%的显著性水平下显著,表明在财政压力较大的地区,企业高质量发展水平相对较低。财政压力从增加企业税费负担和融资成本、降低企业避税行为、恶化地区投资环境、减弱稀缺性资源流入等途径抑制企业高质量发展水平。第(3)列 Law 的回归系数为0.009,在1%的显著性水平下显著,表明法治环境对企业高质量发展水平具有显著的促进作用。法治环境通过优化创新环境、提高资源配置效率和加强企业外部监督等途径提升企业的高质量发展水平。

表8-5 营商环境与企业高质量发展

变量	Quality		
	(1)	(2)	(3)
Relation	0.002** (2.56)		
Deficit		-0.071*** (-5.19)	
Law			0.009*** (3.48)
Dual	0.195*** (5.93)	0.119*** (5.86)	0.088*** (3.40)
Age	-0.008*** (-3.58)	-0.009*** (-5.72)	-0.010*** (-5.24)
Male	0.059 (0.92)	-0.009 (-0.23)	-0.042 (-0.79)

续表

变量	Quality		
	(1)	(2)	(3)
Top10	0.617***	0.352***	0.241**
	(4.22)	(3.73)	(2.12)
Size	0.144***	0.217***	0.228***
	(7.59)	(14.35)	(12.78)
Lev	-0.322***	-0.488***	-0.496***
	(-3.47)	(-8.65)	(-7.49)
Constant	-1.996***	-2.338***	-2.497***
	(-6.39)	(-9.70)	(-8.82)
Year	—	Yes	Yes
N	1571	8511	4589
F	20.384	69.844	73.833
Adj-R^2	0.080	0.161	0.203

注：***、**分别表示在1%、5%的显著性水平下显著，括号中为t值。

在各控制变量中，$Dual$的系数在1%的显著性水平下显著，表明CEO兼任董事的企业高质量发展水平相对较高；Age的系数在1%的显著性水平下负向显著，表明年轻CEO能够更好地带领公司实现高质量发展；$Male$的系数不显著，表明CEO性别对企业高质量发展水平不存在显著影响；$Top10$的系数显著为正，表明企业内部股权越集中，越有利于高质量发展；$Size$的系数在1%的显著性水平下显著，表明制造业企业规模越大，高质量发展水平越高；Lev的系数显著为负，表明在合理范围内，资产负载率较低的企业高质量发展水平较高。综合上述检验结果，优化营商环境能够促进企业高质量发展，假设8-1得到验证。

二 产权性质的调节作用检验

表8-6第（1）列和第（2）列报告了产权性质对政商关系和企业高质量发展的调节作用。结果显示，政商关系对国有企业高质量发展具有显著的抑制作用，但对非国有企业却有显著的促进作用，并且显著性水平高于国有企业。国有企业相对于非国有企业而言，本身具有"亲"政府的优势，随着政商关系的改善，国有企业与政府关系的亲密度可能有所缓解，"清"型关系加强。以往由资源过度倾斜带给国有企业的高

质量增长得到抑制，更多资源转向非国有企业，由此促进了非国有企业高质量发展。从第（3）列和第（4）列的结果可以看到，在非国有企业中，财政压力对企业高质量发展的抑制作用更加显著。政府财政赤字给企业带来的税负增加和欠佳的资源实力阻碍了非国有企业高质量发展。第（5）列和第（6）列的结果显示，法治环境的改善明显促进了非国有企业高质量发展水平。形成这一结果的原因可能包含两个方面：一方面，非国有企业本身是创新的主力军，良好的法治环境为他们的知识产权提供了保护；另一方面，良好的法治环境也为其进行高风险的创新活动提供了更加公平的资源获取环境。因此，相较于国有企业，法治环境优化对企业高质量发展的促进作用在非国有企业中更加显著。综上所述，营商环境优化对企业高质量发展的积极促进作用在非国有企业中更突出，假设8-2得到验证。

表8-6　　　　　　　　　　产权性质的调节作用

变量	Quality					
	SOEs	non-SOEs	SOEs	non-SOEs	SOEs	non-SOEs
	（1）	（2）	（3）	（4）	（5）	（6）
$Relation$	-0.003*	0.003***				
	(-1.69)	(2.58)				
$Deficit$			-0.018	-0.067***		
			(-0.63)	(-4.65)		
Law					-0.007	0.010***
					(-1.14)	(3.28)
$Dual$	-0.000	0.164***	0.026	0.082***	0.025	0.052*
	(-0.00)	(4.56)	(0.52)	(3.67)	(0.40)	(1.80)
Age	0.001	-0.007***	-0.004	-0.007***	-0.004	-0.009***
	(0.11)	(-2.80)	(-0.99)	(-4.38)	(-0.92)	(-4.28)
$Male$	0.077	0.081	-0.050	0.028	-0.085	-0.006
	(0.48)	(1.17)	(-0.62)	(0.64)	(-0.76)	(-0.09)
$Top10$	0.133	0.911***	-0.058	0.551***	-0.028	0.369***
	(0.51)	(5.31)	(-0.34)	(4.90)	(-0.14)	(2.67)

续表

变量	Quality					
	SOEs	non-SOEs	SOEs	non-SOEs	SOEs	non-SOEs
	(1)	(2)	(3)	(4)	(5)	(6)
Size	0.213***	0.150***	0.231***	0.235***	0.243***	0.243***
	(6.61)	(6.48)	(8.30)	(13.70)	(8.38)	(10.95)
Lev	-0.424**	-0.152	-0.382***	-0.365***	-0.327***	-0.424***
	(-2.38)	(-1.41)	(-3.41)	(-5.35)	(-2.72)	(-4.94)
Constant	-3.372***	-2.228***	-2.982***	-2.654***	-3.151***	-2.706***
	(-5.64)	(-5.90)	(-6.45)	(-9.61)	(-6.42)	(-7.63)
Year	—	—	Yes	Yes	Yes	Yes
N	294	1277	2170	6341	1342	3247
F	6.944	16.428	16.993	61.715	19.013	64.015
Adj-R^2	0.124	0.078	0.187	0.163	0.203	0.219
经验 P 值	0.005***		0.004***		0.000***	

注：1. ***、**、* 分别表示在1%、5%、10%的显著性水平下显著，括号中为 t 值；
2. "经验 P 值"用于检验组间 Relation、Deficit 和 Law 的系数差异的显著性，通过费舍尔组合检验得到。

三 行业属性特征的调节作用检验

表 8-7 第（1）列和第（2）列检验了政商关系对企业高质量发展影响效应在高新技术企业和非高新技术企业中的差别，经验 P 值为 0.349，表明政商关系对企业高质量发展的促进作用并不因企业所属行业是否为高新技术企业而有所差异。第（2）列和第（3）列 Deficit 的系数均显著为负，经验 P 值为正并在 5% 的显著性水平下显著，表明财政压力对企业高质量发展的抑制作用在非高新技术企业中更大，高新技术企业可能由于享受税收优惠等政策扶持而使这种负面作用得到了缓解。第（5）列和第（6）列的结果显示，Law 的系数均显著为正，经验 P 值为 0.22，在 5% 的显著性水平下显著，表明良好的法治环境对高新技术企业高质量发展水平具有更加显著的促进作用。综合上述分析，假设 8-3 仅得到了部分验证，即在营商环境建设中，优化法治环境对促进高新技术企业提升发展质量水平更有效，而改善政府财政赤字对促进非高新技术企业的高质量发展更有效。

表 8-7　　行业属性的调节作用

变量	Quality					
	High-Tech	Non-High-Tech	High-Tech	Non-High-Tech	High-Tech	Non-High-Tech
	(1)	(2)	(3)	(4)	(5)	(6)
Relation	0.003	0.002**				
	(1.62)	(2.04)				
Deficit			-0.039**	-0.089***		
			(-2.01)	(-5.05)		
Law					0.015***	0.007**
					(2.93)	(2.29)
Dual	-0.000	(1.62)	0.030	0.134***	-0.012	0.105***
	(-0.00)	0.101	(0.66)	(5.93)	(-0.22)	(3.64)
Age	0.001	(1.48)	-0.004	-0.009***	-0.007*	-0.010***
	(0.11)	-0.002	(-1.26)	(-5.68)	(-1.73)	(-4.87)
Male	0.077	(-0.32)	-0.070	0.012	-0.147*	-0.000
	(0.48)	0.112	(-1.00)	(0.24)	(-1.68)	(-0.00)
Top10	0.133	(0.82)	0.365*	0.341***	-0.017	0.318**
	(0.51)	0.704**	(1.67)	(3.26)	(-0.07)	(2.50)
Size	0.213***	(2.46)	0.181***	0.225***	0.208***	0.237***
	(6.61)	0.116***	(6.31)	(12.81)	(6.15)	(11.37)
Lev	-0.424**	(3.01)	-0.353***	-0.516***	-0.227*	-0.580***
	(-2.38)	-0.388**	(-2.94)	(-8.12)	(-1.71)	(-7.62)
Constant	-3.372***	(-2.08)	-2.015***	-2.401***	-2.339***	-2.609***
	(-5.64)	-1.923***	(-4.58)	(-8.52)	(-4.54)	(-7.85)
Year	—	—	Yes	Yes	Yes	Yes
N	302	1269	1675	6836	917	3672
F	4.318	16.637	11.900	59.344	13.652	61.018
$Adj\text{-}R^2$	0.072	0.079	0.131	0.169	0.174	0.212
经验 P 值	0.349		0.007**		0.022**	

注：1. ***、**、*分别表示在1％、5％、10％的显著性水平下显著，括号中为 t 值；
2. "经验 P 值"用于检验组间 Relation、Deficit 和 Law 的系数差异的显著性，通过费舍尔组合检验得到。

四 产业政策的调节作用检验

表 8-8 第（1）列和第（2）列检验了政商关系对企业高质量发展水平的促进作用是否受到重点产业政策的影响。虽然第（1）列 *Relation* 的系数显著为正，第（2）列的系数为正不显著，但并不代表其存在本质上差异，因为经验 P 值为 0.340，并不显著。这就表明政商关系对企业高质量发展的促进作用并没有受到重点产业政策的影响而表现出明显差异。在第（3）列和第（4）列中，*Deficit* 系数均显著为负，非重点产业的企业的 *Deficit* 系数更小，并且经验 P 值在 10% 的显著性水平下显著，表明财政压力对企业高质量发展的负面作用在非重点产业的企业中更大，而重点产业的企业享受税收、资金和人力等方面的政策支持使其财政压力的负面效应有所缓解。第（5）列和第（6）列 *Law* 的系数均为正并且显著，经验 P 值为 0.134，表明无论企业是否属于重点产业，改善法治环境对企业高质量发展均具有显著的促进作用。综合上述分析，假设 8-4 仅得到了部分支持，即在营商环境建设中，改善政府财政状况对于促进非重点产业的企业高质量发展更有效。

表 8-8　　产业政策的调节作用

变量	*Quality*					
	Policy	Non-Policy	Policy	Non-Policy	Policy	Non-Policy
	(1)	(2)	(3)	(4)	(5)	(6)
Relation	0.003**	0.001				
	(2.31)	(1.05)				
Deficit			-0.055***	-0.084***		
			(-3.30)	(-4.25)		
Law					0.012***	0.007**
					(2.75)	(2.11)
Dual	0.153***	0.247***	0.116***	0.118***	0.063	0.095***
	(3.62)	(4.75)	(3.74)	(4.69)	(1.25)	(3.17)
Age	-0.008**	-0.009**	-0.009***	-0.008***	-0.011***	-0.009***
	(-2.58)	(-2.33)	(-3.91)	(-4.43)	(-3.35)	(-4.18)
Male	0.057	0.060	0.019	-0.028	-0.025	-0.048
	(0.72)	(0.56)	(0.34)	(-0.53)	(-0.30)	(-0.73)

续表

变量	Quality					
	Policy	Non-Policy	Policy	Non-Policy	Policy	Non-Policy
	(1)	(2)	(3)	(4)	(5)	(6)
$Top10$	0.792***	0.416*	0.474***	0.293**	0.123	0.334**
	(4.14)	(1.84)	(3.35)	(2.48)	(0.65)	(2.30)
$Size$	0.130***	0.152***	0.187***	0.229***	0.200***	0.238***
	(5.06)	(5.31)	(9.12)	(11.48)	(7.09)	(10.61)
Lev	-0.509***	-0.086	-0.681***	-0.342***	-0.641***	-0.396***
	(-4.25)	(-0.59)	(-8.28)	(-4.77)	(-5.59)	(-4.86)
$Constant$	-1.771***	-2.124***	-1.847***	-2.549***	-1.967***	-2.702***
	(-4.25)	(-4.47)	(-5.71)	(-7.91)	(-4.42)	(-7.48)
$Year$	—	—	Yes	Yes	Yes	Yes
N	882	689	3265	5246	1375	3216
F	13.095	8.425	30.701	43.217	26.682	47.943
$Adj\text{-}R^2$	0.088	0.070	0.167	0.162	0.214	0.200
经验P值	0.340		0.057*		0.134	

注：1. ***、**、*分别表示在1％、5％、10％的显著性水平下显著，括号中为t值；2."经验P值"用于检验组间Relation、Deficit和Law的系数差异的显著性，通过费舍尔组合检验得到。

五 稳健性检验

（一）潜在内生性问题

企业高质量发展对营商环境提出了更高的要求，因而可能倒逼地方政府改善营商环境，进而产生反向因果关系导致实证结论存在内生性问题。同时，也可能存在遗漏变量引发的内生性问题，例如各地区人文环境也是营商环境的重要组成部分，可能影响企业高质量发展。为此，本章使用鸦片战争以后企业所在省份是否被列强设立为租界（Territories）作为地区营商环境质量的工具变量来解决这一问题。选择理由是：一方面，西方列强在租界地区依照本国的法律体系和制度实行管理，推动了中国的贸易制度变革（李嘉楠等，2019），可能对这些地区的营商环境质量产生影响；另一方面，由于某一地区是否被设立为租界是历史数据，而企业高质量发展是我国近年来强调的新型发展范式，与历史上是否设立租界的相关性较弱。因此，租界同时满足相关性和外生性条件，可以作为地区营商环境指标的工具变量。

表 8-9 中第一阶段的回归结果表明，Territories 与 Relation、Law 和 Deficit 的关系均在 1% 的显著性水平下显著，并且弱工具变量检验 F 值大于 10，说明工具变量是有效的。第二阶段的回归结果均为显著，表明在控制了内生性问题后，地区营商环境改善仍然对企业高质量发展具有积极的促进作用。

表 8-9　　工具变量回归结果

变量	第一阶段			第二阶段		
	Relation	*Law*	*Deficit*	*Quality*		
Territories	11.294*** 12.69	5.761*** 29.95	-0.740*** -19.84			
Relation				0.014*** 4.57		
Law					0.009** 1.99	
Deficit						-0.128*** -4.55
Control	Yes	Yes	Yes	Yes	Yes	Yes
Year	—	Yes	Yes	—	Yes	Yes
N	1571	4589	8511	1571	4589	8511
F	161.01	3257.17	2548.38	—	—	—

注：***、**分别表示在 1%、5% 的显著性水平下显著，括号中为 t 值。

(二) 考虑地区经济发展水平的影响

地区经济发展水平对企业高质量发展也具有重要作用。在经济发展水平较好的地区，企业获得优质要素资源的概率更大，因而高质量发展水平更高。本章对地区 GDP 进行控制，构造地区 GDP 哑变量，大于当年全国 GDP 均值的赋值为 1，否则为 0。检验结果如表 8-10 所示，在控制了当地经济发展水平后，较好的政商关系和法治环境以及财政压力的改善仍然对企业高质量发展具有显著的促进作用,再次验证了主要假设。

表 8-10　　考虑地区 GDP 的影响

变量	Quality		
	(1)	(2)	(3)
Relation	0.003*** (3.08)		
Law		0.005* (1.73)	
Deficit			-0.053*** (-3.72)
Control	Yes	Yes	Yes
Year	—	Yes	Yes
N	1571	4589	8511
F	18.874	69.467	67.135
Adj-R^2	0.083	0.205	0.162

注:***、*分别表示在1%、10%的显著性水平下显著,括号中为t值。

(三) 替换企业高质量发展水平的测度方法

全要素生产率 (TFP) 是企业高质量发展的核心要素,现有研究也较多使用全要素生产率作为企业高质量发展水平的测度指标。因此,本章使用半参数 OP 方法计算 TFP,以主营业务收入作为企业产出,职工人数代表投入的劳动力,固定资产代表企业资本,资本变化加折旧代表企业投资,控制变量包括企业年龄、产权性质和企业是否出口。计算得到的 TFP 值作为被解释变量,政商关系、法治环境和财政压力作为解释变量,控制变量与主回归一致。检验结果如表 8-11 所示。可以看到,改善政商关系和法治环境、减轻财政压力能够显著提升企业的全要素生产率,表明替换企业高质量发展的测度指标后,本章主要结论依然成立。

表 8-11　　　　　　　　营商环境与全要素生产率

变量	TFP		
	(1)	(2)	(3)
$Relation$	0.002** (2.46)		
Law		0.017*** (4.72)	
$Deficit$			-0.086*** (-5.36)
$Control$	Yes	Yes	Yes
$Year$	—	Yes	Yes
N	1284	3737	6961
F	122.827	63.398	77.323
$Adj\text{-}R^2$	0.399	0.371	0.370

注：***、**分别表示在1%、5%的显著性水平下显著，括号中为 t 值。

第五节　本章小结

本章基于制度理论考察了地区营商环境与企业高质量发展之间的关系。研究发现，优化地区营商环境能够显著提升企业高质量发展水平。这一现象作用于不同类型企业时表现出异质性特征，即在完善地区营商环境过程中，改善政商关系、缓解地方政府财政压力、优化地区法治环境对促进企业高质量发展的积极作用在非国有企业中更有效；优化地区法治环境对促进高新技术企业高质量发展更有效，而缓解地方政府财政压力对促进非高新技术企业和非重点产业的企业高质量发展更有效。

本章研究对企业高质量发展知识体系有两个方面的贡献：第一，拓展了企业高质量发展水平的测度方法。与已有文献使用全要素生产率或是股东价值增加等方法测度企业高质量发展水平的方法不同，本章基于企业高质量发展内涵的多维性特征，提出了一套可量化的企业高质量发展评价指标体系并将其运用于制造业上市公司。经过测度，本章发现，我国制造业企业高质量发展水平呈现出在地区和年度方面的动态演化特征。第二，从制度供给视角揭示了改善地区营商环境在促进企业高质量发展中的积极作用及传导路径，深化了对企业高质量发展影响因素的理论认知。特别是已有文献讨论了政府补贴、减税降费、产业政策、环境管制等单一制度对企业高质量发展水平的影响，本章进一步考察了企业所面临的综合性外部营商环境的影响，是对制度供给与高质量发展关系研究的深化补充。

  本章的研究发现具有两个方面的启示。一方面，要大力推进营商环境建设，为企业实施高质量发展提供优质的制度环境。具体而言，政府应加快构建亲清新型政商关系，及时掌握企业生产经营的痛点和堵点，减少"政企合谋"等机会主义行为，提高政务服务的效率和质量；完善财税体制，改善地方政府事权与财权的匹配程度，为企业经营提供更好的公共物品支持；健全法制体系，提高知识产权保护力度，在维护企业合法权益的同时，合理监督企业遵守法律法规，恪守社会公德和商业道德，履行对利益相关者的法定义务。另一方面，结合企业特征，因地制宜、因企施策。完善地区营商环境要采取"点面"结合的方式，不仅要从多个方面入手提升整体营商环境水平，还要实施有针对性的优化策略。具体而言，要加大对非国有企业营商环境的改革力度，通过建立亲清新型政商关系、提升政府财力和优化法律环境等措施提振非国有企业经营信心，改善融资约束和市场竞争不公等难题；优化法治环境，帮助高新技术企业维持核心竞争优势；提升政府财力，促进非高新技术企业和非重点产业的企业实现高质量发展。

第九章 优化营商环境的理论逻辑与实践路径

第一节 引言

前述章节理论诠释并多维度实证检验了优化营商环境对促进微观企业高质量发展的内在机理和传导路径。良好的营商环境是孕育优质企业、激发市场活力、稳定社会预期的重要制度保障，也是建设现代化经济体系、促进微观企业高质量发展的坚实基础。营商环境质量好，市场主体发展活力就足，市场韧性和经济发展动力就强。进入新发展阶段，持续优化营商环境有利于激发市场主体活力，引导市场主体蓬勃发展。市场化、法治化、国际化营商环境建设，是深化改革开放、促进公平竞争、增强市场活力和经济内生动力、建设现代化经济体系、推动企业高质量发展的重要举措。2022年3月颁布实施的《中共中央 国务院关于加快建设全国统一大市场的意见》特别强调加快营造稳定、公平、透明、可预期的营商环境。

赖纳特（2005）把国家或政府在现代化过程中的推动作用的发挥称为"必须通过的点"。当前中国基本完成大规模工业化，相继出现的另一个必须通过的点将是与经济转型相配套的治理法治化建设（高培勇等，2020）。就经济迈向高质量发展来说，从未像今天急需建立优质的营商环境。从历史逻辑来看，我国经济社会发展的"人口红利""政策红利"逐渐弱化，未来主要依靠"人才红利""创新红利"驱动。构建既"亲"且"清"的政商关系，营造稳定透明的营商环境，有利于破除各种束缚创新发展活力的桎梏，使经济步入"创新提质增效"发展轨道。从现实逻辑来看，当前我国经济发展面临需求收缩、供给冲击、预期转弱三重压力。要顶住经济下行压力，就务必更大限度地持续激发市场主体活力。

党的十八大以来，各级党委和政府积极构建亲清新型政商关系，推动政治生态日益清朗、营商环境持续优化。纵深推进市场化改革，减少政府对微观经济活动的直接干预，不断完善产权保护、市场准入、公平竞争等制度环境，通过持续简政放权、放管结合、优化政务服务，不断降低制度性交易成本，保护和激发市场主体活力。我国也成为全球营商环境进步最快的经济体之一，对全球跨国投资产生强大磁力，新设外商投资企业实现稳步增长。2012—2021年，外商投资企业数量从44.1万户增长到66.4万户，增幅超过50%。但也要看到，少数党员干部仍不同程度地存在认识偏差，产生"清而不亲"现象，存在不敢为、不愿为、不作为的问题。营商环境只有更好，没有最好。必须持续打造市场化、法治化、国际化营商环境，为企业提供公平公正的市场秩序，不断激发亿万市场主体活力，为推动经济持续稳定增长和企业高质量发展提供更有力的保障。基于此，本章重点围绕优化营商环境、助力企业高质量发展这一目标，系统阐释优化营商环境的理论逻辑和实践路径。

第二节　亲清政商关系二维理论框架

市场主体活力和创新创业动力有赖于良好的营商环境，包括透明的政企互动机制、完善的产权保护制度以及公平竞争的政策环境。政商关系是营商环境的重要维度与核心体现。健康的市场秩序能否建立与政府、企业二者之间是否形成良性互动密切相关。党的十八届三中全会指出"经济体制改革的核心问题是处理好政府和市场关系"。党的十九届四中全会明确指出"完善构建亲清政商关系的政策体系"。党的十九届五中全会强调"优化民营经济发展环境，构建亲清政商关系"。2021年12月17日，习近平总书记在中央全面深化改革委员会第23次会议再次强调，发展社会主义市场经济的关键是处理好政府和市场的关系。

健康的政商关系对于提升市场主体创新动力和竞争活力、推动经济高质量发展具有重要意义。在国家治理体系和治理能力现代化的语境下构建新型政商关系，需要从政府改革入手，通过制度化和法治化的方式界定政府与市场的权力边界，推动构建亲清新型政商关系。因此，正确厘清和认识我国政府与市场的互动关系是塑造亲清新型政商关系和优化营商环境的理论基石。基于此，本章以政府与企业之间交互的"亲"与"清"为分类标准构建政商关系二维理论分析框架，重点从政企合谋、政治攫取、政企分离和政企协同四类政企互动模式阐释不同情境下的政企行为特征与效率差异。

第一，政企合谋（Government-business Collusion）。这一情境下的政商关系"亲而不清"，政府为了获得更多财政收入、官员晋升和寻租权力等，选择与企业合谋，默许、纵容或鼓励企业通过不当行为获取超额收益并与之共享，企业以此谋求政治庇佑与合法性地位。在政企合谋情境下，地方政府和企业之间相当于签订了隐性契约：地方政府或官员为获得政绩和企业的私人利益输送；企业则通过违规方式获取稀缺资源、节约成本而增加利润。政企合谋损害了公平竞争法则，进而引发政治层面的腐败丛生、经济层面的劣币驱逐良币，最终导致"弊治抑商"的经济后果。由此可见，政府"亲而不清"的"弊治"行为不仅会损害政府治理效能和形象，还会严重破坏公平竞争环境，损害整体市场效率。

第二，政治攫取（Government Expropriate）。这一情境下的政商关系"亲清皆失"，政府对企业正常生产经营活动提供的公共服务支持明显不足，对市场主体的合理诉求置若罔闻、拒之门外；同时，又通过管制威胁或税收政策等手段攫取企业利益，或刻意延缓行政审批程序，以迫使企业行贿，亦可借由生产许可、出口配额、政府合约等经营许可进行权力寻租，甚至直接采取简单粗暴的方式对企业资源进行攫取。在政府和企业博弈过程中，地方官员有强烈动机通过税收、资源分配、行政审批、摊派或罚没等方式攫取企业资源并存在拒绝为企业提供必要公共服务的"懒政""怠政"行为。政治攫取严重干扰企业正常成长，对培育和激发市场主体活力造成阻碍，最终导致"苛治役商"的社会经济后果。

第三，政企分离（Government-business Separation）。这一情境下的政商关系"清而不亲"，政府不干预企业生产经营活动，也不关心企业发展，不主动为企业提供所需服务和帮助，极端情况是一种"无为而治"（Noninterference）的状态。在政企分离情境下，虽然政府与企业之间保持距离和清廉,但政府并未尽到应尽的引导帮扶作用,放任企业自由发展,是政府不作为的典型表现,很容易引发市场失灵,最终导致"疏治贻商"的社会经济后果。

第四,政企协同(Government-business Cooperation)。这一情境下的政商关系处于"亲清相宜"的良好状态,政府积极引导和帮扶企业的生产经营活动,企业以求真务实的积极态度建言献策,在制度框架内共谋经济发展。在政商协同情境下,政府官员坦荡真诚地与企业家交往,积极主动倾听他们的心声和期盼,主动吸引企业家与政府沟通交流,形成"讲真话、说实情、建诤言"的互动局面。政府通过设立工业园区、保税区、制定产业政策等方式,提供公共服务、基础设施、税收优惠、财政补贴、信贷支持及其他相关稀缺资源,为企业发展经营引路纠偏。政商协同打通了政府—市场—企业的资源链条,既改善了政府治理效能,又拓展了市场空间,最终通过协同治理产生"善治益商"的社会经济效果(见图9-1)。

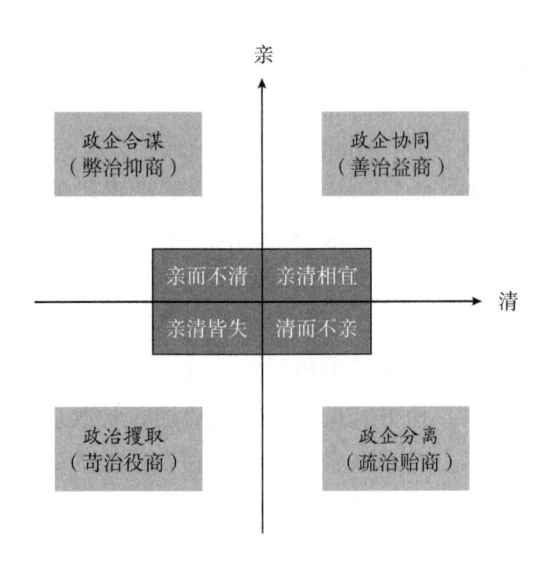

图9-1 "亲""清"政商关系二维理论框架

第三节　优化营商环境的顶层设计

我国经济已由高速增长阶段转向高质量发展阶段，进入经济发展新常态。新常态不仅涉及一系列经济增长方式和路径的转变，体制改革和机制转换更是其中重要的支撑内容。经济体制改革的核心问题就是要不断理顺政府和市场的关系，使市场在资源配置中起决定性作用，更好发挥政府作用，使市场这只"看不见的手"和政府这只"看得见的手"有机结合、扬长避短，实现有效市场与有为政府间的耦合跃迁，进而激发市场主体活力，为高质量发展夯实基础。

优化营商环境是一项系统工程，需要政企双方凝聚共识、相向而行、协同推进，进而实现同频共振。企业既是营商环境的服务对象，也是营商环境的塑造主体。在当前我国积极推进共同富裕和第三次分配的宏大背景下，企业家的家国情怀、使命感和担当意识，广大企业商业向善对改善营商环境、共同推进高质量发展和共同富裕显得尤为重要。政府和企业在优化营商环境中同等重要，要加快形成"有为政府+有效市场+有志企业"三维动力系统，实现有效市场与有为政府的协同共治、相向而行、耦合跃迁。具体来讲，要从宏观层面的政府职能转变、中观层面的高标准市场体系建设、微观层面的市场主体活力激发以及个体层面的企业家精神释放四个层面对营商环境进行系统谋划和总体把握，形成包含纵深推进"放管服"改革、构建高标准市场体系、激发市场主体活力、增强企业使命感与责任担当等多维度的营商环境顶层设计，具体架构如图9-2所示。

第一，加快推进政府职能转变。纵深推进"放管服"为基准的政府改革、追求善治、推行善政是未来中国经济社会发展的助推器，也是改善营商环境关键的力量。近年来，各级政府充分意识到转变政府职能在优化营商环境、完善政府与市场关系，进而激发市场主体活力、增强内生动力、释放发展潜力等方面的重要意义。"放管服"实质上是一场政府简政放权、让利于市场主体、便民利商的自我革命。其要义在于坚持市场化、法治化、国际化的原则，政府既要勇于打破不合理的体制机制障碍，更充分地激发市场活力和社会创造力；也要制定并维护公开

改进　　　　　　　完善

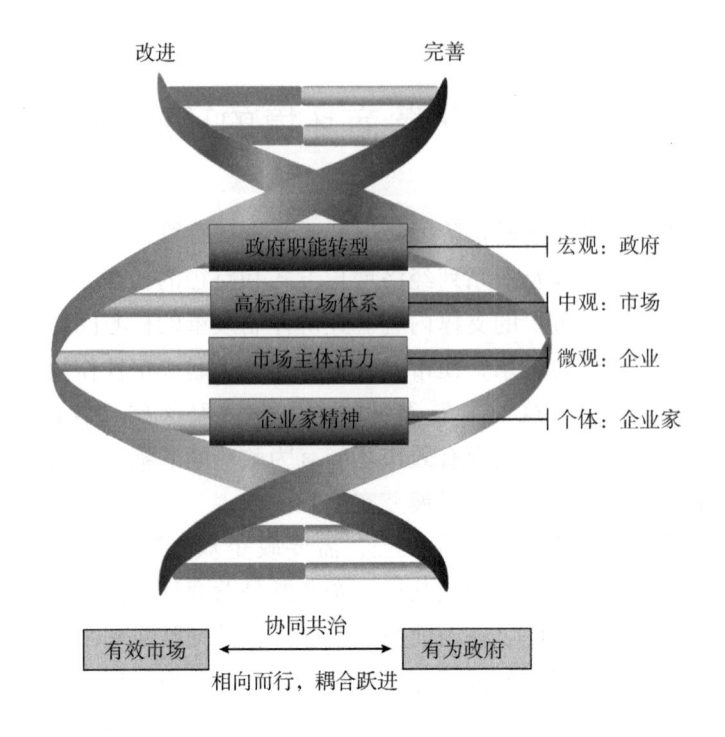

- 政府职能转型 —— 宏观：政府
- 高标准市场体系 —— 中观：市场
- 市场主体活力 —— 微观：企业
- 企业家精神 —— 个体：企业家

有效市场 ←协同共治→ 有为政府
相向而行，耦合跃进

图9-2　优化营商环境的顶层设计思路

透明的市场规则与公平公正的监管体系，依法保护不同所有制企业的合法权益；还要持续扩大对外开放，对接国际通行的经贸规则，提高企业国际竞争力。结合当前持续优化营商环境的现实需求，纵深推进"放管服"改革应该重点直面市场主体需求，创新实施宏观政策和深化"放管服"改革；着力打造市场化、法治化与国际化营商环境；进一步增强责任感，攻坚克难，推动改革举措落地见效。

第二，构建高标准市场体系。优化营商环境需要通过有效市场与有为政府的有机结合来实现。有效市场的构建离不开高标准市场体系建设。建设高标准市场体系，可以发挥大国经济的市场规模效应与要素集聚效应，有利于激发市场主体活力和创造力。建设高标准市场体系也有利于平等保护各类所有制经济产权，健全产权执法司法保护制度，有利于形成市场主体公平竞争的市场环境，实现企业优胜劣汰，使要素资源向先进生产力和优势主体集聚。建设高标准市场体系还有利于打通流通大动脉，实现"惊险一跃"，贯通生产、分配、流通、消费各环节，推进市场提质增效（马建堂，2021）。

党的十九届五中全会明确提出建设高标准市场体系的目标任务，即"健全市场体系基础制度，坚持平等准入、公正监管、开放有序、诚信守法，形成高效规范、公平竞争的国内统一市场"。当前，世界百年未有之大变局正加速演进，新一轮科技革命和产业变革带来的激烈竞争前所未有，气候变化、疫情防控等全球性问题对人类社会的影响前所未有，单边主义、保护主义抬头，经济全球化遭遇逆流，世界经济在脆弱中艰难复苏。同时，我国产业体系还不适应高质量发展要求。要建立现代服务业主导、中高端主导的产业体系，进一步建设高标准市场体系，发挥市场在资源配置中的决定性作用。高标准市场体系更加强调制度的完备性，更加强调公平竞争和发挥市场在资源配置中的决定性作用。

第三，激发市场主体活力。市场主体活力与营商环境质量存在相互作用的关系。一方面，优化营商环境有利于激发市场主体活力；另一方面，市场主体活力提升也给政府行为边界和服务质量提出了更高要求，进而倒逼营商环境质量的提高。市场主体是经济发展的基本载体，是经济活动的主要参与者、就业机会的主要提供者、技术进步的主要推动者，在国家经济发展中发挥着十分重要的作用。党的十八大以来，我国市场主体蓬勃发展、市场规模大幅拓展、市场结构持续优化、市场环境日益完善。充满活力的微观市场主体，绘就了磅礴壮观的宏观经济发展图景。当前1.46亿户市场主体的发展壮大，是我国市场体系培育、完善、成熟的基石，也是构建新发展格局、推动高质量发展的重要微观基础。但在市场经济发展过程中也出现了一些抑制市场主体活力、损害公平竞争的不利因素。比如，平台经济在提升全社会资源配置效率、推动技术创新和产业变革、促进国内经济循环、提升人民群众生活便利度的同时，平台垄断、竞争失序、无序扩张等问题也逐步显现。实践证明，营造公平、高效、有序的营商环境，才能促进各类市场主体更加规范、更具活力、更重创新，实现高水平、深层次与可持续发展。

第四，释放企业家精神。优化营商环境固然离不开政府的创新作为、积极作为、高效作为，但是作为新时代的企业家也应该努力成为"爱国敬业、守法经营、创业创新、回报社会的表率和践行亲清新型政商关系的典范"，主动同各级政府部门沟通交流，真实反映企业经营发展情况，建诤言、献实策，切实推动政府完善政策法规、优化营商环境。市场活力来自人，特别是来自企业家，来自企业家精神。只有健康的营商环境，才有蓬勃的企业家精神。过多的行政管制会使企业花费在处理政府部门关系和相关事务上的成本增加；产权制度缺失则会让企业家对创业过程中可能承受的"掠夺"产生负面预期。这些因素都会打击企业信心，抑制企业创办和创新活动开展。

第四节　优化营商环境的实践路径

一　构建"有为政府+有效市场+有志企业"三维动力系统

优化营商环境的关键在于处理好政府和市场的关系，使市场在资源配置中起决定性作用，更好发挥政府作用，推动有效市场和有为政府更好结合。如何摆正"看得见的手"和"看不见的手"的关系，将从根本上为优化营商环境确立基础和原则。从这个意义上讲，高质量营商环境的根本体现是有效市场和有为政府的辩证统一，形成彼此间的最佳结合与同频共振。同时，作为市场主体的企业既是营商环境的作用客体，也是塑造营商环境的行动主体。因此，要积极引导企业转变思维和行动范式，与政府聚心合力共同推动营商环境的持续改善。只有这样，才能真正构建"有效市场+有为政府+有志企业"的三维动力系统，实现三者协同共进、耦合跃迁的高质量营商环境（见图9-3）。

二　法治、善治与规制导向的政府职能转型

有效市场和有为政府之间相互依存共生、相互协调促进的状态，是中国特色社会主义市场经济与我国基本经济制度相结合的伟大实践成果。市场有效是提升经济运行质量、效率与动力的必需要素，而更有效市场则需要一个与之匹配的有为政府进行培育。因此，本章以推动有效市场、有为政府、有志企业更好结合为原则，聚焦有为政府的建设与改进，探索形成政府层面优化营商环境的实践路径。

第一，提升政府监管效能。提高政府监管效能是政府发挥规制作用的重要路径，有利于促进市场公平竞争，推动有效市场建立。政府应坚持放管结合、并重，夯实监管责任，健全事前、事中、事后全链条、全流程的监管机制。完善公开透明、简明易行的监管规则和标准。深化"互联网+监管"，加快构建全国一体化在线监管平台，积极运用大数

第九章 优化营商环境的理论逻辑与实践路径

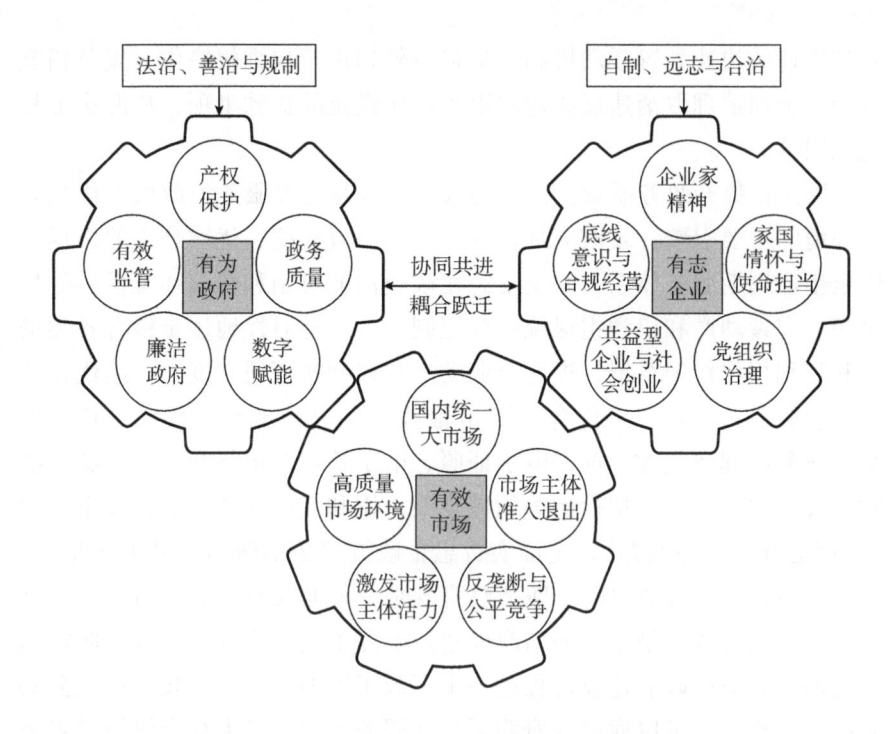

图 9-3　优化营商环境的三维耦合动力系统

据、物联网、人工智能等技术为监管赋能，探索形成市场主体全生命周期监管链。推动"双随机、一公开"监管和信用监管深度融合，完善按风险分级分类管理模式。对新业态实行包容审慎监管，健全平台经济治理体系。推动行业协会商会建立健全行业自律规范，更好发挥社会监督作用。

第二，强化产权保护。产权制度是社会主义市场经济的基石。有恒产者有恒心，经济主体财产权的有效保障是经济社会持续健康发展的基础。加快完善产权保护制度，依法有效保护各种所有制经济组织财产权，增强人民群众财产财富安全感，增强社会信心，形成良好预期。政府应健全守信践诺机制，建立政府承诺合法性审查制度和政府失信补偿、赔偿与追究制度，重点治理债务融资、政府采购、招投标、招商引资等领域的政府失信行为，畅通政府失信投诉举报渠道，健全治理"新官不理旧账"的长效机制。完善产权保护制度，强化知识产权保护，开展商标专利巡回评审和远程评审，完善对商标恶意注册和非正常专利申请的快速处置联动机制，加强海外知识产权维权协作。规范罚款行为，全面清理取消违反法定权限和程序设定的罚款事项，从源头上杜绝乱罚款。

第三，提升政务质量。优质的政务服务是建设服务型政府、优化营商环境的重要引擎。政府应加快建立健全高效便捷、优质普惠的市场主体全生命周期服务体系，健全常态化政企沟通机制和营商环境投诉处理机制。完善动产和权利担保统一登记制度，有针对性地逐步整合各类动产和权利担保登记系统，提升企业动产和权利融资便利度。持续优化企业办税服务，深化"多税合一"申报改革。提升不动产登记涉税、继承等业务办理便利度。推进电子证照、电子签章在银行开户、贷款、货物报关、项目申报、招投标等领域全面应用和互通互认。推行涉企事项"一网通办、一照通办"，全面实行惠企政策"免申即享、快速兑现"。

第四，建设廉洁政府。廉洁政府既是一种廉政精神的价值产物，又是一种透明行政的结果。廉洁政府建设实际上是国家权力和政府职能向社会回归，廉洁政府建设过程是一个还政于民的过程。在政府提供公共服务的过程中，可以通过政府购买公共服务方式，扩大社会组织或者公民个人参与，降低政府腐败的可能。在对政府绩效进行评估的过程中采取购买社会第三方评估服务，转变政府既当"运动员"，又做"裁判员"的职能。政府还可以通过购买社会第三方监督服务，避免政府自身监督的缺陷与不足，提高政府廉洁性。政府在职能转变过程中应该充分利用智能技术，构建"智能+监管"服务平台，以智能化技术对政府行为进行控制和监督。

第五，推进数字赋能。提升数字技术对营商环境的赋能需做好三个方面的工作。其一，以制度优化营商环境创新实践。地方政府应根据本地实际，将率先探索、先行先试的工作创新及时转化为制度创新，通过制定平台规则、数据标准化、数据开放等地方性法规，推动政府与企业在法治框架内良性互动。政府实施"平台清单制度"，明确行为边界，以保证程序公平、公开。其二，推动"数据驱动"的业务流程创新。通过数字化改革促进政商合作，做好不同端口的集成，打通数据体系，提升各政府部门后端数据协同能力，通过流程再造真正做到政策数字化有效供给。充分利用技术工具对企业和市场的需求进行精准识别，提高企业办事满意度与获得感。其三，提升政府监管的智能性与精准性。利用信息技术为政府监管部门赋能，建立"事前管标准、事中管达标、事后管信用"的新型监管模式。重视数字平台的内部协调与监管功能，制定精细化、个性化的标准、规则、程序，从具体平台产品、服务、用户等方面明晰政府干预边界，实现灵活监管。

三　自制、远志与合治导向的企业行为重塑

优化营商环境不仅需要有为政府与有效市场，还需要企业主动为政府建言献策、满腔热情支持地方发展、积极投身创新创业、主动参与社会治理。因此，构建有志企业精准发力的动力机制是带动有效市场、有为政府与有志企业实现协同共进、耦合跃迁的重要力量。

第一，激发企业家精神。中国市场经济体制改革已经进入新的历史阶段，激发创新创业活力成为经济新常态背景下的主要任务，也是企业主动"亲近"政府的重要路径。2017年中共中央、国务院发布了《关于营造企业家健康成长环境弘扬优秀企业家精神更好发挥企业家作用的意见》，再次明确了企业家精神的地位和价值。营造尊重企业、尊重企业家的氛围需要重新审视当前企业家精神培育不足的现实，塑造新时代中国企业家精神。

第二，家国情怀与使命担当。政府官员和企业家之间的关系过于"亲密"而导致政企合谋、权钱交易等不良行为是信仰的缺失，更是企业家伦理责任与家国情怀缺失的表现。习近平总书记一直强调文化自信、家国情怀是中华传统文化蕴含的重要内容。"利于国者爱之，害于国者恶之。"家国情怀于企业家而言，是一份责任、一份担当、一份重要的使命。政府应当引导企业家树立强烈的家国情怀。企业家应在爱国、创新、诚信、社会责任和国际视野等方面不断提升自己。这既是国家和社会对当代企业家的希望和期许，也是企业长盛不衰的秘籍。企业要勇于担当、积极践行企业社会责任。作为企业家，必须拥有担当精神，为员工创造幸福去担当，为社会发展去担当。

第三，底线意识与合规经营。企业家应顺应时代变化、响应政府号召，增强对经济治理制度与规则的尊崇。企业家应具有底线意识和规则意识，做到规范、守法、有道经营，确保不依附、不阿谀、不破坏市场规则。企业应当树立长远发展战略，走市场化经营之路，提升企业创新和内生增长能力，而不是依靠关系网络谋求不对等市场竞争地位。企业要善于利用国家政策利好将企业发展以合法、正当的方式融入社会进步

与政府运作逻辑中，与政府形成良性互动关系。

第四，党组织治理嵌入。政治属性的党组织与经济属性的治理结构并存是中国企业生存发展面临的独特制度情境和优势。与传统治理结构注重企业经营目标实现和股东经济利益不同，党组织的核心功能是发挥政治引领作用，确保企业经营目标、经营形式与党的路线方针相统一，以更好地实现股东经济利益与公共治理价值相互融合的多元治理目标。因此，在优化营商环境、推进企业转型增长过程中要坚持和强化党的领导，充分发挥基层企业党组织的政治引领与治理功能。企业党组织是共产党在基层经济领域的"神经末梢"，在传递党和国家意志、督促企业遵守国家法律和社会规范、加快构建良好商业文明中扮演重要的角色。强化党组织治理功能，有利于向企业内部嵌入公共价值，引导企业更加关注绿色发展和包容式增长。

第五，儒商精神引导。在优化营商环境、推进企业转型增长过程中要大力弘扬中华优秀传统文化，充分发挥儒家传统及其隐性价值规范对企业创新发展的引导作用。对中国社会而言，儒家文化是影响最深远的非正式制度因素。它是中国哲学思想和价值观中最持久、最重要的力量，也是个体和组织普遍尊崇的道德规范与行动指南。儒家文化价值体系中蕴含许多重视和激发创新变革、尊重知识和人才的思想，这都对现代企业创新和增长转型具有重要的促进作用。因此，要增强文化自信，多从中华优秀传统文化中寻求解决实际问题的办法，充分弘扬和发挥儒商精神在优化营商环境、推进企业创新发展和增长转型中的积极价值。

第六，共益型企业与社会创业。社会创业是在非营利组织、商业或政府部门内部或多部门联动进行的创新性的创造社会价值的活动，旨在通过减少负外部性和通过整合社会和企业家精神来推动社会进步。政府应积极培育共益型企业并鼓励社会创业，以实现社会共同治理。一方面，针对共益型企业与社会创业容易出现的"使命漂移"问题，政府可以对此类企业的双重使命进行明确规定；同时，还应建立问责机制，对社会责任缺失或弱化行为导致的不良后果进行责任追究，形成共益型企业与社会创业违背社会目的要求的惩戒机制，全面推进构建双重使命的法律化和问责机制。另一方面，针对共益型企业与社会创业边界模糊的内生性难题，企业家应该积极构造情境双元与领导双元相结合的双元组织，以明确企业边界。对于组织形态伪共益的运作性难题，企业应构建价值一体化的责任型治理和价值共创共享的平台网络架构予以解决。

四　营商环境质量评价与反馈机制

优化营商环境还在很大程度上依赖于科学评价指标体系的设计，以客观全面反映各地区营商环境的整体质量、关键短板和制约因素，进而为持续改善营商环境提供方向。优化营商环境应以市场为导向、以企业为基础、以政府为纽带，需要政府与企业家自觉且共同形成合力推动营商环境的持续改善。因此，本章根据相关文献、政府文件以及现实要求，分别从"政府""企业"以及"政商互动"三个维度构建营商环境质量的评价体系。具体来讲，根据本章提出的"亲""清"政商关系二维理论框架，重点从"亲近指数""清白指数""协同指数"三个方面构建适用于我国国情的营商环境综合评价指标体系。

第一，亲近指数。"亲"，源自基本制度。政府是社会经济发展的谋划者，要倾心听取和积极回应企业家的建议诉求。习近平总书记明确指出："对领导干部而言，所谓'亲'，就是要坦荡真诚同民营企业接触交往，特别是在民营企业遇到困难和问题情况下更要积极作为、靠前服务，对非公有制经济人士多关注、多谈心、多引导，帮助解决实际困难，真心实意支持民营经济发展……对民营企业家而言，所谓'亲'，就是积极主动同各级党委和政府及部门多沟通多交流，讲真话，说实情，建诤言，满腔热情支持地方发展。"（习近平，2017）基于此，"亲近指数"的构建主要包括政府服务和企业责任两大方面。其中，政府服务水平包含综合政务效率、基础设施、市场环境以及领导关心四个维度，企业责任评价主要包含"亲"社会行为维度。

第二，清白指数。"清"，基于立党为公。政府与企业的关系在政治层面是执政党和参政人士的政治协商关系；在经济层面是作为经济管理者和公共服务提供者的政府与经济主体和服务对象的关系，而不是个人之间的利益关系。"公私分明"是新型政商关系和优质营商环境的重要特征。习近平总书记强调："对领导干部而言……所谓'清'，就是同民营企业家的关系要清白、纯洁，不能有贪心私心，不能以权谋私，不能搞权钱交易。对民营企业家而言……就是要洁身自好、走正道，做到遵纪守法办企业、光明正大搞经营。"（习近平，2017）基于此，"清白指数"的构建包括政府清廉和企业诚信两大方面。其中，政府清廉水平包含政府廉洁度和政府透明度两个维度，企业诚信则主要包含诚信经营维度。

第三,"亲""清"协同指数。优良的营商环境还取决于政府与企业之间的良性互动和优势耦合,双方交往时应遵循"沟通、互助、守法、诚信"的"亲""清"基本原则,形成"讲真话,说实情,建诤言"互动局面。企业与政府互动交往应建立在制度化的基础上,通过正规法定渠道或商会、行业协会与政府进行沟通协商。借鉴相关学者研究,充分考虑政府和企业两大主体的相互关系,重点从党组织治理嵌入、行业协会等中介组织和企业家政治参与等维度评价政商协同机制。

基于上述对新时代我国营商环境整体内涵和本质特征的分析,本章借鉴已有国内外权威评价体系和相关学者研究成果,在充分考虑政企互动协同后构建了包括5个一级指标、11个二级指标以及27个三级指标的营商环境质量评价体系(见表9-1)。其中,"亲清指数"划分为"亲近指数""清白指数"和"协同指数"三个部分,"亲近指数"主要从政府服务、企业责任两个维度出发,"清白指数"着眼于政府清廉、企业诚信,"协同指数"则强调政企互动。该指标体系充分反映了有为政府与有效市场相辅相成、相向而行的目标要求,同时遵循科学性、可对比性、全面性、易操作性和数据可获得性等原则。指标选取注重定量与定性、主观与客观的统一,且尽量减少选择结构型、数量型和手段型指标,而更多地选择反映质量和结果的指标。

表9-1 营商环境评价指标体系

类型	一级指标	二级指标	三级指标	计算方法	数据来源
亲清指数	亲近指数	政府服务	政府规模	单位GDP政府消费/公务员占比	《中国统计年鉴》
			电子政务效率	电子政务发展指数	国家行政学院《中国电子政务发展报告》
		基础设施	道路建设	道路面积/辖区面积	《城市建设统计年鉴》
			高铁经过班次	城市高铁经过班次	"12306"
			互联网普及率	互联网普及率	《中国统计年鉴》

续表

类型	一级指标	二级指标	三级指标	计算方法	数据来源
亲清指数	亲近指数	政府服务	产权保护	产权保护指数	《中国知识产权发展状况评价报告》
		市场环境	融资便利	存贷款余额/GDP	《中国统计年鉴》
			企业税负	规模以上工业企业主营业务税金及附加/工业总产值	《中国城市统计年鉴》
		领导关心	市领导视察	领导人（市委书记、市长）到企业视察次数	党报数据库
			市领导座谈	领导人（市委书记、市长）与企业家座谈次数	党报数据库
	企业责任	亲社会行为	税收贡献	本年应交增值税/工业总产值	《中国城市统计年鉴》
			企业捐赠	企业年度捐赠额	国泰安数据库
			员工保护	员工责任指数	和讯网
			环境投资	企业年度环境投资额	国泰安数据库
	清白指数	政府清廉	政府廉洁度	职务犯罪比	每万人公职人员违纪人数	各省市检察院年度报告
			腐败指数	腐败新闻条数/新闻总条数	百度
		政府透明度	行政信息公开	网上办事程序公开程度	信息公开年报
			涉企政策透明	政策透明度指数	《中国政府透明度指数报告》
			财政透明	财政透明度	清华大学研究报告
	企业诚信	诚信经营	黑名单市场主体占比	地级市平均计算得到省级数据	国家信息中心中经网信用状况简报
			产品质量合格率	分地区产品质量情况	《中国统计年鉴》
	协同指数	政商互动	中介组织	党组织设立	企业党组织设立占比	国泰安数据库
				行业协会	企业加入行业协会占比	
				工商联	企业加入工商联占比	
			政治参与	人大代表人数	民营企业人大代表人数	
				政协委员人数	民营企业政协委员人数	
			社会治理	社会企业与创业	企业参与乡村振兴与共同富裕投资额	

第五节　本章小结

本章系统阐述了优化营商环境的理论逻辑和实践路径。首先，构建了亲清新型政商关系二维理论框架并以此为基础提出了政企合谋（弊治抑商）、政治攫取（苛治役商）、政企分离（疏治贻商）和政企协同（善治益商）四种政企互动模式。其次，从企业资源配置优化与市场主体活力激发（微观）、高标准市场体系建设与产业结构跃迁（中观）、企业家精神激发与创新创业驱动发展（宏观）和经济高质量发展与社会共同富裕（社会）四个层面全面构建了优化营商环境的顶层设计框架。在此基础上，提出了"有效市场+有为政府+有志企业"协同共治、耦合跃迁的营商环境持续优化机制与动力系统。最后，借鉴已有研究成果重新设计了营商环境质量评价体系，以全面客观地反映各地区营商环境整体质量和存在的短板，为持续优化营商环境提供决策支持。

第十章 研究结论与政策启示

第一节 研究结论

当前中国经济正在由高速增长向高质量发展转变。高质量发展目标的实现不仅需要顶层设计，更需要微观基础。企业是经济发展最基本的市场单元和经营主体，唯有激发企业创新活力、释放企业家潜能才能够激活高质量发展的微观动力机制。制度基础观认为，制度环境对企业战略选择和资源配置具有重要影响。因此，持续优化营商环境是不断激发企业创新活力、促进企业增长转型的重要制度保障。

基于此，本书将宏观制度环境和微观企业行为有机结合，通过构建"地区营商环境—企业竞争战略—资源配置效率"理论框架，比较系统深入地考察了地区营商环境质量对企业竞争战略、资本投资取向、资源配置和运营效率、社会责任履行等的影响效应和传导机理并利用中国A股上市公司数据进行实证检验。更进一步地，本书利用党的十八大后启动的高强度反腐行动这一自然实验情境，采用DID方法检验了反腐行动对净化政商关系，进而促进企业创新发展和增长转型的积极作用。具体来讲，本书主要结论包括四个方面。

第一，地区营商环境对企业竞争战略、资本投资取向、资产配置与运营效率等产生重要影响，构成了企业资源配置与模式选择的重要制度情境。基于"地区营商环境—企业竞争策略—资源配置效率"理论框架，从政企互动模式与企业政治迎合视角深入阐释并实证检验了地区营商环境对企业竞争战略选择、资本投资取向、资产配置和运营效率等的影响效应和传导路径。研究发现，营商环境质量是影响企业竞争策略选择的重要因素，地区腐败导致营商环境恶化，进而使企业更倾向于采取迎合政府（官员）的"关系导向"策略，而忽视培育内生增长能力的"创新驱动"策略；这种竞争策略差异最终通过资本投资取向予以体现。具体来讲，企业所在地区的营商环境质量越差，其实施迎合官员GDP增长的固定资产投资越多，技术研发投资则越少。同时，营商环境恶化也导致企业面临更严重的政治攫取风险，因而它们具有很强的资产藏匿动机。企业所在地区的营商环境质量越差，其现金持有水平越低。本书研究综合表明，优化营商环境有利于降低政企合谋与政治迎合空间，进而激发企业创新驱动和研发投资、提升企业资源配置与运营效率，最终促进企业转型升级，为高质量经济增长提供强劲的微观动力。

第二，地区营商环境对企业竞争策略选择与资源配置效率的影响效应在不同类型企业中呈现非对称性特征。根植于转轨经济的中国公司治理环境正处于从行政型治理向经济型治理过渡的转型时期，政府干预依然普遍存在。同时，企业政治资源既增强了企业寻求政府支持和庇护的能力，也有利于缓解腐败官员对企业资源的政治攫取风险。由此可见，企业政治资源也在很大程度上决定了其应对外部环境威胁的意愿与能力。沿袭这一逻辑，本书将企业政治资源嵌入前面的理论分析框架，深入考察了不同类型企业应对营商环境恶化的策略选择差异。研究发现，与国有企业相比，地区营商环境恶化对民营企业竞争策略选择的影响强度更大，对其资本投资取向和现金资产配置的扭曲效应也更加明显。而且与具有政治关联的民营企业相比，无政治关联民营企业的竞争战略导向、资本投资取向和资产配置等更容易受到营商环境恶化的干扰。本书表明，要加快构建亲清新型政商关系，破除企业身份差异，营造公正公平的营商环境。

第三，构建企业高质量发展水平综合测度指标并实证发现优化营商环境确实有利于促进企业高质量发展。本书基于企业高质量发展内涵的多维性特征，提出一套可量化的企业高质量发展水平综合评价指标体系并实证检验营商环境质量优化对企业高质量发展的影响效应。研究发现，地区营商环境改善能够显著提升企业高质量发展水平。这一现象作用于不同类型企业时呈现出异质性：在优化营商环境过程中，改善政商关系、缓解地方政府财政压力、优化法治环境对企业高质量发展水平的促进作用在非国有企业中更有效；优化法治环境对促进高新技术企业高质量发展水平更有效，而缓解地方政府财政压力对促进非高新技术企业和非重点产业的企业高质量发展水平更有效。

第四，系统阐释了优化营商环境的理论逻辑与实践路径。在明确营商环境质量对企业增长转型和高质量发展的影响效应及机理后，进一步围绕优化营商环境这一实践目标展开对策研究。具体来讲，通过构建"亲""清"政商关系二维理论框架，提出了政企合谋（弊治抑商）、政治攫取（苛治役商）、政企分离（疏治贻商）和政企协同（善治益商）四种典型的政企互动模式及其社会经济治理后果，重点围绕"有效市场+有为政府+有志企业"协同共治与耦合跃迁提出了优化营商环境的多维动力机制和实践举措。

第二节　政策启示

本书研究表明，优化营商环境是加快推进企业增长转型，进而实现高质量发展目标的重要前提和制度保障。党的十八大以来，以习近平同志为核心的党中央高度重视优化营商环境，各地有关部门持续推进"放管服"改革，加快转变政府职能，助力高质量发展。各地也不断深化简政放权，大幅减少行政审批等事项，大力减税降费、实施商事制度改革，完善市场监管体制机制，推行政务服务网络化、标准化、便利化，一系列改革举措有力地激发了各类市场主体活力。但优化营商环境是一项没有止境的持续行动。营商环境质量没有最好，只有更好。归纳起来，本书研究成果对各级政府持续优化营商环境也具有一定的政策启示。

第一，优化营商环境要以统一认识为起点。优化营商环境要从战略高度统一认识。中央政府可出台专题文件和实践指导，明确持续打造市场化、法治化、国际化营商环境是应对经济新常态和高质量发展的现实需要，更是激发市场主体活力与推动企业增长转型的制度保障。因此，要彻底消除部分干部（尤其是基层干部）的观望、懈怠和抵触情绪，统一认识、明确责任，将营商环境作为一项重点工作来抓，持续推进改善营商环境，为推动经济持续稳定增长和企业高质量发展提供更有力的保障。

第二，优化营商环境要以深化改革为先导。营商环境就是生产力，优化营商环境就是解放生产力、提升竞争力。优化营商环境，根本在于深化改革。无论是提升政府行政效能，还是激发企业创新活力；无论是厘清政府和市场边界，还是理顺政府和企业关系，都需要靠深化改革来出实招、破难题、建机制。良好的营商环境如同清新空气，是市场主体成长发展的前提，是构建高水平社会主义市场经济体制、推动有效市场和有为政府更好结合的基础。因此，必须持续深化"放管服"改革，深化"负面清单"制度和商事登记制度改革，着力解决制约企业发展的"玻璃门""弹簧门"和"旋转门"等现实问题，优化政务服务质量。

第三，优化营商环境要以政企良性互动为载体。建立健全常态化政企沟通机制，旨在健全双向服务与沟通渠道，特别是推动涉企问题的解决，助力企业发展，提供更好的营商环境。企业党组织是共产党在基层经济领域的"神经末梢"，在传递党和国家意志、督促企业遵守国家法律和社会规范、促进企业增长转型中发挥了重要的积极作用。在持续推进营商环境过程中要充分发挥企业党组织、工商联、行业协会等在政府和企业之间的桥梁作用，加强基层企业党组织的政治引领作用，引导企业与政府相向而行，共同营造良好的营商环境。

第四，优化营商环境要以弘扬优秀传统文化为根基。文化是个体行为和制度演化的根源。中华优秀传统文化中蕴含着许多绿色、创新、包容、共享的发展理念和思想宝库。在优化营商环境过程中既要坚持制度先行，通过制度约束规范政企行为；也要"坚定文化自信"，多从中华优秀传统文化，尤其是从儒家思想中寻求解决现实难题的办法。要充分发挥儒家思想价值规范在重塑政商互动边界、激发企业家创新精神、促进企业社会责任与包容式发展，进而实现企业增长转型中的独特价值。这不仅有利于加快打造市场化、法治化、国际化营商环境，也能够夯实新时代中国特色营商环境的文化根基。

第三节 研究局限与展望

本书依然存在诸多局限，未来有必要展开更深入的研究，具体体现在三个方面。

第一，作为一种宏观制度供给，地区营商环境对微观企业行为的影响是全方位的。受篇幅控制和资料收集的局限，本书重点探讨了营商环境对企业竞争策略、资本投资取向、资产配置、运营效率和企业社会责任等的影响。未来可进一步考察地区营商环境对政企合谋、企业违规、研发创新等决策行为的影响，更全面地理解优化营商环境对推动微观企业高质量发展的基础性作用。

第二，营商环境的内涵非常丰富，涉及政企关系、市场化改革、知识产权保护、金融要素供给、产业联动等多方面要素。受到研究篇幅、数据获取和作者研究专长的制约，本书局限于从加快构建亲清新型政商关系这一狭隘维度界定优化营商环境的内涵与方向。未来可尝试探索营商环境其他维度要素对企业增长转型与高质量发展的影响效应及机理。

第三，在研究方法上，本书主要采用实证检验方法揭示主要变量之间的内在关系，但对营商环境优化与企业增长转型之间的逻辑机理和传导路径缺乏深入的理论推导。未来有必要从宏观制度环境与微观企业行为交互影响视角出发，构建数理模型推演二者之间关系的逻辑机理。这既能够凸显研究方法的多样性，也有利于增强实证假设的理论基础。同时，本书在政策启示方面还比较薄弱，未来有必要围绕营商环境助推企业高质量发展做更深入的政策探讨与设计。

参考文献

一　经典文献

习近平：《习近平谈治国理政》（第二卷），外文出版社2017年版。

中共中央文献研究室编：《十八大以来重要文献选编》（上），中央文献出版社2014年版。

中共中央文献研究室编：《习近平关于社会主义经济建设论述摘编》，中央文献出版社2017年版。

二　中文著作

樊纲、王小鲁、朱恒鹏：《中国市场化指数——各地区市场化相对进程2011年报告》，经济科学出版社2011年版。

李志军主编：《中国城市营商环境评价》，中国发展出版社2019年版。

聂辉华：《政企合谋与经济增长：反思"中国模式"》，中国人民大学出版社2013年版。

韦森：《经济学与伦理学：探寻市场经济的伦理维度与道德基础》，上海人民出版社2002年版。

张曙光：《中国转型中的制度结构与变迁》，经济科学出版社2005年版。

郑永年：《中国模式：经验与困局》，浙江人民出版社2010年版。

张维迎：《企业理论与中国企业改革》，上海人民出版社2015年版。

三　中文期刊、报纸、论文

白俊红、卞元超：《要素市场扭曲与中国创新生产的效率损失》，《中国工业经济》2016年第11期。

白重恩等：《地方保护主义及产业地区集中度的决定因素和变动趋势》，《经济研究》2004年第4期。

蔡昉：《人口转变、人口红利与刘易斯转折点》，《经济研究》2010年第 4 期。

蔡志岳、吴世农：《董事会特征影响上市公司违规行为的实证研究》，《南开管理评论》2007 年第 6 期。

曹春方：《政治权力转移与公司投资：中国的逻辑》，《管理世界》2013 年第 1 期。

曹玉书、楼东玮：《资源错配、结构变迁与中国经济转型》，《中国工业经济》2012 年第 10 期。

常纪文：《以生态文明促进高质量发展》，《人民日报》2018 年 7 月 19 日第 9 版。

常凯：《劳动关系的集体化转型与政府劳工政策的完善》，《中国社会科学》2013 年第 6 期。

常凯：《外资企业中集体谈判和集体合同制度的法律问题》，《中国法学》1995 年第 1 期。

陈昌兵：《新时代我国经济高质量发展动力转换研究》，《上海经济研究》2018 年第 5 期。

陈德球、李思飞：《政府治理、产权偏好与资本投资》，《南开管理评论》2012 年第 1 期。

陈德球、李思飞、王丛：《政府质量、终极产权与公司现金持有》，《管理世界》2011 年第 11 期。

陈德球、梁媛、胡晴：《社会信任、家族控制权异质性与商业信用资本配置效率》，《当代经济科学》2014 年第 5 期。

陈冬华：《地方政府、公司治理与补贴收入——来自我国证券市场的经验证据》，《财经研究》2003 年第 9 期。

陈冬华、陈信元、万华林：《国有企业中的薪酬管制与在职消费》，《经济研究》2005 年第 2 期。

陈冬华、范从来、沈永建：《高管与员工：激励有效性之比较与互动》，《管理世界》2015 年第 5 期。

陈刚：《管制与创业——来自中国的微观证据》，《管理世界》2015 年第 5 期。

陈刚、李树：《官员交流、任期与反腐败》，《世界经济》2012 年第 2 期。

陈刚、李树：《中国的腐败、收入分配和收入差距》，《经济科学》2010年第2期。

陈浪南、杨子晖：《中国政府支出和融资对私人投资挤出效应的经验研究》，《世界经济》2007年第1期。

陈林、罗莉娅、康妮：《行政垄断与要素价格扭曲——基于中国工业全行业数据与内生性视角的实证检验》，《中国工业经济》2016年第1期。

陈诗一、陈登科：《雾霾污染、政府治理与经济高质量发展》，《经济研究》2018年第2期。

陈寿灿、徐越倩：《浙江省新型政商关系"亲清指数"研究》，《浙江工商大学学报》2019年第2期。

陈爽英等：《民营企业家社会关系资本对研发投资决策影响的实证研究》，《管理世界》2010年第1期。

陈湘永、张剑文、张伟文：《我国上市公司"内部人控制"研究》，《管理世界》2000年第4期。

陈信元、黄俊：《政府干预、多元化经营与公司业绩》，《管理世界》2007年第1期。

程文：《人工智能、索洛悖论与高质量发展：通用目的技术扩散的视角》，《经济研究》2021年第10期。

淳伟德：《政府控制与公司绩效：我国上市公司的实证分析》，《经济体制改革》2005年第6期。

戴静、张建华：《金融所有制歧视、所有制结构与创新产出——来自中国地区工业部门的证据》，《金融研究》2013年第5期。

戴魁早、刘友金：《要素市场扭曲如何影响创新绩效》，《世界经济》2016年第11期。

党力、刘诚、杨思瑶：《反腐败影响了企业捐赠吗？——基于政治关联视角的微观解释》，《中央财经大学学报》2017年第1期。

党力、杨瑞龙、杨继东：《反腐败与企业创新：基于政治关联的解释》，《中国工业经济》2015年第7期。

邓晓飞、辛宇、滕飞：《官员独立董事强制辞职与政治关联丧失》，《中国工业经济》2016年第2期。

丁永兰、肖灵敏：《中国环境治理中的公众参与机制研究》，《经济研究导刊》2016年第16期。

董红晔、李小荣：《国有企业高管权力与过度投资》，《经济管理》2014年第10期。

杜爱国：《中国经济高质量发展的制度逻辑与前景展望》，《学习与实践》2018年第7期。

杜兴强、陈韫慧、杜颖洁：《寻租、政治联系与"真实"业绩——基于民营上市公司的经验证据》，《金融研究》2010年第10期。

杜运周、刘秋辰、程建青：《什么样的营商环境生态产生城市高创业活跃度？——基于制度组态的分析》，《管理世界》2020年第9期。

樊纲、王小鲁、马光荣：《中国市场化进程对经济增长的贡献》，《经济研究》2011年第9期。

樊纲、王小鲁、张立文：《中国各地区市场化进程报告》，《中国市场》2001年第6期。

范红忠：《有效需求规模假说、研发投入与国家自主创新能力》，《经济研究》2007年第3期。

范黎波、马聪聪、马晓婕：《多元化、政府补贴与农业企业绩效——基于A股农业上市企业的实证研究》，《农业经济问题》2012年第11期。

范轶琳、吴东、黎日荣：《包容性创新模式演化——基于淘宝村的纵向案例研究》，《南开管理评论》2021年第2期。

方明月、聂辉华：《腐败对企业契约实施的影响：来自中国企业的证据》，《经济社会体制比较》2015年第4期。

付文林、赵永辉：《税收激励、现金流与企业投资结构偏向》，《经济研究》2014年第5期。

傅元海、叶祥松、王展祥：《制造业结构变迁与经济增长效率提高》，《经济研究》2016年第8期。

干春晖、郑若谷：《改革开放以来产业结构演进与生产率增长研究——对中国1978—2007年"结构红利假说"的检验》，《中国工业经济》2009年第2期。

干春晖、郑若谷、余典范：《中国产业结构变迁对经济增长和波动的影响》，《经济研究》2011年第5期。

高雷、宋顺林：《治理环境、治理结构与代理成本——来自国有上市公司面板数据的经验证据》,《经济评论》2007 年第 3 期。

高培勇等:《高质量发展的动力、机制与治理》,《经济研究》2020 年第 12 期。

高勇强、何晓斌、李路路:《民营企业家社会身份、经济条件与企业慈善捐赠》,《经济研究》2011 年第 12 期。

古志辉:《全球化情境中的儒家伦理与代理成本》,《管理世界》2015 第 3 期。

顾元媛:《寻租行为与 R&D 补贴效率损失》,《经济科学》2011 年第 5 期。

郭凯明、余靖雯、龚六堂:《人口转变、企业家精神与经济增长》,《经济学》(季刊) 2016 年第 3 期。

过勇、胡鞍钢:《行政垄断、寻租与腐败——转型经济的腐败机理分析》,《经济社会体制比较》2003 年第 2 期。

韩美妮、王福胜:《法治环境、财务信息与创新绩效》,《南开管理评论》2016 年第 5 期。

郝颖、辛清泉、刘星:《地区差异、企业投资与经济增长质量》,《经济研究》2014 年第 3 期。

何杰、曾朝夕:《企业利益相关者理论与传统企业理论的冲突与整合——一个企业社会责任基本分析框架的建立》,《管理世界》2010 年第 12 期。

何轩等:《腐败对企业家活动配置的扭曲》,《中国工业经济》2016 年第 12 期。

何轩等:《家族为何意欲放手?——制度环境感知、政治地位与中国家族企业主的传承意愿》,《管理世界》2014 年第 2 期。

洪银兴:《完善产权制度和要素市场化配置机制研究》,《中国工业经济》2018 年第 6 期。

洪银兴:《在新起点上高质量开启现代化新征程》,《中国社会科学报》2019 年 9 月 25 日第 4 版。

洪银兴:《准确认识供给侧结构性改革的目标和任务》,《中国工业经济》2016 年第 6 期。

侯方宇、杨瑞龙:《新型政商关系、产业政策与投资"潮涌现象"治理》,《中国工业经济》2018 年第 5 期。

侯伟丽、方浪、刘硕：《"污染避难所"在中国是否存在？——环境管制与污染密集型产业区际转移的实证研究》，《经济评论》2013年第4期。

胡珺、宋献中、王红建：《非正式制度、家乡认同与企业环境治理》，《管理世界》2017年第3期。

胡凯、吴清：《R&D税收激励、知识产权保护与企业的专利产出》，《财经研究》2018年第4期。

胡旭阳：《民营企业家的政治身份与民营企业的融资便利——以浙江省民营百强企业为例》，《管理世界》2006年第5期。

胡一帆、宋敏、张俊喜：《中国国有企业民营化绩效研究》，《经济研究》2006年第7期。

胡永刚、石崇：《扭曲、企业家精神与中国经济增长》，《经济研究》2016年第7期。

华生、蔡倩、汲铮：《简政放权的边界及其优化》，《中国工业经济》2019年第2期。

黄玖立、周璇：《定制化与地方保护主义：经验证据及对自贸区建设的启示》，《管理世界》2018年第12期。

黄群慧：《论中国工业的供给侧结构性改革》，《中国工业经济》2016年第9期。

黄速建、肖红军、王欣：《论国有企业高质量发展》，《中国工业经济》2018年第10期。

贾凡胜、张一林、李广众：《非正式制度的有限激励作用：基于地区信任环境对高管薪酬激励影响的实证研究》，《南开管理评论》2017年第6期。

贾明、张喆：《高管的政治关联影响公司慈善行为吗?》，《管理世界》2010年第4期。

贾兴平、刘益：《外部环境、内部资源与企业社会责任》，《南开管理评论》2014年第6期。

姜付秀等：《管理者背景特征与企业过度投资行为》，《管理世界》2009年第1期。

姜国华、饶品贵：《宏观经济政策与微观企业行为——拓展会计与财务研究新领域》，《会计研究》2011年第3期。

姜建强：《创新的合约选择与企业家精神》，《经济学》（季刊）2005年第S1期。

姜树广、陈叶烽：《腐败的困境：腐败本质的一项实验研究》，《经济研究》2016年第1期。

蒋春燕：《中国新兴企业自主创新陷阱的突破路径》，《中国工业经济》2006年第4期。

颉茂华、王瑾、刘冬梅：《环境规制、技术创新与企业经营绩效》，《南开管理评论》2014年第6期。

金观平：《激活高质量发展的动力活力》，《现代企业》2020年第10期。

金宇超、靳庆鲁、宣扬：《"不作为"或"急于表现"：企业投资中的政治动机》，《经济研究》2016年第10期。

靳庆鲁、孔祥、侯青川：《货币政策、民营企业投资效率与公司期权价值》，《经济研究》2012年第5期。

孔东民、徐茗丽、孔高文：《企业内部薪酬差距与创新》，《经济研究》2017年第10期。

雷海民、梁巧转、李家军：《公司政治治理影响企业的运营效率吗——基于中国上市公司的非参数检验》，《中国工业经济》2012年第9期。

黎文靖、路晓燕：《机构投资者关注企业的环境绩效吗？——来自我国重污染行业上市公司的经验证据》，《金融研究》2015年第12期。

黎文靖、郑曼妮：《实质性创新还是策略性创新？——宏观产业政策对微观企业创新的影响》，《经济研究》2016年第4期。

李成刚、杨兵、苗启香：《技术创新与产业结构转型的地区经济增长效应——基于动态空间杜宾模型的实证分析》，《科技进步与对策》2019年第6期。

李春涛、宋敏：《中国制造业企业的创新活动：所有制和CEO激励的作用》，《经济研究》2010年第5期。

李广子、刘力：《产业政策与信贷资金配置效率》，《金融研究》2020年第5期。

李宏彬等：《企业家的创业与创新精神对中国经济增长的影响》，《经济研究》2009年第10期。

李后建、张剑：《腐败与企业创新：润滑剂抑或绊脚石》，《南开经济研究》2015年第2期。

李辉：《大数据推动我国经济高质量发展的理论机理、实践基础与政策选择》，《经济学家》2019年第3期。

李嘉楠、孙浦阳、唐爱迪：《贸易成本、市场整合与生产专业化——基于商品微观价格数据的验证》，《管理世界》2019年第8期。

李捷瑜、黄宇丰：《转型经济中的贿赂与企业增长》，《经济学》（季刊）2010年第4期。

李晶：《市场化程度、无形资产投资和公司价值》，《山西财经大学学报》2008年第12期。

李磊、郑妍妍、刘鹏程：《金融发展、职业选择与企业家精神——来自微观调查的证据》，《金融研究》2014年第6期。

李蕾蕾、盛丹：《地方环境立法与中国制造业的行业资源配置效率优化》，《中国工业经济》2018年第7期。

李平、付一夫、张艳芳：《生产性服务业能成为中国经济高质量增长新动能吗》，《中国工业经济》2017年第12期。

李姝、谢晓嫣：《民营企业的社会责任、政治关联与债务融资——来自中国资本市场的经验证据》，《南开管理评论》2014年第6期。

李万福、林斌、宋璐：《内部控制在公司投资中的角色：效率促进还是抑制？》，《管理世界》2011年第2期。

李维安、邱艾超：《民营企业治理转型、政治联系与公司业绩》，《管理科学》2010年第4期。

李维安、邱艾超、古志辉：《双重公司治理环境、政治联系偏好与公司绩效——基于中国民营上市公司治理转型的研究》，《中国工业经济》2010年第6期。

李维安等：《公司治理研究的新进展：国际趋势与中国模式》，《南开管理评论》2010年第6期。

李文贵、余明桂：《民营化企业的股权结构与企业创新》，《管理世界》2015年第4期。

李祥进等：《中国劳动密集型制造业的生产力困境——企业社会责任的视角》，《南开管理评论》2012年第3期。

李小平、卢现祥：《中国制造业的结构变动和生产率增长》，《世界经济》2007 年第 5 期。

李心萍、韩鑫：《弘扬企业家精神　推动高质量发展》，《人民日报》2021 年 12 月 6 日第 7 版。

李新春、苏琦、董文卓：《公司治理与企业家精神》，《经济研究》2006 年第 2 期。

李雪灵等：《制度环境与寻租活动：源于世界银行数据的实证研究》，《中国工业经济》2012 年第 11 期。

李延凯、韩廷春：《金融生态演进作用于实体经济增长的机制分析——透过资本配置效率的视角》，《中国工业经济》2011 年第 2 期。

李增福、汤旭东、连玉君：《中国民营企业社会责任背离之谜》，《管理世界》2016 年第 9 期。

梁建、陈爽英、盖庆恩：《民营企业的政治参与、治理结构与慈善捐赠》，《管理世界》2010 年第 7 期。

梁平汉、高楠：《人事变更、法制环境和地方环境污染》，《管理世界》2014 年第 6 期。

凌文昌、邓伟根：《产业转型与中国经济增长》，《中国工业经济》2004 年第 12 期。

林毅夫、李志赟：《政策性负担、道德风险与预算软约束》，《经济研究》2004 年第 2 期。

林志帆、龙小宁：《社会资本能否支撑中国民营企业高质量发展？》，《管理世界》2021 年第 10 期。

刘凤委、李琦：《市场竞争、EVA 评价与企业过度投资》，《会计研究》2013 年第 2 期。

刘凤委、于旭辉、李琳：《地方保护能提升公司绩效吗——来自上市公司的经验证据》，《中国工业经济》2007 年第 4 期。

刘鹤：《必须实现高质量发展》，《人民日报》2021 年 11 月 24 日第 6 版。

刘慧龙、吴联生：《制度环境、所有权性质与企业实际税率》，《管理世界》2014 年第 4 期。

刘慧龙、吴联生、王亚平：《国有企业改制、董事会独立性与投资效率》，《金融研究》2012 年第 9 期。

刘林平、郭志坚：《企业性质、政府缺位、集体协商与外来女工的权益保障》,《社会学研究》2004 年第 6 期。

刘啟仁、赵灿、黄建忠:《税收优惠、供给侧改革与企业投资》,《管理世界》2019 年第 1 期。

刘芍佳、孙霈、刘乃全:《终极产权论、股权结构及公司绩效》,《经济研究》2003 年第 4 期。

刘思明、张世瑾、朱惠东:《国家创新驱动力测度及其经济高质量发展效应研究》,《数量经济技术经济研究》2019 年第 4 期。

刘泰洪:《劳资冲突与工会转型》,《天津社会科学》2011 年第 2 期。

刘伟:《经济新常态与供给侧结构性改革》,《管理世界》2016 年第 7 期。

刘伟、张辉:《中国经济增长中的产业结构变迁和技术进步》,《经济研究》2008 年第 11 期。

刘锡良、文书洋:《中国的金融机构应当承担环境责任吗?——基本事实、理论模型与实证检验》,《经济研究》2019 年第 3 期。

刘小玄:《民营化改制对中国产业效率的效果分析——2001 年全国普查工业数据的分析》,《经济研究》2004 年第 8 期。

刘元春:《经济制度变革还是产业结构升级——论中国经济增长的核心源泉及其未来改革的重心》,《中国工业经济》2003 年第 9 期。

刘媛媛、刘斌:《劳动保护、成本粘性与企业应对》,《经济研究》2014 年第 5 期。

刘运国、刘雯:《我国上市公司的高管任期与 R&D 支出》,《管理世界》2007 年第 1 期。

刘志彪、凌永辉:《结构转换、全要素生产率与高质量发展》,《管理世界》2020 年第 7 期。

龙文滨、李四海、宋献中:《环保规制与中小企业环境表现——基于我国中小板与创业板上市公司的经验研究》,《公共行政评论》2015 年第 6 期。

龙小宁、黄小勇:《公平竞争与投资增长》,《经济研究》2016 年第 7 期。

龙小宁、张训常、杨进:《转轨背景下官员兼职规制的经济效应》,《中国工业经济》2016 年第 7 期。

陆国庆、王舟、张春宇:《中国战略性新兴产业政府创新补贴的绩效研究》,《经济研究》2014 年第 7 期。

陆磊、李世宏:《中央—地方—国有银行—公众博弈:国有独资商业银行改革的基本逻辑》,《经济研究》2004 年第 10 期。

陆旸、蔡昉:《人口结构变化对潜在增长率的影响:中国和日本的比较》,《世界经济》2014 年第 1 期。

陆瑶、胡江燕:《CEO 与董事间的"老乡"关系对我国上市公司风险水平的影响》,《管理世界》2014 年第 3 期。

吕铁:《制造业结构变化对生产率增长的影响研究》,《管理世界》2002 年第 2 期。

吕薇:《打造高质量发展的制度和政策环境》,《经济日报》2018 年 4 月 27 日第 14 版。

罗党论、刘晓龙:《政治关系、进入壁垒与企业绩效——来自中国民营上市公司的经验证据》,《管理世界》2009 年第 5 期。

罗党论、唐清泉:《中国民营上市公司制度环境与绩效问题研究》,《经济研究》2009 年第 2 期。

罗进辉、谢达熙、陈华阳:《官员独董:"掠夺之手"抑或"扶持之手"》,《管理科学》2017 年第 4 期。

罗良文、雷鹏飞、孟科学:《企业环境寻求、污染密集型生产区际转移与环境监管》,《中国人口·资源与环境》2016 年第 1 期。

马光荣等:《中国的企业经营环境:差异、变迁与影响》,《管理世界》2015 年第 12 期。

马建堂:《建设高标准市场体系与构建新发展格局》,《管理世界》2021 年第 5 期。

毛其淋、许家云:《政府补贴对企业新产品创新的影响——基于补贴强度"适度区间"的视角》,《中国工业经济》2015 年第 6 期。

孟庆玺、尹兴强、白俊:《产业政策扶持激励了企业创新吗?——基于"五年规划"变更的自然实验》,《南方经济》2016 年第 12 期。

倪骁然、朱玉杰:《劳动保护、劳动密集度与企业创新——来自 2008 年<劳动合同法>实施的证据》,《管理世界》2016 年第 7 期。

聂辉华:《腐败对效率的影响:一个文献综述》,《金融评论》2014 年第 1 期。

聂辉华、张彧、江艇：《中国地区腐败对企业全要素生产率的影响》，《中国软科学》2014年第5期。

潘红波、夏新平、余明桂：《政府干预、政治关联与地方国有企业并购》，《经济研究》2008年第4期。

潘红波、余明桂：《支持之手、掠夺之手与异地并购》，《经济研究》2011年第9期。

潘越、潘健平、戴亦一：《公司诉讼风险、司法地方保护主义与企业创新》，《经济研究》2015年第3期。

彭熠、邵桂荣：《国有股权比重、股权制衡与中国农业上市公司经营绩效——兼论农业上市公司国有股减持方案》，《中国农村经济》2009年第6期。

蒲艳萍、顾冉：《劳动力工资扭曲如何影响企业创新》，《中国工业经济》2019年第7期。

钱颖一：《企业的治理结构改革和融资结构改革》，《经济研究》1995年第1期。

邱国栋、郭蓉娜：《企业克服"两种陷阱"的后卢因式战略变革——基于"抛弃政策"与二元视角的研究》，《中国工业经济》2019年第5期。

权小锋、尹洪英：《中国式卖空机制与公司创新——基于融资融券分步扩容的自然实验》，《管理世界》2017年第1期。

任保平：《经济增长质量：经济增长理论框架的扩展》，《经济学动态》2013年第11期。

任保平：《经济增长质量：理论阐释、基本命题与伦理原则》，《学术月刊》2012年第2期。

任保平：《新时代我国制造业高质量发展需要坚持的六大战略》，《人文杂志》2019年第7期。

任保平：《新时代中国经济从高速增长转向高质量发展：理论阐释与实践取向》，《学术月刊》2018年第3期。

任保平、李禹墨：《新时代我国高质量发展评判体系的构建及其转型路径》，《陕西师范大学学报》（哲学社会科学版）2018年第3期。

任保平、魏语谦：《中国地方经济增长向质量型转换的绩效测度与路径选择》，《西北大学学报》（哲学社会科学版）2017年第2期。

茹少峰、魏博阳、刘家旗：《以效率变革为核心的我国经济高质量发展的实现路径》，《陕西师范大学学报》（哲学社会科学版）2018 年第 3 期。

邵剑兵、刘力钢、杨宏戟：《基于企业基因遗传理论的互联网企业非市场战略选择及演变——阿里巴巴社会责任行为的案例分析》，《管理世界》2016 年第 12 期。

邵新建等：《离职官员独董是否能为企业创造价值》，《世界经济》2016 年第 9 期。

沈洪涛、冯杰：《舆论监督、政府监管与企业环境信息披露》，《会计研究》2012 年第 2 期。

沈洪涛、周艳坤：《环境执法监督与企业环境绩效：来自环保约谈的准自然实验证据》，《南开管理评论》2017 年第 6 期。

沈坤荣：《改革需要稳定市场主体预期》，《人民日报》2015 年 9 月 14 日第 7 版。

沈坤荣：《以供给侧结构性改革为主线，提升经济发展质量》，《政治经济学评论》2018 年第 1 期。

沈坤荣、曹扬：《以创新驱动提升经济增长质量》，《江苏社会科学》2017 年第 2 期。

沈坤荣、赵亮：《重构高效率金融市场推动经济高质量发展》，《中国特色社会主义研究》2018 年第 6 期。

盛丹、刘灿雷：《外部监管能够改善国企经营绩效与改制成效吗？》，《经济研究》2016 年第 10 期。

石晓军、王骜然：《独特公司治理机制对企业创新的影响——来自互联网公司双层股权制的全球证据》，《经济研究》2017 年第 1 期。

史本叶：《我国人口结构变化对经济转型的影响》，《人口学刊》2016 年第 4 期。

史宇鹏、顾全林：《知识产权保护、异质性企业与创新：来自中国制造业的证据》，《金融研究》2013 年第 8 期。

宋马林、金培振：《地方保护、资源错配与环境福利绩效》，《经济研究》2016 年第 12 期。

宋瑞礼：《高质量发展绩效评价体系探究》，《中国经贸导刊》2018 年第 16 期。

苏坤：《制度环境、产权性质与公司绩效》，《云南财经大学学报》2012 年第 4 期。

苏治、徐淑丹：《中国技术进步与经济增长收敛性测度——基于创新与效率的视角》，《中国社会科学》2015 年第 7 期。

孙刚、陆铭、张吉鹏：《反腐败、市场建设与经济增长》，《经济学》（季刊）2005 年第 S1 期。

孙早、刘李华、孙亚政：《市场化程度、地方保护主义与 R&D 的溢出效应——来自中国工业的经验证据》，《管理世界》2014 年第 8 期。

孙中伟、贺霞旭：《工会建设与外来工劳动权益保护——兼论一种"稻草人机制"》，《管理世界》2012 年第 12 期。

谭洪波：《中国要素市场扭曲存在工业偏向吗？——基于中国省级面板数据的实证研究》，《管理世界》2015 年第 12 期。

谭劲松、郑国坚：《产权安排、治理机制、政企关系与企业效率——以"科龙"和"美的"为例》，《管理世界》2004 年第 2 期。

谭劲松、郑国坚、彭松：《地方政府公共治理与国有控股上市公司控制权转移——1996—2004 年深圳市属上市公司重组案例研究》，《管理世界》2009 年第 10 期。

谭亚莉、廖建桥、李骥：《管理者非伦理行为到组织腐败的衍变过程、机制与干预：基于心理社会微观视角的分析》，《管理世界》2011 年第 12 期。

汤铎铎等：《全球经济大变局、中国潜在增长率与后疫情时期高质量发展》，《经济研究》2020 年第 8 期。

唐未兵、傅元海、王展祥：《技术创新、技术引进与经济增长方式转变》，《经济研究》2014 年第 7 期。

唐雪松、周晓苏、马如静：《上市公司过度投资行为及其制约机制的实证研究》，《会计研究》2007 年第 7 期。

唐雪松、周晓苏、马如静：《政府干预、GDP 增长与地方国企过度投资》，《金融研究》2010 年第 8 期。

田莉等：《遵从压力或理性驱动？新企业政治行为探析》，《管理科学学报》2015 年第 3 期。

田利辉：《国有产权、预算软约束和中国上市公司杠杆治理》，《管理世界》2005 年第 7 期。

田利辉：《国有股权对上市公司绩效影响的 U 型曲线和政府股东两手论》，《经济研究》2005 年第 10 期。

田利辉、张伟：《政治关联影响我国上市公司长期绩效的三大效应》，《经济研究》2013 年第 11 期。

万广华、吴一平：《制度建设与反腐败成效：基于跨期腐败程度变化的研究》，《管理世界》2012 年第 4 期。

万华林、陈信元：《治理环境、企业寻租与交易成本——基于中国上市公司非生产性支出的经验证据》，《经济学》（季刊）2010 年第 2 期。

万向东、刘林平、张永宏：《工资福利、权益保障与外部环境——珠三角与长三角外来工的比较研究》，《管理世界》2006 年第 6 期。

王国刚：《金融脱实向虚的内在机理和供给侧结构性改革的深化》，《中国工业经济》2018 年第 7 期。

王国静、田国强：《金融冲击和中国经济波动》，《经济研究》2014 年第 3 期。

王海成、吕铁：《知识产权司法保护与企业创新——基于广东省知识产权案件"三审合一"的准自然试验》，《管理世界》2016 年第 10 期。

王茂斌、孔东民：《反腐败与中国公司治理优化：一个准自然实验》，《金融研究》2016 年第 8 期。

王文剑、仉建涛、覃成林：《财政分权、地方政府竞争与 FDI 的增长效应》，《管理世界》2007 年第 3 期。

王霞、徐晓东、王宸：《公共压力、社会声誉、内部治理与企业环境信息披露——来自中国制造业上市公司的证据》，《南开管理评论》2013 年第 2 期。

王小鲁：《中国经济增长的可持续性与制度变革》，《经济研究》2000 年第 7 期。

王一鸣：《百年大变局、高质量发展与构建新发展格局》，《管理世界》2020 年第 12 期。

王一鸣：《大力推动我国经济高质量发展》，《人民论坛》2018 年第 9 期。

王艺霖、王益民：《基于高阶理论视角的战略双元研究》，《华东经济管理》2015 年第 7 期。

王玉春、赵卫斌:《中央与地方国有控股公司现金持有价值分析》,《商业经济与管理》2010 年第 8 期。

卫武、李克克:《基于政府角色转换的企业政治资源、策略与绩效之间的相互影响》,《管理科学学报》2009 年第 2 期。

魏敏、李书昊:《新时代中国经济高质量发展水平的测度研究》,《数量经济技术经济研究》2018 年第 11 期。

魏明海、柳建华:《国企分红、治理因素与过度投资》,《管理世界》2007 年第 4 期。

魏下海、董志强、黄玖立:《工会是否改善劳动收入份额?——理论分析与来自中国民营企业的经验证据》,《经济研究》2013 年第 8 期。

魏下海、董志强、金钊:《工会改善了企业雇佣期限结构吗?——来自全国民营企业抽样调查的经验证据》,《管理世界》2015 年第 5 期。

魏下海、董志强、刘愿:《政治关系、制度环境与劳动收入份额——基于全国民营企业调查数据的实证研究》,《管理世界》2013 年第 5 期。

魏下海、董志强、张永璟:《营商制度环境为何如此重要?——来自民营企业家"内治外攘"的经验证据》,《经济科学》2015 年第 2 期。

温忠麟、叶宝娟:《中介效应分析:方法和模型发展》,《心理科学进展》2014 年第 5 期。

吴超鹏、唐菂:《知识产权保护执法力度、技术创新与企业绩效——来自中国上市公司的证据》,《经济研究》2016 年第 11 期。

吴婷:《新经济形势下加强民营企业党建工作的思考》,《经济研究导刊》2009 年第 32 期。

吴文锋、吴冲锋、芮萌:《中国上市公司高管的政府背景与税收优惠》,《管理世界》2009 年第 3 期。

吴延兵、刘霞辉:《人力资本与研发行为——基于民营企业调研数据的分析》,《经济学》(季刊)2009 年第 4 期。

吴一平:《财政分权、腐败与治理》,《经济学》(季刊)2008 年第 3 期。

吴一平、芮萌:《地区腐败、市场化与中国经济增长》,《管理世界》2010 年第 11 期。

吴一平、王健：《制度环境、政治网络与创业：来自转型国家的证据》，《经济研究》2015 年第 8 期。

夏后学、谭清美、白俊红：《营商环境、企业寻租与市场创新——来自中国企业营商环境调查的经验证据》，《经济研究》2019 年第 4 期。

夏纪军、张晏：《控制权与激励的冲突——兼对股权激励有效性的实证分析》，《经济研究》2008 年第 3 期。

夏杰长、刘诚：《行政审批改革、交易费用与中国经济增长》，《管理世界》2017 年第 4 期。

夏力、杨德才：《"扶持之手"还是"掠夺之手"：政府干预与企业政治关联文献综述》，《学海》2012 年第 3 期。

夏立军、陈信元：《市场化进程、国企改革策略与公司治理结构的内生决定》，《经济研究》2007 年第 7 期。

夏立军、方轶强：《政府控制、治理环境与公司价值——来自中国证券市场的经验证据》，《经济研究》2005 年第 5 期。

肖文、林高榜：《政府支持、研发管理与技术创新效率——基于中国工业行业的实证分析》，《管理世界》2014 年第 4 期。

肖兴志、王伊攀：《政府补贴与企业社会资本投资决策——来自战略性新兴产业的经验证据》，《中国工业经济》2014 年第 9 期。

辛清泉、林斌、王彦超：《政府控制、经理薪酬与资本投资》，《经济研究》2007 年第 8 期。

徐传谌、张海龙：《高端装备制造业国有股权比例的"底部价值陷阱"研究》，《求是学刊》2018 年第 1 期。

徐光华、陈良华、王兰芳：《战略绩效评价模式：企业社会责任嵌入性研究》，《管理世界》2007 年第 11 期。

徐莉萍、辛宇、祝继高：《媒体关注与上市公司社会责任之履行——基于汶川地震捐款的实证研究》，《管理世界》2011 年第 3 期。

徐细雄、李万利：《地区腐败、政治攀附与企业竞争策略：关系导向 VS 创新驱动?》，《管理学季刊》2018 年第 1 期。

徐现祥等：《中国经济增长目标的选择：以高质量发展终结"崩溃论"》，《世界经济》2018 年第 10 期。

徐业坤、李维安：《腐败：私有投资的润滑剂还是绊脚石?》，《经济社会体制比较》2016 年第 2 期。

徐业坤、钱先航、李维安：《政治不确定性、政治关联与民营企业投资——来自市委书记更替的证据》，《管理世界》2013 年第 5 期。

徐远华：《企业家精神、行业异质性与中国工业的全要素生产率》，《南开管理评论》2019 年第 5 期。

徐忠：《经济高质量发展阶段的中国货币调控方式转型》，《金融研究》2018 年第 4 期。

徐子良：《地方法院在司法改革中的能动性思考——兼论区域司法环境软实力之提升》，《法学》2010 年第 4 期。

许和连、王海成：《简政放权改革会改善企业出口绩效吗？——基于出口退（免）税审批权下放的准自然试验》，《经济研究》2018 年第 3 期。

薛云奎、白云霞：《国家所有权、冗余雇员与公司业绩》，《管理世界》2008 年第 10 期。

闫伟宸、肖星、王一倩：《国企性质、高管特征和投资效率》，《科研管理》2020 年第 8 期。

杨灿明、赵福军：《行政腐败的宏观经济学分析》，《经济研究》2004 年第 9 期。

杨德明、赵璨：《媒体监督、媒体治理与高管薪酬》，《经济研究》2012 年第 6 期。

杨海生、罗党论、陈少凌：《资源禀赋、官员交流与经济增长》，《管理世界》2010 年第 5 期。

杨昊：《为各类市场主体特别是中小企业创造广阔的发展空间》，《人民日报》2021 年 11 月 23 日第 5 版。

杨华军、胡奕明：《制度环境与自由现金流的过度投资》，《管理世界》2007 年第 9 期。

杨记军、逯东、杨丹：《国有企业的政府控制权转让研究》，《经济研究》2010 年第 2 期。

杨继生、阳建辉：《行政垄断、政治庇佑与国有企业的超额成本》，《经济研究》2015 年第 4 期。

杨其静：《企业成长：政治关联还是能力建设？》，《经济研究》2011 年第 10 期。

杨瑞龙、周业安：《一个关于企业所有权安排的规范性分析框架及其理论含义——兼评张维迎、周其仁及崔之元的一些观点》，《经济研究》1997年第1期。

杨兴全、张丽平、吴昊旻：《市场化进程、管理层权力与公司现金持有》，《南开管理评论》2014年第2期。

杨洋、魏江、罗来军：《谁在利用政府补贴进行创新？——所有制和要素市场扭曲的联合调节效应》，《管理世界》2015年第1期。

杨耀武、张平：《中国经济高质量发展的逻辑、测度与治理》，《经济研究》2021年第1期。

姚志存：《国有股权对上市公司绩效的影响——来自中国证券市场A股经验证据》，《求索》2012年第5期。

叶青、赵良玉、刘思辰：《独立董事"政商旋转门"之考察：一项基于自然实验的研究》，《经济研究》2016年第6期。

易纲、樊纲、李岩：《关于中国经济增长与全要素生产率的理论思考》，《经济研究》2003年第8期。

易开刚：《和谐社会背景下当代企业的社会责任观》，《管理世界》2008年第12期。

于蔚、汪淼军、金祥荣：《政治关联和融资约束：信息效应与资源效应》，《经济研究》2012年第9期。

于文超、梁平汉：《不确定性、营商环境与民营企业经营活力》，《中国工业经济》2019年第11期。

余斌、吴振宇：《供需失衡与供给侧结构性改革》，《管理世界》2017年第8期。

余东华、孙婷、张鑫宇：《要素价格扭曲如何影响制造业国际竞争力》，《中国工业经济》2018年第2期。

余明桂、回雅甫、潘红波：《政治联系、寻租与地方政府财政补贴有效性》，《经济研究》2010年第3期。

余明桂、潘红波：《政治关系、制度环境与民营企业银行贷款》，《管理世界》2008年第8期。

余明桂、钟慧洁、范蕊：《业绩考核制度可以促进央企创新吗？》，《经济研究》2016年第12期。

余泳泽、杨晓章、张少辉：《中国经济由高速增长向高质量发展的时空转换特征研究》,《数量经济技术经济研究》2019年第6期。

袁东明、韩鑫:《促进公平竞争 优化营商环境》,《人民日报》2021年9月23日第11版。

袁建国、后青松、程晨:《企业政治资源的诅咒效应——基于政治关联与企业技术创新的考察》,《管理世界》2015年第1期。

袁志刚:《关于国有资产流失问题的若干思考》,《经济研究》1995年第4期。

曾庆生、陈信元:《国家控股、超额雇员与劳动力成本》,《经济研究》2006年第5期。

张功富:《政府干预、政治关联与企业非效率投资——基于中国上市公司面板数据的实证研究》,《财经理论与实践》2011年第3期。

张洪辉、王宗军:《政府干预、政府目标与国有上市公司的过度投资》,《南开管理评论》2010年第3期。

张会丽、吴有红:《超额现金持有水平与产品市场竞争优势——来自中国上市公司的经验证据》,《金融研究》2012年第2期。

张建君、张志学:《中国民营企业家的政治战略》,《管理世界》2005年第7期。

张杰等:《中国创新补贴政策的绩效评估:理论与证据》,《经济研究》2015年第10期。

张军扩:《高质量发展怎么看、怎么干?》,《经济日报》2018年2月1日第14版。

张军扩:《加快完善高质量发展的体制环境》,《中国经济时报》2018年12月11日第1版。

张军扩等:《高质量发展的目标要求和战略路径》,《管理世界》2019年第7期。

张霖琳、刘峰、蔡贵龙:《监管独立性、市场化进程与国企高管晋升机制的执行效果——基于2003—2012年国企高管职位变更的数据》,《管理世界》2015年第10期。

张敏、马黎珺、张雯:《企业慈善捐赠的政企纽带效应——基于我国上市公司的经验证据》,《管理世界》2013年第7期。

张仁德、韩晶:《国有经济腐败的委托代理因素分析》,《当代经济科学》2003年第2期。

张三保、康璧成、张志学：《中国省份营商环境评价：指标体系与量化分析》，《经济管理》2020 年第 4 期。

张同斌、张琦、范庆泉：《政府环境规制下的企业治理动机与公众参与外部性研究》，《中国人口·资源与环境》2017 年第 2 期。

张维迎：《从现代企业理论看国有企业改革》，《改革》1995 年第 1 期。

张璇等：《信贷寻租、融资约束与企业创新》，《经济研究》2017 年第 5 期。

张玉利、谢巍：《改革开放、创业与企业家精神》，《南开管理评论》2018 年第 5 期。

张兆国、刘亚伟、杨清香：《管理者任期、晋升激励与研发投资研究》，《会计研究》2014 年第 9 期。

张卓元：《着力用改革的办法解决供给侧结构性问题》，《经济纵横》2016 年第 10 期。

赵昌文、许召元、朱鸿鸣：《工业化后期的中国经济增长新动力》，《中国工业经济》2015 年第 6 期。

赵卿：《政府干预、法治、金融发展与国有上市公司的过度投资》，《经济经纬》2013 年第 1 期。

赵涛、张智、梁上坤：《数字经济、创业活跃度与高质量发展——来自中国城市的经验证据》，《管理世界》2020 年第 10 期。

甄红线、张先治、迟国泰：《制度环境、终极控制权对公司绩效的影响——基于代理成本的中介效应检验》，《金融研究》2015 年第 12 期。

郑琴琴、陆亚东：《"随波逐流"还是"战略选择"：企业社会责任的响应机制研究》，《南开管理评论》2018 年第 4 期。

郑思齐等：《公众诉求与城市环境治理》，《管理世界》2013 年第 6 期。

郑小碧、庞春、刘俊哲：《数字经济时代的外包转型与经济高质量发展——分工演进的超边际分析》，《中国工业经济》2020 年第 7 期。

"中国城市营商环境评价研究"课题组：《中国城市营商环境评价的理论逻辑、比较分析及对策建议》，《管理世界》2021 年第 5 期。

中国企业家调查系统：《企业进入创新活跃期：来自中国企业创新

动向指数的报告——2016·中国企业家成长与发展专题调查报告》，《管理世界》2016 年第 6 期。

中国企业家调查系统：《中国企业家成长 20 年：能力、责任与精神——2013·中国企业家队伍成长 20 年调查综合报告》，《管理世界》2014 年第 6 期。

钟海燕、冉茂盛、文守逊：《政府干预、内部人控制与公司投资》，《管理世界》2010 年第 7 期。

周方召、刘文革：《宏观视角下的企业家精神差异化配置与经济增长——一个文献述评》，《金融研究》2013 年第 12 期。

周开国、李涛：《国有股权、预算软约束与公司价值：基于分量回归方法的经验分析》，《世界经济》2006 年第 5 期。

周开国、闫润宇、杨海生：《供给侧结构性改革背景下企业的退出与进入：政府和市场的作用》，《经济研究》2018 年第 11 期。

周黎安：《中国地方官员的晋升锦标赛模式研究》，《经济研究》2007 年第 7 期。

周黎安、陶婧：《政府规模、市场化与地区腐败问题研究》，《经济研究》2009 年第 1 期。

周密、朱俊丰、郭佳宏：《供给侧结构性改革的实施条件与动力机制研究》，《管理世界》2018 年第 3 期。

周伟贤：《投资过度还是投资不足——基于 A 股上市公司的经验证据》，《中国工业经济》2010 年第 9 期。

周文光：《吸收能力与流程创新绩效之间关系的实证研究——基于知识产权风险的调节作用》，《南开管理评论》2013 年第 5 期。

周小宇、符国群、王锐：《关系导向战略与创新导向战略是相互替代还是互为补充——来自中国私营企业的证据》，《南开管理评论》2016 年第 4 期。

周雪光：《"关系产权"：产权制度的一个社会学解释》，《社会学研究》2005 年第 2 期。

周业安：《县乡级财政支出管理体制改革的理论与对策》，《管理世界》2000 年第 5 期。

周中胜：《治理环境、政府干预与大股东利益输送》，《山西财经大学学报》2007 年第 4 期。

周祝平:《人口红利、刘易斯转折点与经济增长》,《中国图书评论》2007年第9期。

朱德胜、周晓珮:《股权制衡、高管持股与企业创新效率》,《南开管理评论》2016年第3期。

朱凯等:《官员独董的多重功能与公司价值》,《金融研究》2016年第12期。

庄子银:《创新、企业家活动配置与长期经济增长》,《经济研究》2007年第8期。

邹薇:《建设现代化经济体系,实现更高质量发展》,《人民论坛·学术前沿》2018年第2期。

四 中译著作

[美] 约瑟夫·熊彼特:《经济发展理论——对于利润、资本、信贷、利息和经济周期的考察》,何畏等译,商务印书馆1990年版。

五 英文文献

Acemoglu D., *Introduction to Modern Economic Growth*, Princeton: Princeton University Press, 2009.

Acemoglu D. and Johnson S., "Unbundling Institutions", *Journal of Political Economy*, 2005, 113 (5): 949-995.

Aghion P. and Howitt P., "A Model of Growth through Creative Destruction", *Econometrica*, 1992, 60 (2): 323-351.

Aidis R., Estrin S. and Mickiewicz T., "Institutions and Entrepreneurship Development in Russia: A Comparative Perspective", *Journal of Business Venturing*, 2008, 23 (6): 656-672.

Allen F., Qian J. and Qian M., "Law, Finance, and Economic Growth in China", *Journal of Financial Economics*, 2005, 77 (1): 57-116.

Ang J. S., Cole R. A. and Lin J. W., "Agency Costs and Ownership Structure", *Journal of Finance*, 2000, 55 (1): 81-106.

Asli D., Inessa L. and Vojislav M., "Business Environment and the Incorporation Decision", *Journal of Banking & Finance*, 2006, 30 (11): 2967-2993.

Bai C. E., Lu J. and Tao Z., "Property Rights Protection and Access to

Bank Loans", *Economics of Transition*, 2006, 14 (4): 611-628.

Baron R. M. and Kenny D. A., "The Moderator-Mediator Variable Distinction in Social Psychological Research: Conceptual, Strategic, and Statistical Considerations", *Journal of Personality and Social Psychology*, 1986, 51 (6): 1173-1182.

Bates T. W., Kahle K. M. and Stulz R. M., "Why Do U. S. Firms Hold So Much More Cash Than They Used to?", *Journal of Finance*, 2009, 64 (5): 1985-2021.

Baumol W. J., "Entrepreneurship: Productive, Unproductive, and Destructive", *Journal of Political Economy*, 1990, 98 (5): 893-921.

Baumol W., "Quality Changes and Productivity Measurement: Hedonics and An Alternative", *Journal of Accounting, Auditing & Finance*, 1990, 5 (1): 105-117.

Bertrand M., et al., "Tax-exempt Lobbying: Corporate Philanthropy as A Tool for Political Influence", *American Economic Review*, 2020, 110 (7): 2065-2102.

Besley T., "Law, Regulation, and the Business Climate: The Nature and Influence of the World Bank Doing Business Project", *Journal of Economic Perspectives*, 2015, 29 (3): 99-120.

Boland M. and Godsell D., "Bureaucratic Discretion and Contracting Outcomes", *Accounting Organizations and Society*, 2021, 88 (2): 1-24.

Boubakri N., Mansi S. A. and Saffar W., "Political Institutions, Connectedness, and Corporate Risk-taking", *Journal of International Business Studies*, 2013, 44 (3): 195-215.

Brandt L., Tombe T. and Zhu X., "Factor Market Distortions across Time, Space and Sectors in China", *Review of Economic Dynamics*, 2013, 16 (1): 39-58.

Brockman P. and Chung D. Y., "Investor Protection and Firm Liquidity", *Journal of Finance*, 2010, 58 (2): 921-938.

Buera F. J. and Shin Y., "Financial Frictions and the Persistence of History: A Quantitative Exploration", *Journal of Political Economy*, 2013, 121 (2): 221-272.

Cai H. , Fang H. and Xu L. C. , "Eat, Drink, Firms and Government: An Investigation of Corruption from the Entertainment and Travel Costs of Chinese firms", *Journal of Law and Economics*, 2011, 54 (1): 55-78.

Calomiris C. W. , Fisman R. and Wang Y. , "Profiting from Government Stakes in a Command Economy: Evidence from Chinese Asset Sales", *Journal of Financial Economics*, 2010, 96 (3): 399-412.

Campbell J. L. , "Why Would Corporations Behave in Socially Responsible Ways? An Institutional Theory of Corporate Social Responsibility", *The Academy of Management Review*, 2007, 32 (3): 946-967.

Caprio L. , Faccio M. and Mcconnell J. J. , "Sheltering Corporate Assets from Political Extraction", *Journal of Law Economics & Organization*, 2013, 29 (2): 332-354.

Capron I. L. and Chatain O. , "Competitors' Resource-oriented Strategies: Acting on Competitors' Resources through Interventions in Factor Markets and Political Markets", *Academy of Management Review*, 2008, 33 (1): 97-121.

Chen C. J. P. , et al. , "Rent-seeking Incentives, Corporate Political Connections, and the Control Structure of Private Firms: Chinese Evidence", *Journal of Corporate Finance*, 2011, 17 (2): 229-243.

Chen F. , et al. , "Financial Reporting Quality and Investment Efficiency of Private Firms in Emerging Markets", *Accounting Review*, 2011, 86 (4): 1255-1288.

Chen K. , "Fiscal Centralization and the Form of Corruption in China", *European Journal of Political Economy*, 2004, 20 (4): 1001-1009.

Chen S. , et al. , "Government Intervention and Investment Efficiency: Evidence from China", *Journal of Corporate Finance*, 2011, 17 (2): 259-271.

Cheng Z. , et al. , "Will Corporate Political Connection Influence the Environmental Information Disclosure Level? Based on the Panel Data of A-shares from Listed Companies in Shanghai Stock Market", *Journal of Business Ethics*, 2017, 143 (1): 209-221.

Claessens S. and Laeven L. , "Financial Development, Property Rights, and Growth", *Journal of Finance*, 2003, 58 (6): 2401-2436.

Cohen L. and Malloy C., "Do Powerful Politicians Cause Corporate Downsizing?", *Journal of Political Economy*, 2011, 119 (6): 1015-1060.

Contractor F. J., Dangol R. and Nuruzzaman N., "How Do Country Regulations and Business Environment Impact Foreign Direct Investment (FDI) Inflows?", *International Business Review*, 2020, 29 (2): 101640.

Criscuolo C., Haskel J. E. and Slaughter M. J., "Global Engagement and the Innovation Activities of Firms", *International Journal of Industrial Organization*, 2010, 28 (2): 191-202.

Cui X. S., Guo L. F. and Bian Y. Y., "Improving Business Environments: A New Approach to Promote Trade Openness?", *Applied Economics*, 2023, 55 (1): 43-57.

Cull R., et al., "Government Connections and Financial Constraints: Evidence from a Large Representative Sample of Chinese Firms", *Journal of Corporate Finance*, 2015, 32 (4): 271-294.

Cull R. and Xu L. C., "Institutions, Ownership, and Finance: The Determinants of Profit Reinvestment among Chinese Firms", *Journal of Financial Economics*, 2005, 77 (1): 117-146.

Dass N., Nanda V. and Xiao S. C., "Geographic clustering of corruption in the United States", *Journal of Business Ethics*, 2021, 173: 577-597.

De Long J. B. and Summers L. H., "Equipment Investment and Economic Growth", *Quarterly Journal of Economics*, 1991, 106 (2): 445-502.

Del Monte A. and Papagni E., "The Determinants of Corruption in Italy: Regional Panel Data Analysis", *European Journal of Political Economy*, 2007, 23 (2): 379-396.

Djankov S., La Porta R. and Shleifer A., "Courts", *Quarterly Journal of Economics*, 2003, 118 (2): 453-517.

Dong B. and Torgler B., "Corruption and Social Interaction: Evidence from China", *Journal of Policy Modeling*, 2012, 34 (6): 932-947.

Duanmu J., Bu M. and Pittman R., "Does Market Competition Dampen Environmental Performance? Evidence from China", *Strategic Management Journal*, 2018, 39 (11): 3006-3030.

Durnev A. and Fauver L., "Stealing from Thieves: Expropriation Risk, Firm Governance, and Performance", *2nd Annual Conference on Empirical Legal Studies Paper*, 2011.

Eitan, et al., "Politically Connected Boards of Directors and the Allocation of Procurement Contracts", *Review of Finance*, 2013, 17 (5): 1617-1648.

Faccio M., Masulis R. W. and Mcconnell J. J., "Political Connections and Corporate Bailouts", *Journal of Finance*, 2006, 61 (6): 2597-2635.

Fan J. P. H. and Wong T. J., "Corporate Ownership Structure and the Informativeness of Accounting Earnings in East Asia", *Journal of Accounting & Economics*, 2002, 33 (3): 401-425.

Fan J., Titman S. and Twite G., "An International Comparison of Capital Structure and Debt Maturity Choices", *Journal of Financial & Quantitative Analysis*, 2012, 47 (1): 23-56.

Fan J. P. H., Wei K. C. J. and Xu X., "Corporate Finance and Governance in Emerging Markets: A Selective Review and an Agenda for Future Research", *Journal of Corporate Finance*, 2011, 17 (2): 207-214.

Fan J. P. H., Wong T. J. and Zhang T., "Politically Connected CEOs, Corporate Governance, and Post-IPO Performance of China's Newly Partially Privatized Firms", *Journal of Financial Economics*, 2007, 84 (2): 330-357.

Faruq H., Webb M. and Yi D. "Corruption, Bureaucracy and Firm Productivity in Africa", *Review of Development Economics*, 2013, 17 (1): 117-129.

Feng X., Johansson A. C. and Zhang T., "Mixing Business with Politics: Political Participation by Entrepreneurs in China", *Journal of Banking & Finance*, 2015, 59: 220-235.

Frye T. and Shleifer A., "The Invisible Hand and the Grabbing Hand",

American Economic Review, 1997, 87 (2): 354-358.

Gaviria A., "Assessing the Effects of Corruption and Crime on Firm Performance: Evidence from Latin America", *Emerging Markets Review*, 2002, 3 (3): 245-268.

Glaeser E. L. and Saks R. E., "Corruption in America", *Journal of Public Economics*, 2006, 90 (6-7): 1053-1072.

Gu F. F., Hung K. and Tse D. K., "When Does Guanxi Matter? Issues of Capitalization and Its Dark Sides", *Journal of Marketing*, 2008, 72 (4): 12-28.

Hao Z., et al., "Political Connection, Corporate Philanthropy and Efficiency: Evidence from China's Anti-corruption Campaign", *Journal of Comparative Economics*, 2020, 48 (3): 688-708.

Hartmann P., et al., "Explaining Viral CSR Message Propagation in Social Media: The Role of Normative Influences", *Journal of Business Ethics*, 2021, 173 (2): 365-385.

Hill M. D., Kelly G. W. and Highfield M. J., "Net Operating Working Capital Behavior: A First Look", *Financial Management*, 2010, 39 (2): 783-805.

Houston J. F., et al., "Political connections and the cost of bank loans", *Journal of Accounting Research*, 2014, 52 (1): 193-243.

Hsieh C. T. and Klenow P. J., "Misallocation and Manufacturing TFP in China and India", *The Quarterly Journal of Economics*, 2009, 124 (4): 1403-1448.

Hud M. and Hussinger, K., "The Impact of R&D Subsidies during the Crisis", *Research policy*, 2015, 44 (10): 1844-1855.

Inoue C., "Election Cycles and Organizations: How Politics Shapes the Performance of State-owned Enterprises over Time", *Administrative Science Quarterly*, 2019, 65 (3): 677-709.

Iriyama A., Kishore R. and Talukdar D., "Playing Dirty or Building Capability? Corruption and HR Training as Competitive Actions to Threats from Informal and Foreign Firm Rivals", *Strategic Management Journal*, 2016, 37 (10): 2152-2173.

Javorcik B. and Wei S. , "Corruption and Cross-Border Investment in Emerging Markets: Firm-Level Evidence", *Journal of International Money and Finance*, 2009, 28 (4): 605-624.

Jensen M. C. and Meckling W. H. , "Theory of the Firm: Managerial Behavior, Agency Costs, and Ownership Structure", *Journal of Financial Economics*, 1976, 3 (4): 305-360.

Jia N. , "Political Strategy and Market Capabilities: Evidence from the Chinese Private Sector", *Management and Organization Review*, 2016, 12 (1): 75-102.

Kleer R. , "Government R&D Subsidies as a Signal for Private Investors", *Research policy*, 2010, 39 (10): 1361-1374.

Kusnadi Y. , Yang Z. and Zhou Y. , "Institutional Development, State Ownership, and Corporate Cash Holdings: Evidence from China", *Journal of Business Research*, 2015, 68 (2): 351-359.

La P. R. , et al. , "Investor Protection and Corporate Governance", *Journal of Financial Economics*, 2000, 58 (1-2): 3-27.

Li H. , et al. , "Political Connections, Financing and Firm Performance: Evidence from Chinese Private Firms", *Journal of Development Economics*, 2008, 87 (2): 283-299.

Li J. , Xia J. and Zajac E. J. , "On the Duality of Political and Economic Stakeholder Influence on firm Innovation Performance: Theory and Evidence from Chinese Firms", *Strategic Management Journal*, 2018, 39 (1): 193-216.

Li S. and Lu J. W. , "A Dual-Agency Model of Firm CSR in Response to Institutional Pressure: Evidence from Chinese Publicly Listed Firms", *Academy of Management Journal*, 2020, 63 (6): 2004-2032.

Lin J. Y. and Li Z. , "Policy Burden, Privatization and Soft Budget Constraint", *Journal of Comparative Economics*, 2008, 36 (1): 90-102.

Lin K. J. , and Karimk. et al. , "In the Name of Charity: Political Connections and strategic Corporate Social Responsibility in a Transition Economy", *Journal of Corporate Finance*, 2015, 32: 327-346.

Liu Q. , Luo T. and Tian G. "Political Connections with Corrupt Government Bureaucrats and Corporate M&A Decisions: A Natural Experiment from the Anti-corruption Cases in China", *Pacific-Basin Finance Journal*, 2016, 37: 52-80.

Liu X., "Corruption Culture and Corporate Misconduct", *Journal of Financial Economics*, 2016, 122 (2): 307-327.

Markman G. D. and Buchholtz A. K., "Factor-market Rivalry", *Academy of Management Review*, 2009, 34 (3): 423-441.

Marquis C. and Qian C., "Corporate Social Responsibility Reporting in China: Symbol or Substance?", *Organization Science*, 2014, 25 (1): 127-148.

Maudos J. and De Guevara J. F., "Factors Explaining the Interest Margin in The Banking Sectors of The European Union", *Journal of Banking & Finance*, 2004, 28 (9): 2259-2281.

McChesney F., "Rent Extraction and Rent Creation in the Economic Theory of Regulation", *Journal of Legal Studies*, 1987, 16 (1): 179-196.

Megginson W. L. and Netter J. M., "From State to Market: A Survey of Empirical Studies on Privatization", *Journal of Economic Literature*, 2001, 39 (2): 321-389.

Meyer J. W. and Rowan B., "Institutionalized Organizations: Formal Structure as Myth and Ceremony", *American Journal of Sociology*, 1977, 83 (2): 340-363.

Montiel I., Husted B. W. and Christmann P., "Using Private Management Standard Certification to Reduce Information Asymmetries in Corrupt Environments", *Strategic Management Journal*, 2012, 33 (9): 1103-1113.

Moser P., "How Do Patent Laws Influence Innovation? Evidence from Nineteenth-Century World's Fairs", *American Economic Review*, 2005, 95 (4): 1214-1236.

Mueller D. C. and Peev E., "Corporate Governance and Investment in Central and Eastern Europe", *Journal of Comparative Economics*, 2007, 35 (2): 414-437.

Mukherjee A., Singh M. and ? aldokas A., "Do Corporate Taxes Hinder Innovation?", *Journal of Financial Economics*, 2017, 124 (1): 195-221.

Murphy K. M., Shleifer A. and Vishny R. W., "Why is Rent Seeking So Costly to Growth?", *American Economic Review*, 1993, 83 (2): 409-414.

Myers S. C. and Rajan R. G., "The Paradox of Liquidity", *Quarterly Journal of Economics*, 1998, 113 (3): 733-771.

Naghavi A. and Strozzi C., "Intellectual Property Rights, Diasporas, and Domestic Innovation", *Journal of International Economics*, 2015, 96 (1): 150-161.

Nguyen T. T., et al., "Corruption, Growth, and Governance: Private vs. State-owned Firms in Vietnam", *Journal of Banking & Finance*, 2012, 36 (11): 2935-2948.

North D C., *Institutions, Institutional Change and Economic Performance*, Oxford: Cambridge University Press, 1990.

North D. C. and Thomas R. P., *The Rise of Western Word: A New Economic History*, Oxford: Cambridge University Press, 1973.

Ovtchinnikov A. V. and Pantaleoni E., "Individual Political Contributions and Firm Performance", *Journal of Financial Economics*, 2012, 105 (2): 367-392.

Ozkan A. and Ozkan N., "Corporate Cash Holdings: An Empirical Investigation of UK Companies", *Journal of Banking & Finance*, 2004, 28 (9): 2103-2134.

Patten D. M., "The Accuracy of Financial Report Projections of Future Environmental Capital Expenditures: A Research Note", *Accounting Organizations and Society*, 2005, 30 (5): 457-468.

Paunov C., "Corruption's Asymmetric Impacts on Firm Innovation", *Journal of Development Economics*, 2016, 118: 216-231.

Peltzman S., "Regulation and the Natural Progress of Opulence", *Economic Affairs*, 2010, 30 (30): 33-39.

Peng M. W., Wang D. Y. L. and Jiang Y., "An Institution-based View of International Business Strategy: A Focus on Emerging Economies",

Journal of International Business Studies, 2008, 39: 920-936.

Peng M. W., Wang D. Y. L. and Jiang Y., "An Institution-based View of International Business Strategy: A Focus on Emerging Economies", *Journal of International Business Studies*, 2008, 39 (5): 920-936.

Peng M. W., "Institutional Transitions and Strategic Choices", *Academy of Management Review*, 2003, 28 (2): 275-296.

Peng M. W., "Towards an Institution-Based View of Business Strategy", *Asia Pacific Journal of Management*, 2002, 19 (2-3): 251-267.

Penrose E. T., *The Theory of the Growth of the Firm*, New York: Oxford University Press, 1995.

Plümper T. and Troeger V. E., "Efficient Estimation of Time-invariant and Rarely Changing Variables in Finite Sample Panel Analyses with Unit Fixed Effects", *Political Analysis*, 2007, 15 (2): 124-139.

Pugliese A., Minichilli A. and Zattoni A., "Integrating Agency and Resource Dependence Theory: Firm Profitability, Industry Regulation and Board Task Performance", *Journal of Business Research*, 2014, 67 (6): 1189-1200.

Qin X. and Zhang X., "De-politicization and Innovation: Evidence from China", *Journal of Accounting and Public Policy*, 2019, 38 (6).

Richardson S., "Over-investment of Free Cash Flow", *Review of Accounting Studies*, 2006, 11 (2-3): 159-189.

Schumpeter J. A., *The Theory of Economic Development*, Cambridge: Harvard University Press, 1934.

Scott W. R., Institutions and Organizations: Ideas, Interests, and Identities, London: Sage Pubns, 1995.

Sequeira S. and Djankov S., "Corruption and Firm Behavior: Evidence from African Ports", *Journal of International Economics*, 2014, 94 (2): 277-294.

Sheremata W. A., "Competing through Innovation in Network Markets: Strategies for Challengers", *Academy of Management Review*, 2004, 29 (3): 359-377.

Shleifer A. and Vishny R. W., "A Survey of Corporate Governance",

Journal of Finance, 1997, 52 (2): 737-783.

Shleifer A. and Vishny R. W., "The Grabbing Hand: Government Pathologies and Their Cures", *American Economic Association Papers & Proceedings*, 1998, 87 (2): 354-358.

Singh M. and Davidson W. N., "Agency Costs, Ownership Structure and Corporate Governance Mechanisms", *Journal of Banking & Finance*, 2003, 27 (5): 793-816.

Smith J. D., "US Political Corruption and Firm Financial Policies", *Journal of Financial Economics*, 2016, 121 (2): 350-367.

Sobel J., "For Better or Forever: Formal Versus Informal Enforcement", *Journal of Labor Economics*, 2006, 24 (2): 271-297.

Spiller P. and Savedoff W., "Government Opportunism and The Provision of Water", *Spilled Water: An Institutional Commitment to the Provision of Water Services*, Washington, DC: InterAmerican Development Bank, 1999: 1-34.

Stulz R. M., "The Limits of Financial Globalization", *The Journal of Finance*, 2005, 60 (4): 1595-1638.

Sun P., Hu H. W. and Hillman A. J., "The Dark Side of Board Political Capital: Enabling Blockholder Rent Appropriation", *The Academy of Management Journal*, 2016, 59 (2): 1801-1822.

Sun Y. K., "Corporate Tax Avoidance and Government Corruption: Evidence from Chinese Firms", *Economic Modelling*, 2021, 98: 13-25.

Tan J. and Tan D., "Environment-strategy Co-evolution and Co-alignment: a Staged-model of Chinese SOEs under Transition", *Strategic Management Journal*, 2005, 26 (2): 141-157.

Taylor M. Z. and Wilson S., "Does Culture Still Matter? The Effects of Individualism on National Innovation Rates", *Journal of Business Venturing*, 2012, 27 (2): 234-247.

Thomas P. and Philipp S., "Efficient Recapitalization", *Journal of Finance*, 2009, 68 (1): 1-42.

Tobin J. A., "A General Equilibrium Approach to Monetary Theory", *Journal of Money Credit & Banking*, 1969, 1 (1): 15-29.

Tong L., et al., "Employee Protection and Corporate Innovation: Empirical Evidence from China", *Journal of Business Ethics*, 2016 (12): 1-21.

Uhlenbruck K., Rodriguez P. and Doh J. et al., "The Impact of Corruption on Entry Strategy: Evidence from Telecommunication Projects in Emerging Economies", *Organization Science*, 2006, 17 (3): 402-414.

Vance S. C., "Are Socially Responsible Corporations Good Investment Risks?", *Management Review*, 1975, 64 (8): 19-24.

Varsakelis N. C., "The Impact of Patent Protection, Economy Openness and National Culture on R&D Investment: A Cross-country Empirical Investigation", *Research Policy*, 2001, 30 (7): 1059-1068.

Voss G. B., Sirdeshmukh D. and Voss Z. G., "The Effects of Slack Resources and Environmental Threat on Product Exploration and Exploitation", *Academy of Management Journal*, 2008, 51 (1): 147-164.

Wan W. P., "Country Resource Environments, Firm Capabilities, and Corporate Diversification Strategies", *Journal of Management Studies*, 2005, 42 (1): 161-182.

Wang H. and Qian C., "Corporate Philanthropy and Financial Performance: The Roles of Stakeholder Response and Political Access", *Academy of Management Journal*, 2011, 54 (6): 1159-1181.

Wang R., Wijen F. and Heugens P. P., "Government's Green Grip: Multifaceted State Influence on Corporate Environmental Actions in China", *Strategic Management Journal*, 2018, 39 (2): 403-428.

Wang Y. and You J., "Corruption and Firm Growth: Evidence from China", *China Economic Review*, 2012, 23 (2): 415-433.

Wei C., Hu S. and Chen F., "Do Political Connection Disruptions Increase Labor Costs in a Government-Dominated Market? Evidence from Publicly Listed Companies in China", *Journal of Corporate Finance*, 2020, 62 (6): 1-21.

Williamson, Oliver E., "The New Institutional Economics: Taking Stock, Looking Ahead", *Journal of Economic Literature*, 2000, 38 (3): 595-613.

Winne S. D. and Sels L., "Interrelationships between Human Capital,

HRM and Innovation in Belgian Start-ups Aiming at an Innovation Strategy", *International Journal of Human Resource Management*, 2010, 21 (11): 1863-1883.

World Bank Group, *Doing Business* 2020, Washington: The World Bank, 2019.

Wu W. and Wu J., "Political Connections, Tax Benefits and Firm Performance: Evidence from China", *Journal of Accounting & Public Policy*, 2012, 31 (3): 277-300.

Wu Y. and Zhu J., "Corruption, Anti-Corruption and Inter-county Income Disparity in China", *Comparative Economic & Social Systems*, 2011, 48 (3): 435-448.

Xiang Y., Jia M. and Zhang Z., "Hiding in the Crowd: Government Dependence on Firms, Management Costs of Political Legitimacy and Modest Imitation", *Journal of Business Ethics*, 2021, 176 (4): 629-646.

Xin K. R. and Pearce J. L., "Guanxi: Connections as Substitutes for Formal Institutional Support", *Academy of Management Journal*, 1996, 39 (6): 1641-1658.

Xu D. and Meyer K., "Linking Theory and Context: 'Strategy Research in Emerging Economies' After Wright et al. (2005)", *Journal of Management Studies*, 2013, 50 (7): 1322-1346.

Xu G. and Yano G., "How Does Anti-Corruption Affect Corporate Innovation? Evidence from Recent Anti-Corruption Efforts in China", *Journal of Comparative Economics*, 2016, 45 (3): 498-519.

Xu Y., "Anticorruption Regulation and Firm Value: Evidence from a Shock of Mandated Resignation of Directors in China", *Journal of Banking & Finance*, 2018, 92: 67-80.

Yang Z., "Do Political Connections Add Value to Audit Firms? Evidence from IPO Audits in China", *Contemporary Accounting Research*, 2013, 30 (3): 891-921.

Zhang J., "Public Governance and Corporate Fraud: Evidence from the Recent Anti-corruption Campaign in China", *Journal of Business Ethics*, 2018, 148 (2): 378-396.